ORTOGRAFIA REAL
DE LA LENGUA ESPAÑOLA

LIBRO CON EJERCICIOS

EMILIO ROJAS

EDITER

Portada: Lorena Alcaraz y Bernardo Arcos.

Colaboración investigativa: Federico Moctezuma.
Tipografía: Abel Hernández Rodríguez.
Supervisión, revisión y diseño: Emilio Rojas.

Primera edición: agosto de 1998; 10,000 ejemplares.

ISBN 968-6966-15-3

EDIT.E.R. S.A. DE C.V.

Gob. Rafael Rebollar 55-1
Col. San Miguel Chapultepec, C.P. 11850
Delegación Miguel Hidalgo, México, D.F.
Teléfonos: 272 73 29 y 515 02 45
FAX: 272 73 29

Impreso en México
Printed in Mexico

PRÓLOGO

Desde el inicio de la humanidad, como una más de las actividades del hombre, ha existido la preocupación de legar a generaciones futuras —y también en su presente—, las ideas propias o ajenas, lo descubierto, la historia y, en sí, todo lo que se ha creído relevante; de ahí nace la necesidad de plasmar el habla a través de signos y figuras, y al implantarse los alfabetos, el hombre inventa la escritura.

En un principio, la escritura es grabada sobre piedra; después se hace sobre el papiro que es el antecedente directo del papel, y finalmente, se crea la imprenta, se fabrican las máquinas de escribir y se desarrolla la tecnología electrónica hasta llegar a las computadoras, impresoras y redes de comunicación, así como todos los sistemas y materiales inherentes a la escritura.

A lo largo de este proceso de miles de años, el objetivo primordial del hombre ha sido dejar para la posteridad, de manera gráfica, el habla humana, pero cada vez en forma más completa y eficaz hasta permitir la identificación inmediata del tono, de la intención con la que se habla, e inclusive obtener —a través de los escritores y sus obras— vívidas atmósferas, épocas, costumbres, reflexiones, vivencias, etc., que llegan a despertarnos diversos sentimientos.

Con el alfabeto y la consecuente construcción de palabras para integrar frases, oraciones y después textos completos, se tiene la necesidad de definir normas, significados y usos. Por lo anterior, de manera general, se instituye la Filología —ciencia que estudia las lenguas a través de textos literarios— y los diccionarios, que integran, por orden alfabético o ideológico, a todas las palabras de un idioma o de una ciencia.

¿Por qué tener adecuada ortografía? ¿Por qué aprender algo que no parece ser realmente indispensable? Tal vez la única forma de verlo sea a través de un algún anuncio que muchas veces vemos a nuestro alrededor:

PROIVIDO HESTASIONARCE EN ESTE CITIO.

¿Se puede tomar en serio algo así? Uno puede criticar, reír, o ambas cosas; pero el mensaje quedará relegado a segundo término; el texto no inspirará ningún respeto, ni tampoco lo habrá para quien lo escribió; por tanto, una buena ortografía tiene la importancia de la comunicación misma, para la cual, en el idioma español, existen alrededor de 300,000 palabras de uso común, palabras todas que se deben a la experiencia de las muchas culturas que contribuyeron a su existencia. Se trata de un idioma que se hace y rehace desde la época en la que la dominación romana es influida por los mismos pueblos conquistados. Es un *latín vulgar*, coloreado de palabras griegas, reteñido de vocablos árabes, contrastado por galicismos, anglicismos, germanismos e inclusive enriquecido con palabras de origen nahua, maya, etc., todo ello mezclado en una regia reacción química que no concluye ni concluirá porque, como cualquier otra lengua, es transformada por la misma individualización regional del idioma.

LA IMPORTANCIA DE LOS VERBOS

La columna vertebral de cualquier idioma se basa en pocas palabras; éstas son las palabras madre, puras o simples, también llamadas primitivas.

Las palabras puras o simples del actual idioma español son tan sólo alrededor de 3,500; pero ya compuestas o derivadas en otras, alcanzan a superar la cantidad de 300,000, principalmente porque de las palabras puras o simples, 700 son verbos que se componen con prefijos para formar un total de 4,200 (3,550 con -ar; 300 con -er; 350 con -ir), verbos que con sus conjugaciones dan como resultado 180,000 nuevas palabras, y otras 50,000 de uso común compuestas con pronombre(s) para formar enclíticos (palabra verbal unida a uno o dos pronombres: lléva-te-lo, trae-me, cómpra-nos, etc.), además de que los verbos pueden formar otras 7,000 palabras con los sufijos -ble, dor y dora (abarcable, bebible, abarcador, soñadora, andador), con lo que en total se forman alrededor de 237,000 palabras que representan casi el 80% del total de palabras existentes. Con esto se puede afirmar que el Español es un idioma activo y de gran vivacidad.

Está por demás decir, entonces, que el verbo es la base del idioma y, por lo mismo, de las palabras, razón por la cual será de vital importancia su estudio, pues de los verbos y sus conjugaciones emanarán normas ortográficas de gran valía, entre otras, las de la acentuación en que por diptongos rotos los copretéritos de los verbos en -er, -ir, se hacen palabras graves con terminación en vocal, en **n** y en **s** (bebí-a, sabí-as, reí-as, decí-a), como igualmente sucede con todos los 4,200 verbos (-ar, -er, -ir) en su pospretérito (amarí-a, amarí-as, amarí-an; sabrí-a, sabrí-as, sabrí-an).

LA APORTACIÓN DEL LIBRO DE CONSULTA: ORTOGRAFÍA REAL DE LA LENGUA ESPAÑOLA

Para poder estudiar y aprender verdaderamente a la ortografía del idioma español, es necesario saber qué es en cuanto a su magnitud. Así como no sabremos Geografía si no sabemos cuántos y cuáles son los países del mundo, de igual forma no sabremos Ortografía si no sabemos, de manera general, cuántas y cuáles son las palabras de uso común que integran a la lengua hispana, y de forma particular, cuántas y cuáles son las palabras que tienen tal o cual letra, estableciéndose verdaderas reglas, más concretas, de fácil aprendizaje, con la totalidad de las palabras que las contienen y, sobre todo, indicándose las que primero se deben estudiar porque tales reglas, por su uso y número, son las más importantes.

Lograr lo anterior llevó años de investigación, de estudio, de análisis y deducción analítica, representada por axiomas que se avalan con sus comprobaciones. Esto representó vaciar cientos de veces las palabras de uso común del Diccionario de la Real Academia y de otros, complementarios, para presentar, de manera accesible, a todas las palabras y letras del idioma, según correspondía a su tratamiento.

Con este estudio presentado de manera pedagógica y didáctica, ahora sí se podrá aprender la Ortografía y, aunque seguirá siendo arduo su aprendizaje, nunca más será incomprensible o complicada, porque el idioma español —aun con algunas fallas estructurales provocadas por la integración de palabras extranjeras al español— es una lengua armoniosamente organizada en la que, casi matemáticamente, grupos de vocablos y de letras se conjuntan y complementan para mostrarnos a cada palabra con su particular riqueza expresiva, aunado a decirnos cómo se integran, de qué manera se escriben y cómo se forma y transforma su significado —siempre en función de su radical— a través de prefijos, sufijos, derivaciones verbales o al unirse a otras palabras.

Considerando que nunca con anterioridad se había tratado a la ortografía del idioma español de manera tan completa y exhaustiva, pero a su vez de fácil comprensión, sabemos que esta obra cubrirá el gran hueco que por décadas existió para su aprendizaje.

LA APORTACIÓN DE ESTE LIBRO DE EJERCICIOS

Este libro de ejercicios está basado en el libro de consulta **Ortografía Real de la Lengua Española** y, por tanto, todas las normas que se establecen para bien escribir letras y palabras, tienen su comprobación con TODAS las ejemplificaciones que existen y que se presentan en el libro original, y aunque este es un libro que compete a ejercicios, también se encuentran las normas según los casos ortográficos que se van estudiando, indicándose el número de palabras que existen para cada caso. Esto es con el propósito de mostrar su importancia —no es igual una norma que abarque a 15 ó 20 ejemplos, a otra que contiene a cientos o miles de palabras—, poniéndose los ejemplos suficientes para bien entender y aprender a escribir correctamente las letras y palabras en cuestión.

Como complemento a lo anterior, para quienes quieran acudir al libro de consulta y así enriquecerse con el conocimiento de todas las palabras de uso común que existen para cada caso, se estará indicando la página o páginas del **libro Ortografía Real de la Lengua Española,** donde se encuentran alfabéticamente.

EDITER

ÍNDICE

ORTOGRAFÍA DE LAS LETRAS

LAS PALABRAS DE ACUERDO A SU ESTRUCTURA

ANTECEDENTES

Idioma es la lengua propia de un pueblo o comunidad de pueblos. Ejemplos: lengua alemana, francesa, japonesa, inglesa, española, etc.

El **idioma español** es una lengua neolatina y es la oficial de España y de Hispanoamérica.

El idioma español es una de las lenguas modernas llamadas romances, románicas o neolatinas, derivadas del latín*, como lo son también el francés, el italiano, el portugués, el catalán, el gallego, el provenzal y el rumano.

Como dato, en la Edad Media —que termina con el Renacimiento a finales del siglo XV y principios del XVI— el país de España era un conjunto de reinos y cada uno tenía su propia lengua; el aragonés en el reino de Aragón; el valenciano en el de Valencia, etc. A partir de los siglos XI y XII el reino de Castilla —llamado así porque estaba en una meseta con castillos— se fue imponiendo sobre los demás reinos hasta dominarlos y hacer que la lengua castellana fuera la predominante y oficial en el siglo XIII, durante el reinado de Alfonso X "El Sabio". El nombre de **lengua castellana** se conservó hasta el año de 1925 cuando la Real Academia de la Lengua le dio el nombre de **idioma español** por su calidad de lengua oficial de España.

El idioma español es la lengua más difundida de todas las que proceden del latín y esto es, porque los españoles la propagaron, como medio de expresión, en América, norte de Africa y en Oceanía. Actualmente, en este casi inicio del siglo XXI, de los alrededor de 6,000 millones de habitantes que existen en el mundo, cerca de 450 millones hablan español en 22 países.

El **alfabeto** o **abecedario** es la reunión de todos los signos o letras de una lengua que sirven para transmitir cualquier comunicación. La palabra alfabeto se formó de las primeras letras del idioma griego: alfa y beta; y abecedario viene de a, b, c, d.

El alfabeto del idioma español actualmente consta de 27 letras: cinco vocales y 22 consonantes. En marzo de 1994 la Real Academia de la Lengua suprimió las letras **ch** y **ll** por ser letras compuestas: la **ch** con las letras **c** y **h** y la **ll** como una **l** doble, aunque ambas, siguen uniéndose para tener el sonido de **che** y de **ll** que las caracteriza en las palabras.

---

* **Idioma hablado por los romanos, quienes, entre otras muchas regiones, conquistaron y ocuparon, durante ocho siglos, la península ibérica formada por España y Portugal.**

Minúsculas	Mayúsculas	Pronunciación	Minúsculas	Mayúsculas	Pronunciación
a	A	a	ñ	Ñ	eñe
b	B	be	o	O	o
c	C	ce	p	P	pe
d	D	de	q*	Q*	cu
e	E	e	r	R	erre
f	F	efe	s	S	ese
g	G	ge	t	T	te
h	H	hache	u	U	u
i	I	i	v	V	uvé
j	J	jota	w	W	doble u
k	K	ka	x	X	equis
l	L	ele	y	Y	ye/i griega
m	M	eme	z	Z	zeta
n	N	ene			

Letra es cada uno de los signos del alfabeto que indican los sonidos de una lengua, los que por sí solos no expresan una idea.

Las letras o fonemas (sonidos) se dividen en vocales y consonantes.

Las **vocales** son las letras que representan un sonido vocálico (sonido producido por la vibración de la laringe mediante una simple emisión de aire). Las vocales son cinco: **a, e, i, o, u**, a las que se puede añadir, en determinados casos, fonéticamente, la "**y**". Las vocales se dividen en: vocales fuertes: **a, e, o**; y vocales débiles: **i, u**.

Las **consonantes** son las letras que sólo pueden pronunciarse con una vocal, a excepción de la "**y**". Consonante viene de *consonancia* e indica reunión de sonidos acordes y es a través de esta uniformidad de sonidos que nace el lenguaje con el bien decir y escribir de las sílabas y, posteriormente, de las palabras.

Sílaba, es una o varias letras que se pronuncian en una sola emisión de voz.

Palabra, es la sílaba o conjunto de sílabas que sirven para expresar una idea. Todas las palabras, de acuerdo a su función, se agrupan en: sustantivos, adjetivos, verbos, adverbios, artículos, pronombres, preposiciones, conjunciones e interjecciones.

---

* La letra **q** no existe por sí sola en palabras de uso común; siempre va, inseparablemente unida a la **u (qu)**, siempre con sonido de **K**, y solamente ante las vocales **e** o **i**: **que**, **qui**siera, acapul**que**ño, abar**que**s. Se exceptúan dos palabras que provienen del latín culto: **quá**ntum y **quó**rum.

Frase, es el conjunto de palabras que, aunque tienen un sentido, carece de verbo y, por tanto, no indica acción, pasión o estado. Ejemplos: Las flores blancas; El rocío de la mañana; Arturo en el jardín.

Oración, es el conjunto de palabras con las que se expresa un pensamiento completo y, por lo mismo, contiene uno o varios verbos. Ejemplos: Las flores blancas ***son*** hermosas; El rocío de la mañana ***es*** fresco; Arturo en el jardín ***siente*** el placer de la Naturaleza y ello le ***produce*** felicidad.

Texto, es todo escrito formado por oraciones y frases en relación a un asunto —científico, histórico, literario, etc.

En la elaboración de cualquier texto —carta, informe, anuncio, circular, obra literaria, libros de diversa índole, etc.—, interviene la **Gramática** —ciencia de las reglas de una lengua hablada o escrita— y de ella se derivan la Analogía, la Sintaxis, la Prosodia y la Ortografía.

La **Analogía**, enseña el valor de los vocablos y las alteraciones que tienen algunas palabras para significar su género (masculino o femenino); su número (singular o plural); su modo (indicativo, subjuntivo o imperativo); su tiempo (presente, pasado, futuro, copretérito o pospretérito); y su persona (yo, tú, él, nosotros, ustedes, ellos).

La **Sintaxis**, enseña a coordinar y unir las palabras para formar oraciones y expresar conceptos.

La **Prosodia**, enseña la correcta pronunciación de las palabras.

Y la **Ortografía**. . .

La palabra **ortografía**, etimológicamente, proviene de dos términos griegos:

Orto: correcto, correcta.
Grafos: escritura.

Así pues, **ortografía** es el arte de escribir correctamente las palabras y signos de puntuación de un idioma.

LA SÍLABA

Una **sílaba** puede ser una vocal, pero normalmente, es la unión de dos o más letras en que siempre existirá una vocal. En todos los casos, una **sílaba** se pronuncia en una sola emisión de voz.

El conocimiento de la sílaba es útil en dos casos:

1) Reconocer dónde cae la entonación y de acuerdo a ello, saber tildarla cuando es necesario.

2) Dividir en dos partes una palabra porque no cabe en un renglón.

DIVISIÓN SILÁBICA DE LAS PALABRAS

Por el número de letras, las sílabas son:

Sílabas **monolíteras** (mono: uno; lítera: letra) son cuando tienen una sola letra y las únicas que existen son seis: **a, e, i, o, u, y**.

Ejemplos: **A**-la **e**-le-fan-te **i**-dio-ma **o**-la **u**-fa-no
La consonante "**y**" cuando funciona como nexo: Tú **y** él.

Sílabas **bilíteras** (bi: dos; lítera: letra) son las que tienen dos letras: la, mi, el, yo, su, tu, si, en, un, fe, me, le, lo, no, va, ya, te, ve, vi, ha, he.

Sílabas **trilíteras** (tri: tres; lítera: letra) son la que poseen tres letras: pie, los, sus, dos, voz, sol, luz, dar, tan, van, gas, res, pan, fin, dan, ves, son.

Sílabas **polilíteras** (poli: muchas; lítera: letra) son las que constan de cuatro o más letras: plan, trans, dios, pues, cons-truc-ción, juez, flan, buen.

CÓMO DIVIDIR UNA PALABRA CUANDO NO CABE EN UN RENGLÓN

Básicamente, la división de una palabra se hace donde termina una sílaba e inicia la posterior, salvo en los casos siguientes:

a) No deben separarse dos vocales aunque formen sílabas diferentes*. Ejemplos:

*** Se forman sílabas diferentes cuando están juntas dos vocales fuertes (a, e, o): a-ca-rre-o, a-cor-de-ón, a-ho-ga-do, al-co-hol, a-ma-es-trar.**

MAL CORTE DE PALABRA:	EL CORTE DEBE SER:
ventane-ar	venta-near
acorde-ón	acor-deón
babe-ar	ba-bear

b) En una palabra compuesta con prefijo u otra palabra, la separación se puede hacer en la unión que tienen, menos cuando hay diptongo. Ejemplos:

MAL CORTE DE PALABRA:	EL CORTE DEBE SER:
supera-bundante	super-abundante
biena-venturado	bien-aventurado
de-shumanizar	des-humanizar
desi-nhibir	des-inhibir
tri-ángulo	trián-gulo

c) En la separación de una palabra, no debe quedar una vocal sola al término de renglón o al inicio del siguiente. Ejemplos:

MAL CORTE DE PALABRA:	EL CORTE DEBE SER:
a-busado	abu-sado
a-muleto	amu-leto
líne-a	lí-nea
vítre-o	ví-treo

EJERCICIOS

Divide en sílabas las palabras siguientes:

relación ______________________	guante ______________________
cantera ______________________	cartel ______________________
hoy ______________________	gracia ______________________
auditor ______________________	instante ______________________
página ______________________	distinguir ______________________
desvarío ______________________	humanizar ______________________
mercancía ______________________	automóvil ______________________
ilusión ______________________	desarrollo ______________________
cráneo ______________________	excepción ______________________

visual ______________________ joya ______________________

ortografía ______________________ imprenta ______________________

familia ______________________ caduco ______________________

atraer ______________________ ordenar ______________________

alumno ______________________ barandal ______________________

abrelatas ______________________ instruir ______________________

En el orden que están las palabras siguientes, colócalas al final de renglón partiéndolas en dos de acuerdo a las normas anteriores.

movida, alzaba, abrupto, constantemente, suceder, cualquiera, rápido, mástil, despertamos, algunos, podemos, entonces.

Estábamos en el mar, y nuestra embarcación, __________
________ intempestuosamente por la marea, caía y se ____
__________ como pequeña nuez en la inmensidad del agua.

Martín y yo, estábamos aterrorizados por el vaivén ______
______ que nos sacudía y nos hacía caer, ______________
__________ bañados por las olas que nos cubrían.

Martín —le dije—, arrea las velas rápido, antes de que la fuerza del viento nos haga volcar, porque de ________
__________ así, ¡quién sabe como nos vaya!

Él, con una destreza que a los ojos de ______________
________ lo haría ver como un gran marino, desató ____
______ la cuerda que sostenía la vela enorme del ______
______ .

Después no supimos qué sucedió; el tiempo, los hechos y nuestra conciencia se borraron hasta que ______________
____ al día siguiente, viéndonos a la deriva sobre ________
______ tablones que fueran parte de la cubierta.

Tres días permanecimos así, sin pan ni agua y ________
______ ahora contar esta increíble historia porque ______
__________ encontramos tierra firme y nos pudimos salvar.

EL DIPTONGO

Antes de tratar el tema de la acentuación, al cual corresponde el diptongo, es necesario estudiarlo porque tiene gran relevancia para la comprensión y aplicación del acento gráfico.

Diptongo es la unión de dos vocales —fuerte con débil, débil con fuerte, o las dos vocales débiles— que pueden ser una sílaba o formar parte de ella y, en ambos casos, tienen una sola emisión de voz.

DIPTONGOS DE VOCAL FUERTE CON VOCAL DÉBIL

ai	**ai**-re	m**ai**-zal	b**ai**-le	t**ai**-ma-do
au	c**au**-sa	a-pl**au**-so	**au**-to	j**au**-la
ei	p**ei**-nar	r**ei**-no	pl**ei**-to	a-f**ei**-tar
eu	f**eu**-dal	d**eu**-da	n**eu**-tro	**Eu**-ge-nio
oi	M**oi**-sés	es-t**oi**-co	he-r**oi**-co	c**oi**n-ci-dir
ou*	g**ou**r-met	f**ou**l	b**ou**-ti-que	b**ou**-le-vard

DIPTONGOS DE VOCAL DÉBIL CON VOCAL FUERTE

ia	llu-v**ia**	d**ia**-me-tro	cien-c**ia**	gra-c**ia**
ie	p**ie**	a-nun-c**ie**	b**ie**n	p**ie**l
io	v**io**	es-tu-d**io**	b**ió**-lo-go	b**io**m-bo
ua	c**ua**l	a-g**ua**	J**ua**n	c**ua**n-do
ue	f**ue**	p**ue**s	p**ue**-blo	c**ue**r-do
uo	c**uo**-ta	re-si-d**uo**	mu-t**uo**	sun-t**uo**-so

DIPTONGOS CON LAS DOS VOCALES DÉBILES

iu	v**iu**-do	c**iu**-dad	tr**iu**n-fo	d**iu**r-no
ui	f**ui**	r**ui**-se-ñor	b**ui**-tre	r**ui**-na

Los catorce tipos de diptongos que existen no es importante aprendérselos, lo que sí siempre hay que tener en cuenta es de qué manera se forman: vocal fuerte con vocal débil; vocal débil con vocal fuerte; y con las dos diferentes vocales débiles.

---

* **El diptongo ou se usa en palabras extranjeras de uso común o ya españolizadas.**

NORMAS QUE SE DEBEN TENER EN CUENTA EN LOS DIPTONGOS

- Nunca forman diptongo dos vocales fuertes; en consecuencia, integran dos sílabas separadas. Ejemplos:

a-bu-ch**e-o** be-su-qu**e-o** car-t**e-ar** cen-te-ll**e-o** áu-r**e-a**

- Nunca forman diptongo dos vocales débiles iguales y, por ello, forman dos sílabas separadas. Las palabras con dos vocales débiles iguales casi no existen, y las pocas que se forman llevando acento ortográfico, no son de mucho uso. Ejemplos:

fri-í-si-mo libreri-í-ta

- Forma diptongo la letra "**y**" al final de palabra si tiene sonido de la vocal **i**. Ejemplos:

rey ley hoy es-toy voy grey con-voy

- En la formación de diptongos (o en su rompimiento) no cuenta la **u** sin sonido de la letra compuesta **qu** porque está integrada a la **q**, ni tampoco la **u** muda que le da sonido suave a la **g** ante **e** o **i** (gue, gui). Ejemplos:

PALABRAS CON DIPTONGO	PALABRAS SIN DIPTONGO
qu : qu**ie**-ro, qu**ie**-to	**que**, **que**-do, **qui**-zá, **quí**-mi-ca
gu : si-gu**ie**n-te, con-si-gu**ie**n-te	**gue**-rra, **guin**-da, pa-**gue**, se-**guir**

- La **h** entre vocales no existe, tanto para la integración de un diptongo como en su rompimiento. Ejemplos:

DIPTONGOS		DIPTONGOS ROTOS	
rehu-sar	**rehi**-lar	bú-ho	a-hín-co
rehun-dir	**prohi**-bir	ta-húr	re-hú-so

- Todas las palabras que empiezan con diptongo se les deberá anteponer la letra **h.** Casi todas las que existen son:

huer-to	**hue**-lla	**hui**-pil	**hue**-vón	**Hai**-tí
hués-ped	**hués**-ped	**huir**	**hue**-va	**hia**-to
huel-ga	**hue**-su-do	**hue**-so	**hue**-co	**huér**-fa-no
hua-ra-che	**hui**-da	**hue**-vo	**hai**-tia-no	

Y el verbo oler que al conjugarse deriva en: **hue**-lo, **hue**-les, **hue**-le, **hue**-len, **hue**-la, **hue**-las, **hue**-lan.

RUPTURA DE DIPTONGO

Si en un diptongo de vocales débil-fuerte o fuerte-débil la entonación recae en la vocal débil (**i, u**), ésta llevará acento ortográfico y se formarán dos sílabas; a esto se le conoce como ruptura de diptongo o adiptongo.

Se debe tener muy presente cuando existe un diptongo roto porque afectará a 18 palabras agudas y a miles de palabras graves que llevan acento ortográfico; también se formarán miles de esdrújulas en palabras verbales.

LOS DIPTONGOS ROTOS SE DIVIDEN EN VERBALES Y NO VERBALES

Los diptongos rotos verbales son los que se forman a través de las conjugaciones del copretérito de los 650 verbos terminados en **-er** y en **-ir**; y del pospretérito de todos los 4,200 verbos de uso común (**-ar, -er, -ir**).

Ejemplos del copretérito de los verbos terminados en **-er, -ir.**

com**er**: comí-a, comí-as, comí-a-mos, comí-an.
sub**ir**: subí-a, subí-as, subí-a-mos, subí-an.

Ejemplos del pospretérito de todos los verbos (**ar, er, ir**).

soñ**ar**: soñarí-a, soñarí-as, soñarí-a-mos, soñarí-an.
v**er**: verí-a, verí-as, verí-a-mos, verí-an.
abr**ir**: abrí-a, abrí-as, abrí-a-mos, abrí-an.

Los diptongos rotos no verbales son alrededor de 500 —aparte los que se forman con sus plurales— y básicamente están en los sufijos **-ría, -logía, -grafía** y en palabras con terminación **-ía, -ío**. Ejemplos.

ado**berí-a**	auto**rí-a**	cafete**rí-a**	frute**rí-as**	mine**rí-a**
ana**logí-a**	bio**logí-a**	geo**logí-a**	ideo**logí-a**	tri**logí-a**
bio**grafí-a**	geo**grafí-a**	oro**grafí-a**	orto**grafí-a**	zoo**grafí-a**
albe**drí-o**	alcan**cí-a**	ave**rí-as**	cerca**ní-a**	ener**gí-as**
libre**rí-a**	pape**lerí-a**	tapice**rí-as**	zapate**rí-as**	tube**rí-a**

Otras 18 palabras con diptongo roto y que hay que tener muy en cuenta porque son palabras agudas que terminan en **l, r, d, z,** son:

Abiga-**íl**	ba-**úl**	engre-**ír**	hazmerre-**ír**	ma-**íz**
ata-**úd**	deso-**ír**	fre-**ír**	la-**úd**	o-**ír**

ra-**íz**	refre-**ír**	Sa-**úl**	sonre-**ír**
Ra-**úl**	re-**ír**	sofre-**ír**	ta-**húr**

LOS DIPTONGOS FORMADOS CON VOCALES DÉBILES IU, UI, NO TIENEN ROMPIMIENTO DE DIPTONGO

El diptongo débil **ui**, que es el que más existe —casi no hay diptongos con **iu**—, no tiene rompimiento de diptongo aunque la mayor entonación caiga en la vocal **i**; en consecuencia, las palabras que lo contengan, no se acentúan. Las palabras con diptongo **ui** están en los 36 verbos que terminan en **uir** (contribuir, construir, huir, intuir) junto con sus participios (atribuido, concluido, destruido, distribuido). Verlos en la página 248 de este libro.

Las otras palabras que llevan el diptongo **ui** que no se rompe aunque la entonación caiga en la vocal **i**, son:

altr**ui**sta	c**ui**no	fort**ui**to(a)	parag**üi**ta	r**ui**na
bed**ui**no	c**ui**ta	f**ui**	perj**ui**cio	S**ui**za
b**ui**tre	chah**ui**stle	grat**ui**to(a)	prej**ui**cio	
circ**ui**to	desc**ui**do	jes**ui**ta	r**ui**do	
c**ui**da	dr**ui**da	j**ui**cio	r**ui**n	

EL TRIPTONGO

Triptongo es la unión de tres vocales en una misma sílaba. En el idioma español existen pocos triptongos, siendo los más conocidos seis, y todos se integran con las vocales débil-fuerte-débil.

iai	a-pre-ciáis	co-di-ciáis	co-rriáis	li-cuáis
iei	di-fe-ren-ciéis	a-ca-ri-ciéis	es-tu-diéis	con-fe-ren-ciéis
uei	a-mor-ti-güeis	a-ve-ri-güéis	a-pa-ci-güéis	a-tes-ti-güéis
uai	a-ve-ri-guáis	si-tuáis	**cuai**-ma	a-**guai**-ta-cai-mán
iau	Chiau-tla			
uau	Cuauh-té-moc	**Cuau**-ti-tlán	**Cuau**-tla	**huau**-chi-nan-go

Como se podrá observar, los cuatro iniciales tipos de triptongos son de muy poca o nula utilidad y esto obedece a que se utilizaban para la conjugación de los verbos para indicar el **vosotros**, hablado en la época virreinal hasta los inicios del siglo XX, y actualmente se ha sustituido para decirse **ustedes**. El triptongo **uai**, a su vez, también se aplica a palabras de poco o nulo uso (**cuaima, aguaitacaimán**). El triptongo **iau** y principalmente **uau**, por lo general, sólo existen en terminología de origen indígena prehispánica para nombrar lugares y personas.

Los pocos triptongos de uso común, son:

aguaitar	Cuautitlán	miau	Paraguay
Cuauhtémoc	Chiautla	guau	buey
Cuautepec	Cuautla	Uruguay	jagüey

EJERCICIOS

Divide en sílabas las siguientes palabras y subraya los diptongos y triptongos que encuentres.

envidia ______	camaleón ______
siguiente ______	Cuautla ______
airoso ______	poeta ______
auricular ______	deidad ______
ideológico ______	desidia ______
industria ______	necesario ______
historia ______	ahuecar ______
acentuó ______	automóvil ______
sabia ______	huasteca ______
anuncio ______	Cuauhtémoc ______
oblicuo ______	biología ______
clasificar ______	construida ______
sueldo ______	rabió ______
Cuautepec ______	momia ______
teoría ______	cráneo ______
travieso ______	tranvía ______
trapecio ______	regional ______
veintitrés ______	después ______
fiesta ______	enjuagar ______
Leonardo ______	cueva ______
calle ______	tersura ______
amable ______	canción ______
acentuar ______	sonreír ______
Uruguay ______	virtud ______
cercanía ______	geografía ______

Acentúa las palabras siguientes y vuélvelas a escribir subrayando y separando las sílabas donde está la ruptura de diptongo.

licúa	li<u>cú-a</u>	actua	
vacio		caida	
hastio		reido	
decia		pais	
Maria		raiz	
amaria		poesia	
fruterias		Filosofia	
partia		Geologia	
cafeteria		evalua	
sicologia		reune	
encia		continuo	
dia		soñarian	
maiz		ideologias	
polleria		caminaria	
ganzua		gasolineria	
sicologia		oido	
grua		pua	
reir		Raul	
Lucia		insinua	
salchichoneria		cafeteria	
antologia		herreria	

EL ACENTO

La acentuación o acento, es la indicación fonética donde —en una sílaba y siempre sobre una vocal— una palabra tiene un mayor énfasis.

TODAS las palabras del idioma español llevan acento porque en todas existe una sílaba con un mayor énfasis fonético; sin embargo, en determinadas palabras esta acentuación sólo se pronuncia y en otras se pone gráficamente.

El acento se clasifica en: **acento prosódico, y acento ortográfico, al cual se agregan, el acento diacrítico y el acento enfático.**

EL ACENTO PROSÓDICO es el que se pronuncia —y no se escribe— sobre una vocal, dándole mayor fuerza fonética a determinada sílaba de una palabra.

Casi todas las **palabras a las que no se les pone acento son:** los 4,200 verbos en infinitivo —menos ocho con diptongo roto: oír, reír, freír, etc.), las 500 palabras que terminan con **-d**, las 500 que terminan con **-al** y las miles de palabras graves que no tienen diptongo roto y terminan en n, s, o vocal. Ejemplos:

triun-**far**	**flan**	abri-**dor**	so-ña-**dor**	**nom**-bre
in-te-li-**gen**-te	**li**-bro	lau-**rel**	cul-**tu**-ra	es-**cue**-la
her-**ma**-no	a-cu-**dir**	a-fir-**mar**	fe-al-**dad**	bu-**ceo**
triun-fa-**dor**	ja-**cal**	Sa-**muel**	bi-blio-**te**-ca	vir-**tud**

EL ACENTO ORTOGRÁFICO, es el signo o tilde (´) que se coloca sobre la vocal de mayor énfasis que tiene una sílaba dentro de una palabra.

Las palabras se clasifican, de acuerdo con la sílaba tónica, en: agudas, graves, esdrújulas y sobreesdrújulas.

LAS PALABRAS AGUDAS

Las palabras agudas —las que se acentúan y las que no se acentúan— tienen su mayor entonación en la última sílaba. Se les pone tilde o acento cuando terminan en: **n, s o vocal** —menos cuando son palabras monosílabas—, y en otra consonante cuando existe diptongo roto, las cuales son las 18 siguientes con los verbos: **oír, desoír, reír, sonreír, freír, refreír, sofreír, engreír;** además de: Abigaíl, ataúd, baúl, hazmerreír, laúd, maíz, raíz, Raúl, Saúl y tahúr.

Las palabras agudas que se acentúan son de dos clases: palabras no verbales y palabras verbales. Son verbales las que se derivan de la conjugación de los verbos y las no verbales, las que no son producto de las conjugaciones.

LAS PALABRAS AGUDAS NO VERBALES

LAS PALABRAS AGUDAS NO VERBALES QUE TERMINAN CON N

Las palabras **agudas no verbales que terminan con n** y que se acentúan, son 1,800, y la mayor parte de ellas están en las terminaciones **-ción** (1,200), **-sión** (150) y **-xión** (11). (Todas las palabras con **-ción** están en las pags. 236-243 y las que llevan **-sión**, en las pags. 244-245 del libro de consulta). Algunos ejemplos son:

-ción: atrac**ción**, educa**ción**, civiliza**ción**, tenta**ción**, supera**ción**, vota**ción**, construc**ción**, idealiza**ción**, protec**ción**, ambienta**ción**, edifica**ción**.

-sión: pa**sión**, vi**sión**, inver**sión**, convul**sión**, televi**sión**, ver**sión**, mi**sión**, pre**sión**, fu**sión**, man**sión**, alu**sión**, ten**sión**, diver**sión**, cosmovi**sión**.

-xión: Todas son: ane**xión**, cone**xión**, descone**xión**, incone**xión**, fle**xión**, infle**xión**, refle**xión**, irrefle**xión**, flu**xión**, comple**xión** y crucifi**xión**.

De las restantes 450 palabras no verbales que terminan en **n** (que no llevan las terminaciones **-ción, -sión** y **-xión**), muchas son palabras que tienen los sufijos **-on, -in**; de ellas, algunas forman adjetivos aumentativos y diminutivos. (Ver libro de consulta páginas 29-31). Algunos ejemplos son:

agarrón	calcetín	jarrón	mesón	reventón	unión
bailarín	espolón	jazmín	orejón	salón	vagón
balón	fisgón	limón	patín	tristón	zaguán

LAS PALABRAS AGUDAS NO VERBALES QUE TERMINAN CON S

Las palabras **agudas no verbales que terminan en s** y se acentúan gráficamente, son sólo alrededor de 60 y de ellas, muchas son gentilicios —palabras que determinan el origen o lugar de una persona—. Todas son:

ade**más**	a**nís**	barcelo**nés**	com**pás**	des**pués**
¡a**diós**!	ango**lés**	Barra**bás**	cordo**bés**	entre**més**
aero**bús**	arago**nés**	bur**gués**	cor**tés**	esco**cés**
agua**rrás**	ar**nés**	buscapi**és**	da**nés**	es**trés**
alba**nés**	a**trás**	ciempi**és**	descor**tés**	ex**prés**
An**drés**	auto**bús**	ci**prés**	desinte**rés**	finlan**dés**

francés	islandés	libanés	obús	siamés
genovés	jamás	marqués	país	tailandés
holandés	japonés	microbús	París	taiwanés
inglés	kermés/	Moisés	portugués	través
interés	quermés	montañés	revés	trolebús
irlandés	leonés	neozelandés	semidiós	vienés

LAS PALABRAS AGUDAS NO VERBALES QUE TERMINAN EN VOCAL

Las palabras **agudas no verbales que terminan en vocal** y llevan acento, son únicamente alrededor de 90, y se encuentran a continuación:

acá	bisturí	consomé	maniquí	rabí
acné	bongó	cuché	marroquí	rajá
acullá	bufé (comida)	cuplé	matiné	rococó
ahí	bungaló	dominó	menú	rubí
¡ajá!	buró	esquí	¡ojalá!	sofá
ajonjolí	buscapié	frenesí	pagaré	sufí
Alá	café	gigoló	Panamá	tabú
alhelí	caló	glasé	papá	té
allá	Canadá	hincapié	paté	tentempié
allí	canapé	hindú	pedigrí	tisú
ambigú	carmesí	iglú	peroné	traspié
aquí	cebú	iraní	Perú	tupé
así	champú	iraquí	popurrí	tutú
baladí	chantillí	israelí	puntapié	vudú
balompié	chimpancé	jabalí	puré	yacaré
bambú	cliché	mamá	quiché	
belcebú	colibrí	maná	quinqué	
bisoñé	comité	maní	quizá	

EJERCICIOS

¿Cuál es la regla para ponerles acento a las palabras agudas?

____

____

Sin copiar los ejemplos que se han dado, escribe veinte palabras agudas que terminen en **-ción**.

__________ __________ __________ __________

__________ __________ __________ __________

__________ __________ __________ __________

Sin copiar los ejemplos que se han dado, escribe veinte palabras agudas que terminen en **-sión**.

Repite dos veces cada una de las once palabras agudas que terminan en **-xión**.

Sin copiar los ejemplos que se han dado, escribe veinte palabras agudas que lleven la terminación **-ón, -ín**.

En las siguientes oraciones localiza las palabras agudas que deben llevar acento y pónselo.

1. Al subir a un autobus, el chofer, que se llamaba Andres, era un grosero y descortes; por ello fue que me fui hasta los asientos de atras donde platique con un portugues.

2. Cuando estuve en Canada vi un hermoso colibri y alli, en un restaurante disfrute un rico bufe en el que había, entre otros platillos, consome, pate, pure y un delicioso yogurt con frutas y ajonjoli.

3. En un hotel ingles donde me hospede, en el baño tenía shampu; en la estancia había varios muebles hechos con bambu y algunas pinturas con fondo carmesi; ademas, fijado en la pared, había un jabali.

Elabora tres oraciones en las que existan, cuando menos, tres palabras agudas con acento y remárcalas.

1. ____

____

____

2. ____

____

____

3. ____

____

____

LAS PALABRAS AGUDAS VERBALES

LAS PALABRAS AGUDAS VERBALES QUE TERMINAN CON N y se acentúan, son 4,200, una por cada verbo; se encuentran en el futuro del indicativo en la segunda y tercera persona del plural: ustedes/ellos. Ejemplos:

USTEDES/ELLOS

-AR: amar**án**, cantar**án**, sonar**án**, mirar**án**, andar**án**, mejorar**án**, nadar**án**, ablandar**án**, idear**án**, ingresar**án**, fabricar**án**, prensar**án**, mutar**án**.

-ER: **verán**, beber**án**, comer**án**, amanecer**án**, sabr**án**, leer**án**, cabr**án**, compondr**án**, ejercer**án**, entender**án**, mover**án**, har**án**, enloquecer**án**.

-IR: escribir**án**, lucir**án**, producir**án**, cubrir**án**, dir**án**, añadir**án**, partir**án**, advertir**án**, compartir**án**, convivir**án**, subir**án**, deducir**án**, vivir**án**.

LAS PALABRAS AGUDAS VERBALES CON S y que llevan acento gráfico son 4,200, una por cada verbo; están en el futuro del indicativo en la segunda persona del singular: tú. Ejemplos:

TÚ

-AR: cantar**ás**, alucinar**ás**, adivinar**ás**, aportar**ás**, atar**ás**, contabilizar**ás**, amar**ás**, adelgazar**ás**, anotar**ás**, destellar**ás**, orientar**ás**, llevar**ás**.

-ER: conocer**ás**, ejercer**ás**, defender**ás**, meter**ás**, sorprender**ás**, comer**ás**, ser**ás**, agradecer**ás**, atender**ás**, dispondr**ás**, emerger**ás**, tender**ás**.

-IR: curtir**ás**, difundir**ás**, vivir**ás**, pulir**ás**, nutrir**ás**, ir**ás**, producir**ás**, aducir**ás**, combatir**ás**, curtir**ás**, dir**ás**, difundir**ás**, escribir**ás**.

LAS PALABRAS AGUDAS VERBALES QUE TERMINAN EN VOCAL y se acentúan gráficamente son 16,800; se encuentran en los tiempos pasado y futuro del indicativo de los 4,200 verbos —ar, er, ir—, en la primera y tercera persona del singular (yo, él), como se muestra a continuación:

TIEMPO PRETÉRITO O PASADO DEL MODO INDICATIVO

yo: am**é**, cant**é**, soñ**é**, conoc**í**, adiestr**é**, aviv**é**, ejerc**í**, med**í**, ilusion**é**, abund**é**, acuñ**é**, concurs**é**, derram**é**, desaparec**í**, promet**í**, tos**í**.

él: cautiv**ó**, cabece**ó**, conoci**ó**, concurs**ó**, cobr**ó**, visti**ó**, nutri**ó**, cant**ó**, acompañ**ó**, bord**ó**, ingres**ó**, ingeni**ó**, naveg**ó**, emergi**ó**, emprendi**ó**.

TIEMPO FUTURO DEL MODO INDICATIVO

yo: aclarar**é**, activar**é**, aportar**é**, toser**é**, cubrir**é**, acariciar**é**, estudiar**é**, achicar**é**, acostar**é**, indagar**é**, vivir**é**, volar**é**, devolver**é**, conocer**é**.

él: adaptar**á**, sonar**á**, repartir**á**, lucir**á**, aprender**á**, prender**á**, pasar**á**, aceitar**á**, honrar**á**, lustrar**á**, beber**á**, nutrir**á**, subir**á**, emprender**á**.

EJERCICIOS

Escribe veinte palabras agudas verbales que terminen con **-n**.

__________ __________ __________ __________ __________

__________ __________ __________ __________ __________

__________ __________ __________ __________ __________

__________ __________ __________ __________ __________

Escribe veinte palabras agudas verbales que terminen con **-s**.

______ ______ ______ ______ ______
______ ______ ______ ______ ______
______ ______ ______ ______ ______
______ ______ ______ ______ ______

Escribe veinte palabras agudas verbales que terminen con vocal.

______ ______ ______ ______ ______
______ ______ ______ ______ ______
______ ______ ______ ______ ______
______ ______ ______ ______ ______

LAS PALABRAS MONOSÍLABAS

Las palabras monosílabas no se acentúan (salvo que sean palabras con acento diacrítico o enfático), y al ser todas palabras agudas, por tanto, no llevan acento ortográfico aunque terminen en **n, s o vocal**. Las palabras monosílabas con terminación **n, s o vocal**, son:

Palabras monosílabas que terminan con n, son: bien, buen, can, cien, clan, con, crin, dan, den, don, en, fin, flan, Juan, pan, plan, ruin, San, sien, sin, son, tan, tren, un, van, ven.

Palabras monosílabas que terminan en S, son: as, blues, Dios, dos, gas, gris, mes, mis, pues, pus, res, seis, sus, tos, tras, tres, tus, vals, vas, ves.

Palabras monosílabas que terminan en vocal, son: da, do, fe, ha, he, ¡ja!, me, mi, la, le, lo, no, pie, re, so, su, te, ti, va, ve, vi, ya, yo.

EJERCICIOS

Repite dos veces cada una de las 18 palabras agudas que por diptongo roto llevan acento y no tienen la terminación **n, s o vocal.**

oír ______ ______ freír ______ ______
desoír ______ ______ refreír ______ ______
reír ______ ______ sofreír ______ ______
sonreír ______ ______ engreír ______ ______

Abigaíl	___	___	maíz	___	___
ataúd	___	___	raíz	___	___
baúl	___	___	Raúl	___	___
hazmerreír	___	___	Saúl	___	___
laúd	___	___	tahúr	___	___

Recordando que las palabras agudas monosílabas no se acentúan aunque terminen en **n, s** o **vocal** (salvo que lleven acento diacrítico o enfático, como tú y tu), escribe diez que terminen con **n**, diez con **s**, y diez con **vocal**.

___ ___ ___ ___ ___

___ ___ ___ ___ ___

___ ___ ___ ___ ___

___ ___ ___ ___ ___

___ ___ ___ ___ ___

___ ___ ___ ___ ___

LAS PALABRAS GRAVES

Las palabras graves, se acentúen gráficamente o no, tienen su mayor entonación en la penúltima sílaba.

Las palabras graves llevan acento en dos casos:

1. Cuando no tienen diptongo roto y, a su vez, no terminan en **n** o **s** (hay doce excepciones con **s**). Las palabras que existen son sólo 122.
2. Cuando tienen diptongo roto y, en consecuencia, terminan en **n, s** o **vocal**. En este caso, las palabras que existen son alrededor de 16,400.

LAS PALABRAS GRAVES QUE NO TIENEN DIPTONGO ROTO

Se acentúan las palabras graves que no tienen diptongo roto y, a su vez, no terminan en **n** o **s**. Las que existen son únicamente 122 palabras: 50 con **l**, 37 con **r**, y 35 palabras que terminan en otras diversas consonantes. Las doce excepciones que existen al terminar en **s** son: bíceps, fórceps, tríceps y los plurales de palabras de origen extranjero: aeróbics, clósets, cómics, linóleums, médiums, pósters, récords, superávits y tótems.

Las 50 palabras graves que terminan con **-l** y se acentúan, son:

ágil
ángel
árbol
arcángel
automóvil
béisbol
bursátil
caníbal
cárcel
cempasúchil
cóctel
cónsul
dátil
débil
difícil
dócil
dúctil
estéril
estiércol
fácil
facsímil
fértil
fósil
frágil
fútil
grácil
Guamúchil
hábil
imbécil
inhábil
inmóvil
inútil
inverosímil
mármol
mástil
móvil
náhuatl
níquel
portátil
púgil
retráctil
símil
táctil
trébol
túnel
útil
verosímil
versátil
vicecónsul
volátil

Las 37 palabras graves no verbales que tienen terminación en **-r** y que se les pone acento, son:

alcázar
alféizar
almíbar
ámbar
azúcar
Bolívar
bóxer
cadáver
cáncer
carácter
cárter
catéter
César
córner
cráter
dólar
elíxir
estándar
fémur
flúor[1]
fólder
gángster
géiser
Héctor
impúber
júnior
káiser
láser
líder
mártir
nácar
néctar
poliéster
póquer o
póker
póster
prócer
suéter

Las 35 palabras graves no verbales que terminan en otras varias consonantes, son, en su mayoría, palabras de origen extranjero:

c : aeróbic, cómic, Cuauhtémoc*.

d : áspid, césped, huésped, récord.

h : sándwich.

m : álbum, ídem, ítem, linóleum, médium, memorándum, quántum, quórum, referéndum, réquiem, tótem, ultimátum.

t : clóset, superávit.

x : anticlímax, clímax, cóccix/coxis, dúplex, Félix, fénix, ónix, télex, tórax.

z : cáliz, Gómez, lápiz, Túnez.

---

1. Palabra grave por diptongo roto.

* Las palabras de origen indígena, para el idioma español que se deriva del latín vulgar, son palabras extranjeras; por tal razón actúan como excepciones a normas ortográficas españolas.

EJERCICIOS

Escribe treinta palabras graves que terminen con **l**.

Escribe treinta palabras graves que terminen con **r**.

Escribe las 35 palabras graves que se **acentúan** y terminan en otras consonantes que no son **l** y **r**.

Escribe las doce excepciones de palabras graves no verbales que no tienen diptongo roto y que se acentúan teniendo terminación con **s**.

LAS 16,400 PALABRAS GRAVES QUE SE ACENTÚAN POR DIPTONGO ROTO TENIENDO LAS TERMINACIONES **N**, **S** O **VOCAL**

LAS PALABRAS GRAVES VERBALES (160,000) en su mayor parte no llevan acento porque son palabras sin diptongo roto que terminan en **n**, **s** o **vocal**; sin embargo, con las mismas terminaciones **n**, **s** y **vocal**, existen 15,400 palabras verbales que se acentúan por diptongos rotos, las que se encuentran en el copretérito de los 650 verbos que terminan en -er, -ir; en el pospretérito de los 4,200 verbos; en la conjugación de los 26 verbos terminados en **-uar** (actuar: actúo, actúas, actúan), y en los 49 verbos terminados en **-iar** (enviar: envío, envías, envían).

Ejemplos del copretérito de los verbos terminados en **-er**, e **-ir**.

	crec**er**		repart**ir**
yo	crec**í-a**	yo	repart**í-a**
tú	crec**í-as**	tú	repart**í-as**
él	crec**í-a**	él	repart**í-a**
ustedes	crec**í-an**	ustedes	repart**í-an**
ellos	crec**í-an**	ellos	repart**í-an**

Ejemplos del pospretérito de los 4,200 verbos (**ar**, **er**, **ir**), de uso común.

	am**ar**	emerg**er**	ven**ir**
yo	amar**í-a**	emerger**í-a**	vendr**í-a**
tú	amar**í-as**	emerger**í-as**	vendr**í-as**
él	amar**í-a**	emerger**í-a**	vendr**í-a**
ustedes	amar**í-an**	emerger**í-an**	vendr**í-an**
ellos	amar**í-an**	emerger**í-an**	vendr**í-an**

LAS PALABRAS GRAVES NO VERBALES QUE TERMINAN EN VOCAL Y SE ACENTÚAN POR DIPTONGO ROTO

Las palabras graves que terminan en vocal y que se acentúan por **diptongos rotos no verbales** son alrededor de 500; todas tienen la terminación -ía, ío formándose grupos con las terminaciones -ría, -logía, -grafía y -fonía. (Ver libro de consulta pags. 37-41). A su vez, muchas de estas 500 palabras, al hacerse plurales son graves que terminan con **-s**: actuarí-as, boberí-as, cafeterí-as, vací-os, etc. Algunos ejemplos son:

-ría	consultorí-a	florerí-a	hombrí-a	librerí-a
baterí-a	dulcerí-a	fruterí-a	ingenierí-a	mayorí-a
calorí-a	enfermerí-a	galerí-a	joyerí-a	neverí-a

orfebrerí-a
panaderí-a
papelerí-a
plomerí-a
refinerí-a
sabidurí-a
sederí-a
teorí-a
utilerí-a
zapaterí-a

-logía
antologí-a
bibliologí-a
cronologí-a
etimologí-a
fonologí-a
geologí-a
ideologí-a
mitologí-a
sexologí-a
tecnologí-a
trilogí-a
zoologí-a

-grafía
biografí-a
caligrafí-a
coreografí-a
demografí-a
fotografí-a
geografí-a
litografí-a
museografí-a
radiografí-a
telegrafí-a
zoografí-a

-fonía
afoní-a
cacofoní-a
sinfoní-a
radiofoní-a
telefoní-a

-ía, ío
alcancí-a
albedrí-o
bahí-a
bují-a
carestí-a
desafí-o
dí-a
economí-a
frí-o
garantí-a
hastí-o
jaurí-a
lí-o
mercancí-a
monotoní-a
naví-o
osadí-a
picardí-a
plantí-o
poderí-o
poesí-a
regalí-a
resfrí-o
rí-o
rocí-o
sintoní-a
soberaní-a
tapatí-o
trí-o
travesí-a
utopí-a
vací-o
valentí-a
vocerí-o

Existen, a su vez, otras palabras no verbales con diptongo roto con terminación en **s**: ataúdes, baúles, cortaúñas, cuentahílos, galimatías, maíces, mesías, países, paracaídas y raíces.

EJERCICIOS

En los siguientes espacios escribe veinte palabras graves verbales por diptongo roto que terminen con **n**.

_____ _____ _____ _____ _____

_____ _____ _____ _____ _____

_____ _____ _____ _____ _____

_____ _____ _____ _____ _____

Pon veinte palabras graves verbales por diptongo roto que terminen en **s**.

_____ _____ _____ _____ _____

_____ _____ _____ _____ _____

_____ _____ _____ _____ _____

_____ _____ _____ _____ _____

Escribe quince palabras graves verbales por diptongo roto que terminen en **vocal**.

_____ _____ _____ _____ _____

__________ __________ __________ __________ __________

__________ __________ __________ __________ __________

Sin tomar los ejemplos que se han dado, escribe quince palabras graves no verbales que terminen con **-ía**.

__________ __________ __________ __________ __________

__________ __________ __________ __________ __________

__________ __________ __________ __________ __________

Escribe diez palabras graves no verbales con diptongo roto y terminación en **-s**.

__________ __________ __________ __________ __________

__________ __________ __________ __________ __________

LAS PALABRAS ESDRÚJULAS

Las palabras esdrújulas tienen su mayor entonación en la antepenúltima sílaba. Todas llevan acento y son alrededor de 43,000 palabras.

LAS PALABRAS ESDRÚJULAS NO VERBALES

Las palabras esdrújulas no verbales, casi todas terminan en vocal; son 21,400 y se forman de la siguiente manera: 500 se integran con el sufijo -ico(a) antecediéndole una consonante; 240 son o se integran con vocablos griegos; 130 tienen la terminación -ulo(a), -olo(a), -alo(a); 80 son adjetivos superlativos que se componen principalmente con el sufijo -ísimo(a); en 80 palabras existe la terminación -eo(a); en otras diversas palabras existen 350. Por enclíticos hay alrededor de 20,000 de uso común; y las que terminan en consonante son alrededor de 40 palabras. (Ver libro de consulta páginas 44-54.)

Algunos ejemplos son:

Consonante más -ico(a)	**calorífico**	**helénico**	**olímpico**	**volcánico**
	clásico	**jerárquico**	**periódico**	
académico	**didáctico**	**lírico**	**réplica**	**-eo, -ea**
acuático	**ecológico**	**lumínico**	**silábico**	**aéreo**
aritmética	**eléctrico**	**mecánica**	**telefónico**	**área**
artístico	**fábrica**	**México**	**único**	**corpóreo**
bíblico	**genérico**	**neumático**	**verídico**	**cutáneo**

foráneo
glúteo
idóneo
línea
níveo
óseo
petróleo
sanguíneo
subterráneo
vítreo

-ulo(a), -olo(a), -alo(a)

ángulo
báscula
cálculo
cédula
discípulo
esdrújula
fábula
glándula
glóbulo
ídolo
libélula
matrícula
óvalo
película
rótulo
título
válvula
vínculo
zócalo

Con sufijos griegos o latinos

bicéfalo
burócrata
hipódromo
acuífero
mortífero
bibliófilo
micrófono
teléfono
indígena
oxígeno
exágono
polígono
autógrafo
telégrafo
arqueólogo
ginecólogo
sociólogo
audímetro
taxímetro
velocímetro
sinónimo
sicópata
ápodo
bípedo
filósofo
carnívoro
granívoro
agrícola
avícola
vinícola
unísono

Superlativos con -ísimo

altísimo
bellísima
carísimo
cultísimo
loquísimo
purísimo

Otras terminaciones

América
bálsamo
cándido
dádiva
época
fenómeno
gárgara
hábito
idólatra
júbilo
límite
método
número
órgano
pícaro
rápido
rédito
sábado
término
úlcera
válido

LAS PALABRAS ESDRÚJULAS NO VERBALES
QUE TERMINAN EN CONSONANTE, SON:

acrópolis
análisis
antítesis
apófisis
bádminton
déficit
diéresis
efemérides
énfasis
espécimen
exégesis
éxtasis
fotosíntesis
géminis
génesis
hércules
hipérbaton
hipófisis
hipótesis
ínfulas
ípsilon
miércoles
ómicron
ómnibus
ósmosis
páncreas
paráfrasis
parálisis
paréntesis
prótesis
régimen
regímenes
sicoanálisis
sífilis
síntesis
tétanos
tortícolis
víveres

EJERCICIOS

Escribe veinte palabras esdrújulas que terminen en **-ico, -ica**, que antes llevan consonante. No copies los ejemplos anteriores.

__________ __________ __________ __________ __________

__________ __________ __________ __________ __________

__________ __________ __________ __________ __________

__________ __________ __________ __________ __________

Escribe veinte palabras esdrújulas que terminen con -eo, -ea.

Escribe veinte esdrújulas que terminen con -ulo(a), -olo(a), -alo(a).

Escribe veinte esdrújulas que no tengan las terminaciones anteriores.

LAS PALABRAS ESDRÚJULAS VERBALES

Las palabras esdrújulas verbales son 21,000 y se encuentran en los 4,200 verbos (-ar, -er, -ir) a través de la primera persona del plural (nosotros) en el copretérito y pospretérito del indicativo y en los tiempos pasado y futuro del subjuntivo. Ejemplos:

COPRETÉRITO

verbos en -ar nosotros...	**verbos en -er nosotros...**	**verbos en -ir nosotros...**
cantá-ba-mos	acogí-a-mos	abatí-a-mos
ejecutá-ba-mos	conocí-a-mos	combatí-a-mos
enseñá-ba-mos	corrí-a-mos	convení-a-mos
entrá-ba-mos	crecí-a-mos	difundí-a-mos
flotá-ba-mos	defendí-a-mos	elegí-a-mos

POSPRETÉRITO

Verbos en -ar nosotros...	Verbos en -er nosotros...	Verbos en -ir nosotros...
alimentarí-a-mos	aparecerí-a-mos	acudirí-a-mos
bajarí-a-mos	barrerí-a-mos	bendecirí-a-mos
clamarí-a-mos	comerí-a-mos	construirí-a-mos
declamarí-a-mos	defenderí-a-mos	descubrirí-a-mos
entrarí-a-mos	emergerí-a-mos	erigirí-a-mos

PRETÉRITO O PASADO DEL SUBJUNTIVO

Verbos en -ar nosotros...	Verbos en -er nosotros...	Verbos en -ir nosotros...
amá-ra-mos o amá-se-mos	comié-ra-mos o comié-se-mos	lucié-ra-mos o lucié-se-mos
soñá-ra-mos o soñá-se-mos	bebié-ra-mos o bebié-se-mos	partié-ra-mos o partié-se-mos
pintá-ra-mos o pintá-se-mos	pusié-ra-mos o pusié-se-mos	producié-ra-mos o producié-se-mos
cantá-ra-mos o cantá-se-mos	vié-ra-mos o vié-se-mos	escribié-ra-mos o escribié-se-mos

FUTURO DEL SUBJUNTIVO

Verbos en -ar nosotros...	Verbos en -er nosotros...	Verbos en -ir nosotros...
licuá-re-mos	padecié-re-mos	rugié-re-mos
pintá-re-mos	opusié-re-mos	lucié-re-mos
soñá-re-mos	comié-re-mos	escribié-re-mos
amá-re-mos	nacié-re-mos	sintié-re-mos
cultivá-re-mos	corrié-re-mos	abatié-re-mos

LOS ENCLÍTICOS EN LAS PALABRAS ESDRÚJULAS

Se forman palabras esdrújulas con verbos en infinitivo más dos pronombres. Ejemplos:

casárseme	pintárselas	recordárselo	pintártelo
cortársela	hacérselos	pagártelas	ganármela
escribírtela	platicártelo	cocinártelo	estudiársela

EJERCICIOS

Sin copiar los ejemplos anteriores, escribe cinco palabras esdrújulas verbales de cada conjugación (-ar, -er, -ir).

COPRETÉRITO

Verbos en -ar nosotros...	Verbos en -er nosotros...	Verbos en -ir nosotros...

POSPRETÉRITO

Verbos en -ar nosotros...	Verbos en -er nosotros...	Verbos en -ir nosotros...

PRETÉRITO O PASADO DEL SUBJUNTIVO

Verbos en -ar nosotros...	Verbos en -er nosotros...	Verbos en -ir nosotros...

FUTURO DEL SUBJUNTIVO

Verbos en -ar nosotros...	Verbos en -er nosotros...	Verbos en -ir nosotros...
______	______	______
______	______	______
______	______	______
______	______	______
______	______	______

Complementa los siguientes enclíticos formados con verbo en infinitivo y dos pronombres, con lo cual resultan palabras esdrújulas.

comér ______	mirár ______	______ tela	______ selas
soñár ______	vér ______	______ melo	______ telos
partír ______	surtír ______	______ selo	______ melas

LAS PALABRAS SOBREESDRÚJULAS

Las palabras sobreesdrújulas tienen su mayor entonación antes de la antepenúltima sílaba. Se acentúan todas.

Estas palabras no existen como palabras simples o puras, y sólo se forman con enclíticos que contienen dos pronombres. Las sobreesdrújulas que de esta manera existen sobrepasan la cantidad de 20,000 palabras, pues se forman con la mayor parte de todos los verbos más el pronombre **me, te** o **se**, más el pronombre **la, las, lo** o **los**. Ejemplo: verbo escribir: escríbe**mela**, escríbe**melas**, escríbe**melo**, escríbe**melos**; escríbe**tela**, escríbe**telas**, escríbe**telo**, escríbe**telas**, escribiendo**telo**; escríbe**sela**. Otros ejemplos son:

Persona	Verbo + pronombre	+ otro pronombre			
tú	cómpra**me**...	la	las	lo	los
	cómpra**te**...	la	las	lo	los
usted	cómpre**me**...	la	las	lo	los
ustedes/ellos	cómpren**me**...	la	las	lo	los
gerundio	comprándo**me**...	la	las	lo	los
	comprándo**te**...	la	las	lo	los
	comprándo**se**...	la	las	lo	los

Persona	Verbo + pronombre	+ otro pronombre			
tú	actíva**me**...	la	las	lo	los
	actíva**te**...	la	las	lo	los
usted	edúque**me**...	la	las	lo	los
ustedes/ellos	despiérten**me**...	la	las	lo	los
gerundio	libertándo**te**...	la	las	lo	los
	cocinándo**te**...	la	las	lo	los

Los únicos enclíticos que con dos pronombres no son palabras sobreesdrújulas, es cuando se usa el verbo en infinitivo, ya que en este caso, como se vio anteriormente, se forman palabras esdrújulas. Ejemplos: comér**melo**, comprár**tela**, escribír**tela**.

EJERCICIO

Escribe, en los espacios siguientes, veinte palabras sobreesdrújulas.

______	______	______	______
______	______	______	______
______	______	______	______
______	______	______	______
______	______	______	______

EL ENCLÍTICO

Enclítico, es la palabra compuesta por un verbo y uno o dos pronombres. Pronombre es la palabra que actúa en lugar del nombre y los que se usan en los enclíticos son: **me, te, se, la, las, le, les, lo, los** y **nos**.

Enclítico con un pronombre: áma**me**, pínta**la**, cóme**las**, escríbe**lo**.
Enclítico con dos pronombres: cánta**mela**, cómpra**telos**, gána**telas**.

LOS ENCLÍTICOS Y LA ACENTUACIÓN

Casi todos los enclíticos se acentúan (se exceptúan los compuestos con verbo en infinitivo y un pronombre: cantar**la**, amar**le**, comprar**me**, saber**se**, amar**se**, estudiar**se**; y los que se forman con los verbos monosílabos dar, ser y ver y un pronombre: da**me**, ve**le**, ser**le**).

Los enclíticos de uso común son alrededor de 50,000. Se hace resaltar que las palabras enclíticas son de las que más se usan en el habla diaria. Ejemplos: llléva**lo**, lléva**me**, tráe**lo**, da**me**, duérme**te**, durmiéndo**me**, áma**me**, cocína**la**, cómpra**telas**, cóme**telo**, partiéndo**seme**, perdién**dolo**, tóma**lo**, tóma**tela**, pón**tela**, pón**mela**, juéga**melo**, écha**tela**, consígue**mela**, muriéndo**me**, cayéndo**me**, despiér**tame**, escribiéndo**le**, revisándo**las**, atiénde**me**, etc.

LOS ENCLÍTICOS CON UN PRONOMBRE Y LAS PALABRAS GRAVES

Las palabras graves acentuadas por enclíticos, actualmente son de poco o nulo uso; se forman con el tiempo pasado y futuro del indicativo con la primera persona del singular. Ejemplos: yo... amé**la**, soñé**le**, canté**le**, miré**me**, descubrí**me**, adoré**la**, afiné**le**; amaré**la**, trabajaré**le**, buscaré**los**.

Y las que sí son de uso común, no se acentúan por terminar con **s** o vocal; estos enclíticos graves que no se acentúan se componen de cada uno de todos los verbos en infinitivo y un pronombre. Ejemplos:

soñar**le**	ambientar**te**	aglutinar**se**	saber**los**	telefonear**te**
cantar**lo**	asignar**le**	amarrar**se**	prender**me**	estudiar**le**
amar**las**	poner**se**	adobar**lo**	escuchar**la**	blanquear**las**
ver**les**	manejar**lo**	cocinar**las**	adorar**las**	jugar**les**

LOS ENCLÍTICOS CON UN PRONOMBRE Y LAS PALABRAS ESDRÚJULAS

Quitando los dos anteriores ejemplos de enclíticos en palabras graves, todos los demás enclíticos con un pronombre son esdrújulas que se acentúan y a ellas se agregan los enclíticos formados con los verbos en infinitivo y dos pronombres. Las palabras de uso común que pueden existir por este tipo de enclíticos son alrededor de 20,000 esdrújulas.

He aquí algunos ejemplos de cómo se pueden formar con la mayor parte de los verbos:

Persona	**Verbo más:**	**me**	**te**	**se**	**la**	**las**	**le**	**les**	**lo**	**los**	**nos**
tú	áma...	me	te		la	las	le	les	lo	los	nos
usted	áme...	me		se	la	las	le	les	lo	los	nos
ustedes/ellos	ámen...	me		se	la	las	le	les	lo	los	nos
gerundio	amándo...	me	te	se	la	las	le	les	lo	los	nos

Verbo en infinitivo más dos pronombres: amár**seme**, amár**tela(s)**, amár**telo(s)**.

Persona	Verbo más:	me	te	se	la	las	le	les	lo	los	nos
tú	estúdia...	me	te		la	las	le	les	lo	los	nos
usted	afrónte...	me		se	la	las	le	les	lo	los	nos
ustedes/ellos	recuérden...	me		se	la	las	le	les	lo	los	nos
gerundio	recordándo...	me	te	se	la	las	le	les	lo	los	nos

Verbo en infinitivo más dos pronombres: vér**sela, las, le, les, lo, los.**

LOS ENCLÍTICOS CON DOS PRONOMBRES Y LAS PALABRAS SOBREESDRÚJULAS

Salvo los enclíticos esdrújulos formados con verbo en infinitivo y dos pronombres (unír**mele**, comprár**telo**, comér**sela**), todas las demás formas verbales unidas a dos pronombres son palabras sobreesdrújulas. Ejemplos:

Persona	Verbo + pronombre	+ otro pronombre			
tú	alába**te**	la	las	lo	los
usted	estúdie**me**	la	las	lo	los
ustedes/ellos	cóman**se**	la	las	lo	los
gerundio	trabajándo**te**	la	las	lo	los

EJERCICIOS

A las siguientes palabras escríbelas en los espacios correspondientes según sean agudas, graves, esdrújulas o sobreesdrújulas.

difícil	ángel	cántico	ágil
espléndido	ánimo	explíquenselo	enséñamelo
persecución	revés	príncipe	fábrica
cocinándotelo	éter	escríbanselo	mirándotelo
camión	así	quizá	pájaro
cómpramelo	César	retíraselo	enviándotelo
cámara	catrín	díganmelo	azúcar
versátil	quedé	lápiz	extensión
pirámide	útil	comérsela	táctico
recuérdaselo	demás	carácter	ilusión

AGUDAS	GRAVES
____________________	____________________
____________________	____________________
____________________	____________________
____________________	____________________
____________________	____________________
____________________	____________________
____________________	____________________
____________________	____________________
____________________	____________________
____________________	____________________

ESDRÚJULAS	SOBREESDRÚJULAS
____________________	____________________
____________________	____________________
____________________	____________________
____________________	____________________
____________________	____________________
____________________	____________________
____________________	____________________
____________________	____________________
____________________	____________________
____________________	____________________

Ponle acento ortográfico a las palabras que deban llevarlo.

cancion	albañil	disciplina	igneo	niña
ardiente	centesimo	doblez	ilusion	romantico
atendio	compas	gorjeo	menton	subito
atomico	chamarra	grafia	Moises	soñar
balsamo	cheque	halito	movio	son
Biologia	chicharo	hediondo	mar	traemelo

Escribe ocho enclíticos con acento y ocho sin acento.

______ ______ ______ ______

______ ______ ______ ______

______ ______ ______ ______

______ ______ ______ ______

LA ACENTUACIÓN Y LA TERMINACIÓN -MENTE

Las palabras a las que se les agrega la terminación **-mente** y con lo cual se hacen adverbios, llevarán acento siempre y cuando lo tenga la palabra original. (Ver páginas 64-65 del libro de consulta.) Algunos ejemplos son:

abierta**mente**	eficaz**mente**	pasiva**mente**	total**mente**
boba**mente**	honorable**mente**	paulatina**mente**	vaga**mente**
capaz**mente**	maravillosa**mente**	reiterada**mente**	vil**mente**

EJERCICIO

Vuelve a escribir las siguientes palabras y añádeles la terminación -mente. Estas palabras son casi todas las de uso común que llevan acento agregándoseles dicha terminación.

ágil, alfabético, analítico, análogo, analógico, anatómico, bárbaro, cándido, categórico, científico, cómodo, común, cronológico, dócil, dogmático, económico, empírico, fácil, frágil, hipotético, histórico, homogéneo, idéntico, íntimo, plácido, próximo, sólido, súbito, técnico, telefónico, teórico, tímido, único.

______ ______ ______

______ ______ ______

______ ______ ______

______ ______ ______

______ ______ ______

______ ______ ______

______ ______ ______

______ ______ ______

______ ______ ______

______ ______ ______

______ ______ ______

EL ACENTO EN LAS PALABRAS COMPUESTAS

- En las palabras compuestas por dos palabras simples, la primera pierde el acento gráfico (si lo tenía) y lo conserva la segunda palabra simple (si lo tenía). Ejemplos:

así y mismo	: asimismo	décimo y séptimo	: decimoséptimo
balón y cesto	: baloncesto	físico y químico	: fisicoquímico
balón y mano	: balonmano	punta y pie*	: puntapié

* La palabra pie es monosílaba y, por tanto, no se acentúa; pero al unirse a otra palabra ahora sí se acentúa porque deja de ser monosílaba.

- Cuando dos palabras se unen a través de un guión, cada una sigue conservando el acento ortográfico —si lo tenía—. Ejemplos:

irlandés-alemán	japonés-canadiense	holandés-soviético
técnico-manual	teórico-práctico	francés-irlandés

OTRAS NORMAS DE ACENTUACIÓN SON:

- Las palabras extranjeras se escriben y acentúan como en su idioma original, a menos que sean ya españolizadas; en este caso, se regirán por las normas generales de la acentuación. Ejemplos: bungaló (de la India: bungalow), buqué (francés: bouquet), córner (inglés: corner), bumerán (australiano: boomerang).

- Se acentúa la vocal **"o"** cuando va entre números para que no exista confusión con el cero.

  1 ó 3; 4 ó 2; 1 ó 9 y con ello se evita la confusión de: 203, 402, 109.

- Las palabras que se escriben con letras mayúsculas, se acentúan de acuerdo a las reglas de acentuación.

  CORAZÓN, CÉSPED, CÁNTARO, ÚTIL, PRÁCTICO, ACENTUACIÓN.

EL ACENTO DIACRÍTICO

El **acento diacrítico**, es aquél que se pone en una palabra para diferenciarla de otra que se escribe igual, pero que tiene diferente significado y función.

Ejemplos: **dé** y **de**

En el primer caso, la palabra **dé** funciona como verbo y se acentúa.

En el segundo caso, la palabra **de** funciona como nexo; es una preposición y no se acentúa.

PALABRAS CON ACENTO DIACRÍTICO:

Aquél, aquélla, aquéllos, aquéllas: pronombres demostrativos que sustituyen algo o alguien. Se acentúan.
Aquel, aquella, aquellos, aquellas: pronombres demostrativos que no sustituyen algo o alguien. No se acentúan.

1. Al que esperas, es **aquél** que llega.
2. Muchos de mis sueños han nacido a la sombra de **aquel** árbol.

aún equivale a todavía. Se acentúa.
aun es igual a: inclusive, hasta, también. No se acentúa.

1. **Aún** me queda algo de lo que estudié.
2. Lo cuidó, lo protegió y **aun** le dio dinero.

dí del verbo decir. Se acentúa.
di del verbo dar. Va sin acento.

1. **Dí** cuanto quieras, no me harás enojar.
2. Aprovechaste mis consejos cuando te los **di**.

él pronombre personal. Se acentúa.
el artículo determinado. Va sin acento.

1. **Él** es un excelente alumno, estudia mucho.
2. **El** arma del progreso es **el** estudio.

ése, ésa, ésos: pronombres demostrativos que sustituyen algo o alguien. Se acentúan.
ese, esa, esos: pronombres demostrativos que no sustituyen algo o alguien. No se acentúan.

1. No he visto persona tan culta como **ésa** de ahí.
2. Sólo bastó **esa** mirada de comprensión y sentí paz.

éste, ésta, éstos, éstas: pronombres demostrativos que sustituyen algo o alguien. Se acentúan.
este, esta, estos, estas: pronombres demostrativos que no sustituyen algo o alguien. No se acentúan.

1. Los escritores que influyeron en mí fueron **éstos**.
2. **Estos** libros me sacaron de la ignorancia.

más adverbio de cantidad. Se acentúa.
mas conjunción adversativa equivalente a **pero**. Va sin acento.

1. La humildad vale **más** que la arrogancia.
2. Alcanza el éxito, **mas** no te envanezcas.

mí pronombre personal. Se acentúa.
mi pronombre posesivo. Va sin acento.

1. Me enteré que hablaste bien de **mí**, gracias.
2. Es inmenso **mi** anhelo de triunfo.

ó conjunción disyuntiva. Lleva acento cuando va entre cantidades numerales para no confundirse con el cero.
o conjunción disyuntiva. Va sin acento.

1. No supe si eran 10 **ó** 20 la cantidad acordada.
2. Ser **o** no ser, he ahí la cuestión.

sé de los verbos: saber y ser. Se acentúa.
se reflexivo de pronombre personal de la tercera persona del femenino y masculino. Va sin acento.

1. Sólo **sé** que nunca la olvidé.
2. Contigo mismo **sé** sincero y mucho aprenderás.
3. Nada creyó cuando **se** lo dijimos.

sólo adverbio de modo que indica: solamente. Se acentúa.
solo adjetivo calificativo que indica soledad. Va sin acento.

1. Sócrates dijo: **Sólo** sé que nada sé.
2. Triste, **solo** y abandonado, ha quedado el jardín.

té nombre de planta. Va con acento.
te pronombre personal y nombre de letra. Va sin acento.

1. Al estar en Inglaterra, cual ingleses, tomamos **té**.
2. Yo **te** sugiero; tú decides qué hacer.
3. La letra **te** es una consonante del alfabeto español.

tú pronombre personal. Se acentúa.
tu pronombre posesivo. No se acentúa.

1. **Tú** serás el arquitecto de **tu** destino.
2. **Tu** riqueza material se agota, **tu** sabiduría, jamás.

vé del verbo ir. Lleva acento.
ve del verbo ver. Va sin acento.

1. **Vé** con ellos a jugar; te hará bien el deporte.
2. Nadie **ve** las virtudes ajenas; sólo **ve** los defectos.

sí afirmación o pronombre. Lleva acento.
si conjunción condicional o nombre. Va sin acento.

1. El instructor dijo que **sí** aprendemos.
2. Muy seguro de **sí** se dirigió al público.
3. **Si** el número 20 es par, entonces es divisible entre 2.
4. En la clase de música aprendimos la nota **si**.

EJERCICIO

Si lo requiere, escribe el acento diacrítico en las palabras que sobresalen.

1. Vendré para estudiar con **el** y traeré **el** libro de consulta.
2. **Tu** dices que vienes y yo **te** esperaré.
3. Por la tarde **te** espero para tomar el **te**.
4. Leeré 1 **o** 2 artículos periodísticos **de aquellos** que te mostré.
5. **Solo te** digo **esto**: ellos pasarán por **mi**.
6. Cuando sus hijos partieron, **se** quedó **solo**.
7. **Aquel** día, muy seguro de **si**, comentó que iría.
8. La séptima nota musical **se** llama **si** y yo la **se** muy bien.
9. **Se** que **el** estudio es **mi** deber; que **solo** así triunfaré.
10. Me agrada **tu** mirar, **mas** quisiera **aun mas**.
11. Cada día **de mi** vida, amo la aurora y **el** ocaso.
12. La clase **de** química es interesante; ojalá nos **de** mucho.
13. **Aun** no llegamos a la lección **de** lectura y redacción.
14. Algunas obras están escritas en verso, **estas**, en prosa.
15. Te vi **aquella** mañana y no creí que **aquella** fuera tu casa.

16. **Di** que nosotros llegamos temprano y que **esos aun** no llegan.

17. A tus semejantes **ve** con buenos ojos.

18. **Te** admiro por ser como eres.

19. Yo no **se** muchas cosas de la vida; por **eso** estudio.

20. **Si,** a ti todo **te di: eso, aquello, esto, aun mi** ser; **di si** no.

EL ACENTO ENFÁTICO

Acento enfático, es el acento ortográfico que indica que una palabra requiere de mayor fuerza tónica en determinadas expresiones.

El **acento enfático** se emplea en las palabras siguientes: cuándo, cómo, dónde, qué, por qué, para qué, quién, quiénes, a quién, para quién, para quiénes, cuál, cuáles, cuánto, cuántas, etc., cuando van entre signos de interrogación o de exclamación y también cuando un autor desea dar mayor énfasis a una expresión. Ejemplos:

LA AMADA PRESENTIDA

¿**Cuándo** vendrás amado ser de mis sueños?
¿**Cómo** será el majestuoso día de nuestro encuentro?
¿**Cuál** será el sitio que siempre recordemos?
¿**Cuál** será más la constante de nuestra dicha?
¿**Qué** nos deparará de bello cada instante?
¿**Por qué** senderos caminarán unidas nuestras vidas?
¿**Cuánto,** tantas veces, así te he presentido?
¡Ah! Contigo... ¡**Cuántas** flores serán en el jardín del alma!
¡**Qué** cielos, **qué** perfumes, entonces nos acompañarán!
¡**Cuánto** seré feliz, **cómo** te haré dichosa!
¡**Quién** lo pensara! ¡Aún no te conozco y ya por ti desvarío!

Cuántos así por la vida vamos, y preguntamos **cuándo, dónde** y **quién** será la compañera (o compañero, según el caso) que esperamos; **cuál** será el día del encuentro, **cuánto** tiempo más esperaremos. Mientras tanto, caminamos junto a la esperanza que nos dice al oído... ¡**cuánto** los vacíos bolsos se llenarán con el encuentro!

EJERCICIOS

En las palabras remarcadas, pon el acento enfático si es que lo debe llevar.

1. ¿**Por que** será que los sueños se muestran con metáforas?
2. ¿**Cuantos** locos hay en el mundo que creen en el amor?
3. ¿**Quien** podré ser a través de los años? ¡Dependerá de **cuanto** estudie!
4. ¡**Que** hermoso es cada amanecer **cuando** se está en provincia!
5. Preguntarnos, **como** y **por que** son las cosas, nos hace pensantes.
6. Pienso que su cabello es **como** el trigo **porque** brilla como el sol.
7. ¿**Como** podré leer, **como** me concentraré? ¡Estando en soledad!
8. ¿**Quien** será un triunfador? ¡**Quien** haga cada día un pequeño logro!
9. El premio es para **quien** lucha por él.
10. ¿**Cual** será mi residencia en el futuro?
11. ¡**Como** añoro el pasado y **cuanto** anhelo el futuro!
12. ¡Ah, sabiduría! ¡**Que** lejana y **que** cerca estás!

En el siguiente texto, coloca el acento enfático en las palabras que lo requieran.

Hay quienes, con las enseñanzas de la vida, aprenden a saber cuando, donde y por que actuar, y también cual es el momento preciso y el lugar adecuado para hacerlo. Así, con la experiencia cada vez más acrecentada, se sabrá, entre otras cosas, quien es un amigo, quienes podrán hacer daño, cuales son los caminos que se deben, quieren o pueden recorrer, y sobre todo, ¡quien se es!

¡Cuanto hay que aprender de uno mismo y del alrededor! Pero es importante caminar sin el temor de aprender o de fracasar ¡como tantos que han sabido fructificar las enseñanzas de la vida!

SIGNOS DE PUNTUACIÓN Y SIGNOS AUXILIARES

Los signos de puntuación —aunados a la acentuación— son las guías para construir, con lógica, un texto, para que así tenga una intención y un sentido de acuerdo a la idea o ideas expresadas. Por tanto, la puntuación determina cómo debe interpretarse un manuscrito en relación al significado o significados que el autor ha vertido.

Cabe aclarar que, una serie de ideas pueden admitir varias clases de separación y su coherencia global dependerá del orden de las oraciones y de cómo aparezcan separadas unas de otras en el texto —aparte de la acentuación en determinadas palabras, pues, con acento tienen un significado y sin acento indican algo diferente.

La demostración de lo señalado puede ofrecerse a través de dos modos de puntuar —y acentuar— un mismo grupo de palabras:

- Como no nos vimos esta mañana fue entonces que él calló, molesto, con gran dolor.
- ¡Cómo no! Nos vimos esta mañana... fue entonces que el callo molestó con gran dolor.

Como se ve, aunque son las mismas palabras, la disposición de los signos ortográficos —y la acentuación— han alterado sustancialmente los sentidos de la lectura. En consecuencia:

Puntuar es poner la correcta intención que se propone en un texto.

Los **signos de puntuación** y **signos auxiliares** son los siguientes:

Coma	,	**Guión largo**	—
Punto y coma	;	**Comillas**	“ ”
Punto	.	**Signos de interrogación**	¿ ?
Dos puntos	:	**Signos de admiración**	¡ !
Puntos suspensivos	. . .	**Diéresis**	ü
Paréntesis	( )	**Subraya**	______
Guión corto	-		

LA COMA (,) es el signo de puntuación que, en la lectura, indica una pausa breve, casi continua, y se utiliza en los siguientes casos:

a) **En enumeraciones**, para separar sustantivos, adjetivos, verbos, frases y oraciones, excepto cuando la coma es cambiada por los enlaces o nexos: **y, e, ni, o.** Ejemplos:

- Aprender, tener experiencia **y** actuar, hacen al hombre superior.
- El verdadero vivir es más que nacer, crecer, reproducirse **y** morir.
- El aire puro, el ejercicio, el aseo, la buena alimentación, hacen tener una gran salud.

b) **Va coma antes y después de vocativo.** Ejemplos:

- Escucha, **hermano mío,** la voz de tu corazón y de tu mente.
- Mi propósito como padre, **hijo mío**, es que me superes.
- A ti me dirijo, **¡oh! poesía**, como a la amante más amada.

c) **Va coma antes y después de una explicación** e indica que, tal explicación, se podría suprimir sin alterar el sentido de la oración. Ejemplos:

- El hombre, **imagen de perfección**, puede lograr ¡cuánto quiera!
- El maestro, **dador de su saber**, con el tiempo se hace inolvidable.
- El niño, **cual si fuera espejo**, será como sus educadores.

d) **Va coma antes de conjunciones adversativas en expresiones breves cuando enlazan ideas contrarias.** Ejemplos:

- Es humilde, **pero** honesto.
- Debes prepararte, **aunque** requiera sacrificio.
- Llegó a tiempo, **no obstante** el tráfico.
- Tuvo problemas, **sin embargo** los superó.

e) **Se utiliza coma para suplir un verbo fácil de suponer.** Ejemplos:

- El maestro enseña al alumno; el padre, a su hijo.
- El novelista escribe novelas; el poeta, poesías.
- El Sol ilumina los días; la Luna, a los soñadores.

f) **Va coma al final de oraciones formadas por gerundio o participio.** Ejemplos:

- **Traspasando** la oscuridad, se tiene a la luz.
- **Terminado** el trabajo, viene una satisfacción.
- **Pensando** y **actuando** bien, se es un triunfador.

EJERCICIO

De acuerdo con las reglas del uso de la coma, ponlas donde correspondan para que las expresiones tengan un sentido lógico.

1. Los buenos libros enseñan ilustran educan y perfilan hacia el progreso.
2. El cielo estaba claro pero después lo empañaron nubes negras.
3. Atiende amigo mío cuando un consejo te haga ser mejor.
4. El padre trabaja en la empresa la madre en el hogar el hijo en la escuela.
5. Vivir en la pobreza no deshonra al hombre pero sí no hacer nada para salir de ella.
6. Ella ama a la vida a la cultura. Aprende a vivir.
7. Iniciado el trabajo da ánimo para terminarlo.
8. El joven que será un hombre triunfador hace sus tareas escolares las del hogar cuida su salud y aprende de los fracasos.
9. A mayor esfuerzo mayor es la fructificación.
10. El ser humano por su naturaleza perfecta es inteligente con sentimientos y con la capacidad de realizar sus metas.
11. Todo hombre es un alumno todo viejo un sabio.
12. El novelista escribe novelas el poeta versos el compositor canciones.

EL PUNTO Y COMA (;), es el signo de puntuación que en la lectura indica una pausa menor que el punto, pero mayor que la coma y se usa en los siguientes casos:

a) **Va punto y coma antes de las conjunciones adversativas: pero, mas, aunque, sin embargo, etc. cuando la oración es larga.** Ejemplos:

• Salimos apresurados de la casa, tomamos un taxi y sorteamos el tráfico de la gran ciudad para llegar; pero nadie, con anterioridad, se acordó de traer los boletos para entrar al teatro.

• Toda mujer es un caudal de ternura, comprensión y amor; sin embargo, la torpeza de la mayoría de los hombres sólo las conduce a levantar diques, para después tacharlas de interesadas y frívolas.

• La mayoría de los libros de Historia, faltos de objetividad ante los hechos, han causado que los mexicanos tengan el complejo de pueblo conquistado; mas la realidad es otra ante la conjunción de dos grandes razas que han dado como resultado un ser único sobre la Tierra: el mexicano.

b) **Se usa punto y coma en las enumeraciones.** Ejemplos:

• En una reunión internacional no es fácil entenderse, porque existen: franceses y alemanes; ingleses y japoneses; mexicanos y daneses; etc.

• De acuerdo a las carreras universitarias, los alumnos estudian: muchos, medicina; algunos, administración; otros, literatura; etc.

• Una empresa con cientos de trabajadores suele tener muchas secciones: dirección; subdirecciones; departamentos diversos; gerencias; etc.

c) **El punto y coma se utiliza para separar oraciones consecutivas largas, siempre que se refieran al mismo asunto dentro de un texto.** Ejemplos:

• ¡Ah, de qué cosa más insignificante depende la felicidad! He leído todo cuanto han escrito los sabios; poseo todos los secretos de la filosofía y tengo que sentirme desdichado por falta de una rosa roja.

(Oscar Wilde, de *El Ruiseñor y la Rosa*)

• Al contemplarse en el agua vio que era completamente gris; giraba contemplándose, sin descubrir ninguna pluma roja en su cuerpo.

(Selma Lagerlof, de *El Petirrojo*)

• El viaje fue fatigoso, porque el suelo del sur es muy quebrado y el sol muy ardiente; dormíamos a campo raso y bebíamos agua en los arroyos que encontrábamos en el camino.

(Juan de Dios Peza, de *Aquí no se sientan los indios*)

EJERCICIOS

En los ejercicios siguientes, anota el punto y coma en los lugares correspondientes:

1. En los viveros se cultivan diversos grupos de vegetación: pinos, eucaliptos, cedros rosas, hortensias, claveles hiedras, trepadoras y arbustos.

2. Él, que fue tan tenaz, estudioso y trabajador; él, que a cada momento supo darle su espacio y su riqueza; él que, como pocos, tendió su mano y su bolsillo, ahora sabe de la paz que ha logrado en su camino.

3. A la Feria Internacional del Libro llegaban muchas personas: algunas, sólo a curiosear; otras, buscaban las novedades literarias o algún libro de lujo; algunas pocas, iban de "stand" en "stand", para ver si encontraban un libro agotado en las librerías.

4. La primera vez que fui a un supermercado encontré: a la entrada, muchos artículos eléctricos; más adelante, pastas, aceites, galletas, dulces; en otros pasillos, admiré cuadros y figuras de porcelana; casi al final, vi lo que buscaba y lo compré.

5. Cuando fuimos a la montaña, Juan, por imprecavido y relajiento, rodó por la cuesta sobre muchos matorrales. Cuando llegamos a donde quedó tirado, tenía la camisa desgarrada; la nariz, con un poco de sangre; los brazos parecían que estaban arañados; lo más chistoso de todo, es que no encontramos uno de sus zapatos.

EL PUNTO (.), es el signo de puntuación que indica un corte de expresión y, por tanto, señala una pausa (más larga que un *punto y coma*) en la escritura y, por extensión, en su lectura. **El punto, según se utilice, puede ser: Punto y seguido, Punto y aparte, y Punto final.**

Punto y seguido: Se usa entre oraciones que se relacionan entre sí para integrar un texto. Ejemplo:

Estaba ahí⊡ Era un atardecer que, de maravilloso, parecía no terminar⊡ Los más vivos colores: naranjas, azules y violetas, se depositaban en las nubes⊡ El sol se alejaba y, a cada paso, en su adiós, sus rayos, cual celeste visión, más incendiaban los colores y a la atmósfera⊡ Después, mucho después de que la noche había dejado caer su manto, aún seguía viendo ese atardecer espectacular lleno de magia y de luz⊡ Se grabó no sólo en mis ojos, sino en lo más recóndito de mi alma.

Punto y aparte: Es el punto con el que se indica que se da término a un párrafo, dentro de un texto; por tanto, es indicador de que el tema o texto no ha concluido y que continua en el renglón siguiente. Ejemplo:

Cuando preguntaron por mi oficio, pensé un momento y, con una voz pausada, pero sonora, dije: Soy hacedor de puntos⊡

—Pero maestro —varios exclamaron—, si usted es el mejor dibujante de la región⊡

—Por eso mismo —les contesté⊡

Los alumnos guardaron un silencio ante su incomprensión⊡

Entonces continué:

Ser dibujante y hacedor de puntos es lo mismo. Una línea curva o recta, es sólo una continua sucesión de puntos.

Punto final: Se utiliza para indicar que un escrito ha terminado. Ejemplo:

Al darse por concluida una obra literaria, en la mayoría de los casos, no se debería poner **punto final**, primero, porque normalmente existen omisiones —explicativas, ambientales y de personificación— y segundo, porque sobre lo que se escribió siempre habrá mucho más que decir⊡

Después de punto y seguido, y de punto y aparte, siempre se iniciará con letra mayúscula.

EJERCICIO

Lee detenidamente el siguiente texto y después coloca, donde corresponda, punto y seguido, punto y aparte, y punto final.

LA HERMOSA FLOR

Con prodigio, un día nació radiante Flor entre paisajes vírgenes Había a su alrededor montañas cuyas cúspides platicaban con nubes que pasaban Lagos de azules varios eran el panorama ante sus ojos Los colores en su entorno se confundían con mil trinos diferentes

La Flor, conforme crecía, era más hermosa y fragante, y sabiéndolo, se solazaba de sus dones Y sucedió que una tarde, un gusano comenzó a subir por su císneo tallo; pero al sentirlo, arrogante dijo: "¡Alto! ¿Cómo te atreves a subir a alguien tan fragante y hermosa como yo?"

El gusano, sin decir nada, regresó los pocos pasos caminados y subió a una rama de enfrente Tenaz, con el tiempo encima, se dio a la tarea de hacer hilos semejantes a rayos de sol y construyó su casa

Pasó el tiempo y un abejorro trató de recoger el polen de aquella magnífica y bella Flor; pero ésta, viéndole venir, le increpó: "¡Detente, no oses tocarme!"

El abejorro quedó suspendido por instantes en el aire, la miró, dio media vuelta y se alejó hasta ser un punto que se fundió al horizonte

Tiempo después, de la casa hecha por el gusano empezó a emerger singular Mariposa La Flor, admirada, con vanidad le hizo saber: "A ti sí te entregaré mi fertilidad ¡Llévala a cada rincón; cubre la Tierra con mi belleza y fragancia!"

Con un semblante que denotaba paz, la Mariposa contestó: "Ayer tenías dones que el tiempo carcomió y aunque aún fueras fértil, no seré culpable de que nazcan flores como tú" Y se marchó en busca de otras, que no fueran como aquélla

Fue entonces que en la cara de la Flor se dibujó la imagen de la derrota Su mano con parsimonia se dirigió a su pecho y, al abrirlo, encontró que las alas de su corazón ya no volverían a extenderse

LOS DOS PUNTOS (:), es el signo de puntuación que indica una pausa y su función es anunciar una explicación o una consecuencia.

Los **dos puntos**, según el caso, se aplican de cuatro maneras:

a) Se usan **dos puntos** cuando una expresión finaliza con las palabras: son, por ejemplo, verbigracia, a saber, los siguientes —entre otras—, e indica que a continuación viene una enumeración o ejemplos de lo que se está expresando. Ejemplos:

1. En los pueblos subdesarrollados existe: ignorancia, injusticia, corrupción, hambre, explotación humana, etc.
2. Cada hombre merece gozar de: libertad, cultura, trabajo y respeto.
3. Las formas no personales del verbo son: infinitivo, participio y gerundio.

b) Se ponen **dos puntos** después de las expresiones de cortesía, dedicatoria o saludo, que se usan en cartas, discursos y otros documentos. Ejemplos:

1. Estimado público:
   Es para mí motivo de honor, el poder dirigirme a ustedes. . .
2. Querido hermano:
   Recibí tu carta y me dio mucho gusto. Lo que dices. . .
3. Sr. padre de familia:
   Agradeceremos su asistencia el próximo día lunes para firmar la boleta de calificaciones de. . .

c) Van **dos puntos** antes de citar textualmente las palabras de otra persona. Ejemplos:

1. José Martí, el poeta y libertador cubano, dijo: "Sólo merece el cielo, quien pretende escalarlo."
2. El chileno Pablo Neruda, premio Nobel de Literatura, en uno de sus poemas dijo: "En noches como ésta, la tuve entre mis brazos".
3. Un escrito que nos hace pensar es el siguiente: "El último tributo al ser amado no es la pena de sentirlo ido y de nunca más volver a verle, sino de llevarlo dentro de sí mismo, para que siempre viva".

d) Se usan **dos puntos** cuando al hacerse una oración, en seguida ésta se explica con otra u otras oraciones. Ejemplos:

1. Un vicio muy nocivo, al igual que el alcohol, es el juego: por él, gente muy acomodada ha quedado en la miseria; por él, se pierde la riqueza, la vergüenza y hasta el respeto por sí mismo.
2. Para el hombre, el amor es una fuerza muy poderosa: por él, se tiene una energía que hace saber que no existen imposibles.
3. Todos mis días, ¡oh! vida, son tus días: tuyos, porque los míos se alimentan y se alumbran de ti.

EJERCICIO

En los ejemplos siguientes, anota los **dos puntos** donde corresponda.

1. George Herbert, dijo "La juventud vive de la esperanza; la vejez, del recuerdo."
2. Respetable público
   Hoy que conmemoramos un aniversario más de nuestra empresa. . .
3. La familia está integrada por el padre, la madre y los hijos.
4. En la vida se debe ser hombre de carácter dejarse vencer por el infortunio, es hacerse doblemente desafortunado.
5. El italo Dante Alighieri, autor de la *Divina Comedia*, dijo "No hay mayor dolor que acordarse en la miseria del tiempo feliz".
6. El corazón de una madre, es un manantial amor, apoyo y comprensión lo representan.
7. Debes seguir el ejemplo de los mejores su firmeza y justicia los hace ser dignos de ejemplificación.
8. El buen alumno —y todos somos alumnos— es aquél que estudia, investiga, analiza y crece, de acuerdo a sus aspiraciones.

9. El poeta Virgilio, cierta vez, dijo "El tiempo que se va no puede ser recuperado".

10. Muy señor mío
Por este medio le hago llegar mi agradecimiento, ya que...

LOS PUNTOS SUSPENSIVOS (. . .) —a través de una pausa dudosa—, indican que una expresión deja el sentido. . . en suspenso.

a) Se utilizan **puntos suspensivos** cuando deseamos callar algo, dejando entonces la idea incompleta y el sentido en suspenso. Ejemplos:

1. Te quiero decir algo que. . . no, mejor no, porque pensarás mal.
2. La clase es tan. . . que me desconcierta a veces.
3. Fue tan fuerte la experiencia que. . . bueno, no sé cómo decirla.

b) Se ponen **puntos suspensivos** cuando al citarse un aforismo o refrán, éste se deja incompleto por suponerse conocido. Ejemplos:

1. De tal palo. . .
2. Árbol que nace torcido. . .
3. Al buen entendedor. . .
4. Agua que no has de beber. . .

c) Se utilizan **puntos suspensivos** en las expresiones a las que se les da un final sorpresivo, inesperado. Ejemplos:

1. Pobre y enferma la mujer apretó a su pequeño hijo contra su pecho. Después ella murió y, ¿el niño?. . . ¡nadie lo supo!
2. La noche reinaba sobre el bosque y, en Arturo, el miedo se hizo pavor al oír ruidos tras la maleza. Sabía que estaba en una zona donde había lobos, pero ese era el único camino y tenía que pasar por ahí si quería regresar a su casa. Se acercó lento hacia donde escuchó los ruidos y al hacerlo levantó un pequeño leño que encontró; un sudor frío perlaba su cara y resbalaba hasta su cuello. Se acercó más, más y, de pronto. . . con gran estrépito salieron volando varios pájaros.
3. Me encontraba solo en la casa y veía una película de terror que me tenía sentado al borde del sofá. De pronto, escuché ruidos y grité: ¿quién es. . .? silencio. Me dio miedo, tomé un palo que estaba cercano y me aproximé de puntitas para entonces ver una sombra. Levanté más el palo y lo descargué con fuerza y apenas, por fracción de segundos, lo pude desviar. La sombra era de. . . ¡mi hermana! La muy tonta no me contestó por traer puestos los audífonos de su grabadora portátil.

d) Los **puntos suspensivos** se usan para expresar duda, temor e incertidumbre. Ejemplos:

1. No dudo de su capacidad, pero. . .
2. Sí, estoy de acuerdo con usted, sin embargo. . .
3. De prisa que esos hampones son capaces de. . .

e) Los **puntos suspensivos** también se utilizan cuando al reproducirse un texto, éste no lo tomamos desde el principio. Este uso de los **puntos suspensivos** indica que dicho texto no comienza ahí. Ejemplos:

1. ". . . él era como lo había dicho el morador de las colinas; pero nadie le creyó y ahora se tenían las consecuencias."
2. ". . . fue entonces que su cara se iluminó de alegría y siguió su camino con el recuerdo en paz."
3. ". . . así se dio cuenta de que no hay que creer en todo lo que se escucha. Cada quien hablará de acuerdo a como lo haya tratado la vida."

f) Los **puntos suspensivos** se usan cuando se interrumpe un texto, porque su continuación no es necesaria. Ejemplos:

1. Los libros infantiles por lo general inician diciendo: Érase una vez. . .
2. La tabla de multiplicar del número cinco es: cinco por uno: cinco; cinco por dos: diez; cinco por tres: quince; . . .

EJERCICIO

En las expresiones siguientes, coloca los puntos suspensivos donde deban ir:

1. Hombre prevenido
2. Hoy le voy a decir que no, mejor guardo silencio.
3. Tanto va el cántaro al pozo
4. " era verdad, sobre la colina se levantaron nubes y desapareció".
5. Yo iba corriendo volteando hacia atrás y de pronto ¡zas!, me caí.
6. Dijo que llegaría a la hora que acordamos; sin embargo
7. Quien no oye consejo
8. Escuchamos: No corran, deténganse y ¡Ja, ja! de tontos nos paramos; al contrario, le corrimos más.

9. “ y así fue la cosa y yo vi todo con estos ojos que se han de comer los gusanos”.
10. ¿Qué esperabas después de tus múltiples errores? ¿aplausos?
11. Yo pienso que sí aprobaré el examen, pero
12. El mago, de un pañuelo blanco, hizo aparecer ¡una paloma!

EL PARÉNTESIS ( ), es un signo que interrumpe una oración e indica que (lo que va entre estos dos signos) es una nota aclaratoria, explicativa o de información complementaria; tiene la característica de que, si se suprime lo que está dentro del paréntesis, ello no alterará el sentido de lo escrito.

El **paréntesis** (cuando no se usa para indicar fechas, etimologías, capítulos y versículos) se puede cambiar o usar, indistintamente, como **guión largo**.

Ejemplos:

1. La humildad (sentimiento raro hoy en día) es lo que hace valer más a las personas.
2. Después de terminadas sus labores (realizadas por las mañanas) el joven corría para llegar a sus clases.
3. El poeta nicaragüense Rubén Darío (1867-1916) es el máximo representante de la corriente literaria llamada Modernismo.
4. Agua que no has de beber (dice un refrán popular), déjala correr.

EJERCICIO

Pon el paréntesis en el lugar correspondiente.

1. El mexicano Octavio Paz 1914-1998 fue el ganador del Premio Nobel de Literatura en 1992.
2. La mujer echa tan de menos en la historia es superior al hombre por el simple hecho de ser quien continúa la especie humana.
3. El español Jaime Nunó 1824-1908 es el autor de la música del Himno Nacional Mexicano.
4. La Ortografía del griego orto: correcto; grafos: escritura es el arte de escribir y puntear correctamente las palabras de un idioma.
5. El poeta Amado Nervo 1870-1919 es autor del poema *En paz.*
6. La zorra un animal astuto y valiente defiende a toda costa a sus cachorros.

7. Nunca es tarde dice la sabiduría popular para comenzar.
8. Tan malo es la experiencia lo atestigua dar primero un golpe y luego pedir perdón, como no saber perdonar.
9. Una noche majestuosa y plena con miles y miles de estrellas ¡tan sólo una! hace sentir el universo y ¿por qué no? también a Dios.
10. La madre con el corazón desgarrado . miraba llorosa el partir de su hijo hacia el extranjero.

EL GUIÓN CORTO (-), es una línea horizontal, más pequeña que el guión largo, que se emplea en dos casos:

a) Si al término de un renglón no cabe toda una palabra, se pondrá **guión corto** para indicar que dicha palabra continúa en el renglón siguiente. La separación de esa palabra será siempre en sílabas completas. Ejemplos:

1. La contaminación del ambiente es un grave problema que da -
ña la salud de todos por igual y, por tanto, es deber de todos los ciu -
dadanos y de las autoridades, la total colaboración para obte -
ner una mejor calidad de vida.
2. De manera irresponsable, sin importarle que está cavando su pro -
pia tumba, el hombre sigue con la tala inmoderada de bos -
ques y con ello está haciendo que cambien los climas benig -
nos por éstos que cada vez son más extremados y perjudiciales.

b) Se usa **guión corto** para unir vocablos que se componen de dos o más palabras. Ejemplos:

1. Instituto anglo-americano (de: anglo y americano).
2. Ciencias económico-administrativas (de: económico y administrativas).
3. Literatura hispano-americana (de: hispano y americana).
4. Estudios físico-químico-biológicos (de: físico, químico y biológico).

EJERCICIO

Pon el guión corto donde deba ir.

1. Cuando llega el amanecer, a lo lejos se escuchan los variados cán
ticos de las aves que habitan en los frondosos árboles de la impre
sionante montaña, en cuyas cúspides se deja ver la nieve.

2. Ceremonia cívico patriótica.
3. Regiones hispano parlantes.
4. La tarde fue testigo cuando la brisa del mar se confundió con las lágrimas de la niña, porque, juguetonamente, las olas se habían lle vado una de sus sandalias.
5. La ciencia psico pedagógica.
6. Qué maravillosa es esa niñez en que sólo es jugar, comer, dor mir, para al día siguiente despertar igual, sin más preocupación que ver a nuestros padres, tener un pedazo de tierra para las cani cas, un juguete y muchos amigos.
7. El Tratado de Libre Comercio canadiense estadunidense mexicano es el más grande del mundo pues abarca, aproximadamente, a 390 millones de habitantes.
8. Departamento técnico administrativo.
9. Etimologías greco latinas.
10. Cuando declinó el sol y pareció, a lo lejos, que se metía poco a po co en el mar, yo recordé a mi padre en el día en que me dijo: "cie rra los ojos y escucha con atención cómo el sol, cual si fuera un car bón al rojo vivo, se va apagando en el agua del mar."

EL GUIÓN LARGO (—), es una línea horizontal, de más extensión que el guión corto, que se usa de las dos siguientes formas:

a) El **guión largo** sirve, en un texto dialogado, para indicar el cambio de interlocutor y así evitar repeticiones de: dijo, repuso, respondió, contestó, replicó, etc. Ejemplo:

—¿Quién eres?

—La muerte.

—Pero yo llamé a la vida.

—También lo soy.

—Y ¿cómo es eso?

—Muy fácil: La vida y la muerte son parte de una misma línea, sólo que una al comienzo y otra al final.

b) El **guión largo**, que se puede usar también como si fuera **paréntesis**, tiene, por tanto, las mismas funciones en cuanto a: interrumpir la oración para indicar una nota aclaratoria, explicativa o dar una información complementaria, cuya característica es que, de omitirse lo que está entre los dos guiones largos, no alterará el sentido de lo escrito. Ejemplos:

1. Con cada caída que se tiene en la vida —aunque haga sangrar— se obtiene algo más valioso: experiencia.
2. Si quieres remontarte a las alturas —decía un sabio— primero hazte con la educación unas alas suficientes.
3. Cuando pienso en mi amada —lo sé de cierto—, no pienso en ella como si fuera mortal, sino como la diosa a quien venero porque —ante todo— me hace sentir esta felicidad.

EJERCICIO

En los siguientes ejemplos, escribe el guión largo donde corresponda:

1. Llaman a la puerta. Madre, ¿quién será?
2. Es el viento, hija mía, que gime al pasar.
3. No es el viento, madre ¿no escuchas hablar?
4. Es el viento que agita las olas del mar.
5. No es el viento, ¿oíste una voz gritar?
6. Es el viento que, al paso, rompió algún cristal.
7. Soy el amor dice y aquí quiero entrar.
8. ¡Duérmete hija mía! ¡Es el viento. . . nada más!

(Francisco Villaespesa)

9. Cuando estudien dijo el maestro no lo hagan por pasar un examen sino por aprender, para que sean más y puedan obtener más felicidad.
10. La palabra de un hombre hoy en día ya casi no tiene el significado y el honor, como con nuestros antepasados.

LAS COMILLAS (“ ”), son dos pares de comas (van en la parte superior de la palabra y unas abren y otras cierran) que se usan en una expresión que se desea hacer notar y se emplean en: cuentos, poemas, apodos, citas textuales, frases célebres, etc. Ejemplos:

1. La obra cumbre del escritor español Miguel de Cervantes Saavedra es: “El ingenioso hidalgo Don Quijote de la Mancha”.

2. El "Dr. Atl", Gerardo Murillo, escribió un cuento que tituló "El cuadro mejor vendido".
3. En una de sus poesías, Amado Nervo dijo: "Yo soy el arquitecto de mi propio destino".
4. "El hombre sabio, incluso cuando calla, dice más que el necio cuando habla" (Thomas Fuller).

EJERCICIO

De acuerdo a lo indicado en el uso de las comillas, colócalas en el lugar adecuado.

1. El Nigromante Ignacio Ramírez, nació en el pueblo de San Miguel el Grande, Guanajuato.
2. La obra principal de Dante Alighieri se llama: La Divina Comedia .
3. Una de las frases célebres de James Howel es: La paciencia es una flor que no crece en el jardín de todo el mundo
4. Al poeta mexicano Manuel Gutiérrez Nájera, también se le conoce como El Duque Job .
5. Todo hombre que te busca va a pedirte algo: el rico aburrido, la amenidad de tu conversación; el pobre, tu dinero; el triste, el consuelo; el débil, un estímulo; el que lucha, una ayuda moral. Todo hombre que te busca de seguro ha de pedirte algo (Amado Nervo).
6. Nocturno a Rosario , es una poesía romántica del poeta mexicano Manuel Acuña.
7. Montesquieu dijo: El hombre que escribe bien, escribe no como los demás, sino como él mismo .
8. Ángel de Campo Micrós , escritor del realismo mexicano, es autor de la obra Cosas vistas .
9. Clemencia , es una de las obras románticas del escritor mexicano Ignacio Manuel Altamirano.
10. Donde haya un árbol que plantar, plántalo tú; donde haya un error que enmendar, enmiéndalo tú; donde haya un esfuerzo que todos esquiven, acéptalo tú (Gabriela Mistral).

LOS SIGNOS DE INTERROGACIÓN (¿ ?), son los signos que indican que se está haciendo una pregunta. Los **signos de interrogación** son dos: uno que abre o inicia la pregunta y otro que la cierra para dar término a la pregunta. Ejemplos:

1. ¿Cómo se puede decir a alguien que tiene patria cuando no tiene un buen trabajo, un salario digno y una morada decente?
2. ¿Has pensado brindarle diariamente un mínimo de gozo a tu cansada madre?
3. ¿Que cuánto daría por volver a vivir aquellos placenteros años de juventud?

EJERCICIO

Coloca los signos de interrogación donde corresponda.

1. Quién de los mortales no tuvo una feliz existencia cuando niño
2. Será cierto que tras todo gran hombre hay una gran mujer
3. Qué intereses te mueven para lograr tu deseado anhelo
4. Por qué el viento viaja por los cuatro puntos cardinales
5. No te has dado cuenta que hasta las piedras se rinden al implacable poder del tiempo
6. Por qué he de ceñirme a la vida y ella no a mí
7. No es acaso cierto que con empeño, dedicación y estudio se logra más
8. Quién más hermosa y venerada en el mundo que la mujer
9. Será verdad que nada muere, que todo tan sólo se transforma
10. Por qué no vivir por completo cada día si cuando nos muramos también será por completo

LOS SIGNOS DE EXCLAMACIÓN O ADMIRACIÓN (¡ !), son los signos que, precisamente, indican una exclamación o una admiración. Dichos signos son dos: uno que abre o inicia la exclamación o admiración y otro que la cierra o termina. Ejemplos:

1. ¡Qué bello amanecer!
2. ¡Ah, qué maravillosa es la madre Naturaleza!

3. ¡Me sorprende lo que veo!
4. ¡Ahora es cuando, yerbabuena, le has de dar sabor al caldo!

EJERCICIO

Escribe los signos de exclamación en las expresiones siguientes:

1. Es una inmensa alegría sentir que estoy vivo
2. No te arrugues, cuero viejo, que te quiero pa'tambor
3. Ay, mamá, los toros, unos pintos y otros moros
4. Qué alegría volverte a ver después de tanto tiempo
5. Caray, cómo pasa el tiempo
6. Ay, Chihuahua, cuánto apache con pantalón y huarache
7. Qué hermosa puesta de sol
8. Oh, qué abismo tan profundo
9. Hey, hey, ten cuidado
10. Uf, qué calor tan agobiante

LA DIÉRESIS (ü), son dos puntos que se colocan sobre la letra **ü** y con ello se indica que la **u** debe ser pronunciada en las sílabas **güe, güi.**

Aparte de la lista que se da a continuación, los verbos aguar, amortiguar, antiguar, apaciguar, atestiguar, averiguar, deslenguar, fraguar, menguar y santiguar, al conjugarse e ir **gu** ante **e**, la **u** lleva diéresis. Ejemplo: de averiguar, averigüe, averigüen, averigüemos.

agüero	chiquigüite	halagüeño	nicaragüense	sinvergüenza
antigüedad	degüello	jagüey	nicaragüeño	trilingüe
argüir	desagüe	lengüetada	paragüería	ungüento
argüitivo	exangüe	lengüetazo	pedigüeño	vergüenza
bilingüe	exigüidad	lingüista	pingüe	yegüería
cigüeña	güero	lingüística	pingüino	
contigüidad	güipil	monolingüe	piragüero	

EJERCICIO

Pon diéresis en las palabras que la requieran.

linguística	averigué	guión	guerrero
aguita	Managua	sinverguenza	antiguedad
paraguería	antiguo	pedigueño	lenguita
agua	aguacate	nicaraguense	guero
maguey	guante	desague	bilingue

LA SUBRAYA (____________)

La **subraya** es un signo que sirve para enfatizar una parte específica de un texto, como lo es: indicar el título de un libro o destacar algo importante en manuales, instructivos, oficios y diversas fuentes de información. Ejemplos:

El ingenioso hidalgo Don Quijote de la Mancha.

La puntualidad y la asistencia son básicas en la disciplina de trabajo.

Revisión de documentos. Se les comunica que, con esta fecha, la revisión de documentos lo hará la Srita. Lourdes Rodríguez. . .

Cómo limpiar la rasuradora. Para mantener limpia su rasuradora siga los pasos que se indican. . .

EJERCICIO

Elabora tres oraciones en las que se deba enfatizar algo importante (de acuerdo a lo indicado) a través de una subraya.

1. --

----

2. --

----

3. --

EL VERBO

Todas las palabras simples o compuestas, de acuerdo a la función que desempeñan en la oración, se llaman: sustantivo o nombre, adjetivo, verbo, adverbio, artículo, pronombre, preposición, conjunción e interjección. (Ver el libro de consulta, páginas 86-92.)

Es importante saber cuál es la función de las palabras porque los sustantivos cambian a adjetivos o verbos, y viceversa, y esto, conforme cambien las palabras de una función a otra, cambiará su ortografía. Ejemplo: de parro**qu**ia a párro**c**o; de bra**z**o a bra**c**ero; de **o**ler a **hue**lo, de alfabeto, alfabetizar, etc., aunque —tanto por su variabilidad como por la cantidad que existen— la ortografía atañe básicamente a los verbos.

EL VERBO es la parte ***más variable*** de la oración: denota acción, pasión o estado de un cierto evento o individuo. El verbo es el componente *indispensable* de la oración formal porque concreta el tiempo y determina lo que sucede o lo que se hace.

De los 4,200 verbos de uso común actual, cada uno pertenece a una de las siguientes conjugaciones:

1ª Conjugación: los terminados en **-ar**; son 3,550 verbos.

2ª Conjugación: los terminados en **-er**; son 300 verbos.

3ª Conjugación: los terminados en **-ir**; son 350 verbos.

El verbo es conjugado en tres modos, que son: indicativo, subjuntivo, e imperativo.

LOS VERBOS REGULARES son los que en todos sus tiempos y personas conservan sus letras radicales y toman las desinencias (terminaciones) ordinarias de la conjugación a que pertenecen. La mayor parte de ellos (2,600) están contenidos en una sola conjugación: en los terminados en **-ar**.

LOS VERBOS IRREGULARES son los que al conjugarse alteran sus radicales o las desinencias (terminaciones) ordinarias. No se consideran irregularidades los cambios de letras por reglas ortográficas. Ejemplos: goce (de gozar), eduqué (de educar), fuerce (de forzar), construir (construya), etc.

VERBOS IMPERSONALES O UNIPERSONALES. Estos verbos se utilizan únicamente en el infinito y en la tercera persona del singular de todos los tiempos, caracterizándose por representar actos realizados por la Naturaleza.

Los verbos impersonales son:

alborear	centellear	diluviar	llover	tronar
amanecer	clarear	escampar	lloviznar	ventiscar
anochecer	chaparrear	escarchar	nevar	ventisquear
atardecer	chispear	granizar	oscurecer	
centellar	chubasquear	helar	relampaguear	

ORTOGRAFÍA DE LOS VERBOS

De las alrededor de 300,000 palabras de uso común que actualmente existen, 240,000 se forman o relacionan con los 4,200 verbos a través de las conjugaciones de las que, con sus modos, tiempos y personas, resultan 180,000 nuevas palabras o derivaciones verbales; a esto se aúnan los 50,000 enclíticos de uso común, además de las terminaciones -ble y -dor(a) que pueden llevar casi todos los verbos.

Lo anterior representa el 80% de todo el idioma español actual por lo que, de manera por demás lógica, muchas reglas ortográficas están contenidas o se derivan de los verbos, entre las que se encuentran las que atañen a las vocales que cambian de **e** a **i**, de **e** a **ie**, de **o** a **ue**, y también a las letras: **b, v, c, z, g, j, h, y**.

LA CONJUGACIÓN DE LOS VERBOS EN -AR

Los verbos terminados en **-ar**, de uso común, son 3,550 y de ellos, 2,600, son verbos regulares, esto es que, en todos sus tiempos y personas conservarán sus letras radicales (son las que integran la palabra simple) y toman sus terminaciones de la conjugación a que pertenecen, como se observa en la conjugación del verbo cantar que está en la página de enfrente.

Algunos de los 2,600 verbos regulares en **-ar** son los siguientes (los 2,600 verbos están en las páginas 101-113 del libro de consulta).

ablandar	**depurar**	**idear**	**obsequiar**	**tolerar**
aclimatar	**diseñar**	**igualar**	**ordenar**	**ufanar**
atesorar	**elaborar**	**jalar**	**perdonar**	**untar**
bajar	**escarbar**	**juntar**	**pintar**	**vacilar**
broncear	**fechar**	**laborar**	**quemar**	**venerar**
callar	**formar**	**lavar**	**quitar**	**vibrar**
cautivar	**ganar**	**mandar**	**razonar**	**yantar**
charlar	**guardar**	**manejar**	**reflejar**	**zanjar**
chiflar	**habitar**	**nadar**	**saciar**	**zapatear**
decorar	**hojear**	**negociar**	**tapar**	**zarpar**

CONJUGACIÓN QUE REPRESENTA A LOS 2,600 VERBOS REGULARES EN -AR

cant-ar

INDICATIVO

PRESENTE		ANTEPRESENTE	
yo	cant-o	he	cant-ado
tú	cant-as	has	cant-ado
él	cant-a	ha	cant-ado
nos.	cant-amos	hemos	cant-ado
uds.	cant-an	han	cant-ado
ellos	cant-an	han	cant-ado

PASADO O PRETÉRITO		ANTEPRETÉRITO	
yo	cant-é	hube	cant-ado
tú	cant-aste	hubiste	cant-ado
él	cant-ó	hubo	cant-ado
nos.	cant-amos	hubimos	cant-ado
uds.	cant-aron	hubieron	cant-ado
ellos	cant-aron	hubieron	cant-ado

FUTURO		ANTEFUTURO	
yo	cant-aré	habré	cant-ado
tú	cant-arás	habrás	cant-ado
él	cant-ará	habrá	cant-ado
nos.	cant-aremos	habremos	cant-ado
uds.	cant-arán	habrán	cant-ado
ellos	cant-arán	habrán	cant-ado

COPRETÉRITO		ANTECOPRETÉRITO	
yo	cant-aba	había	cant-ado
tú	cant-abas	habías	cant-ado
él	cant-aba	había	cant-ado
nos.	cant-ábamos	habíamos	cant-ado
uds.	cant-aban	habían	cant-ado
ellos	cant-aban	habían	cant-ado

POSPRETÉRITO O CONDICIONAL		ANTEPOSPRETÉRITO	
yo	cant-aría	habría	cant-ado
tú	cant-arías	habrías	cant-ado
él	cant-aría	habría	cant-ado
nos.	cant-aríamos	habríamos	cant-ado
uds.	cant-arían	habrían	cant-ado
ellos	cant-arían	habrían	cant-ado

SUBJUNTIVO

PRESENTE		ANTEPRESENTE		
yo	cant-e	yo	haya	cant-ado
tú	cant-es	tú	hayas	cant-ado
él	cant-e	él	haya	cant-ado
nos.	cant-emos	nos.	hayamos	cant-ado
uds.	cant-en	uds.	hayan	cant-ado
ellos	cant-en	ellos	hayan	cant-ado

PASADO O PRETÉRITO		ANTEPRETÉRITO		
yo	cant-ara *o* cant-ase	yo	hubiera *o* hubiese	cant-ado
tú	cant-aras *o* cant-ases	tú	hubieras *o* hubieses	cant-ado
él	cant-ara *o* cant-ase	él	hubiera *o* hubiese	cant-ado
nos.	cant-áramos *o* cant-ásemos	nos.	hubiéramos *o* hubiésemos	cant-ado
uds.	cant-aran *o* cant-asen	uds.	hubieran *o* hubiesen	cant-ado
ellos	cant-aran *o* cant-asen	ellos	hubieran *o* hubiesen	cant-ado

FUTURO		ANTEFUTURO		
yo	cant-are	yo	hubiere	cant-ado
tú	cant-ares	tú	hubieres	cant-ado
él	cant-are	él	hubiere	cant-ado
nos.	cant-áremos	nos.	hubiéremos	cant-ado
uds.	cant-aren	uds.	hubieren	cant-ado
ellos	cant-aren	ellos	hubieren	cant-ado

IMPERATIVO

Presente		
	cant-a	tú
	cant-e	él
	cant-emos	nosotros
	cant-en	ustedes
	cant-en	ellos

FORMAS IMPERSONALES

Infinitivo	Infinitivo compuesto
cant-ar	haber cant-ado
Gerundio	**Gerundio compuesto**
cant-ando	habiendo cant-ado
Participio	
cant-ado	

Los verbos con **-ar** que tienen alguna dificultad para conjugarse son:

1. Los verbos que terminan en **-zar, -car** y **-gar**.
2. Los verbos en cuyo radical cambia la **e** por el diptongo **ie**; y la **o** por el diptongo **ue**.

LOS VERBOS QUE TERMINAN CON -ZAR, -CAR Y -GAR

Todos los verbos que terminan en **-zar, -car** y **-gar**, al conjugarse e ir la **z, c** y **g** ante la letra **e**, la **z** cambia a **c** (realizar, reali**ce**); la **c** cambia a **qu** (abarcar, abar**que**); y la **g** cambia a **gu** (llegar, lle**gue**).

Los cambios de **z** a **c**, de **c** a **qu**, y de **g** a **gu**, son en los siguientes tiempos y personas.

1ª persona del singular (yo) del pasado o pretérito del indicativo:
actuali**cé**, anali**cé**, barni**cé**, contabili**cé**, cicatri**cé**, higieni**cé**, vitali**cé**, reali**cé**;

alo**qué**, bonifi**qué**, comuni**qué**, indi**qué**, justifi**qué**, revo**qué**, brin**qué**, edu**qué**, mar**qué**;

pa**gué**, hala**gué**, arru**gué**, fati**gué**, lle**gué**.

Todo el presente del subjuntivo: yo reali**ce**, tú cicatri**ces**, él caracteri**ce**, nosotros centrali**cemos**, ustedes/ellos ati**cen**;

yo abani**que**, tú acer**ques**, él apla**que**, nosotros arran**quemos**, ustedes/ellos clasifi**quen**;

yo car**gue**, tú obli**gues**, él encar**gue**, nosotros prolon**guemos**, ustedes/ellos otor**guen**.

Casi todo el imperativo: memori**ce** él, mati**cemos** nosotros, urbani**cen** ustedes/ellos.

clarifi**que** él, arran**quemos** nosotros, califi**quen** ustedes/ellos.

ras**gue** él, recar**guemos** nosotros, propa**guen** ustedes/ellos.

A continuación se dan otros ejemplos de los verbos que terminan en -zar, -car y -gar (ver en el libro de consulta: los 340 con -zar en las pags. 116-118; los 250 con -car, pags. 120-121; y los 175 con -gar, pags. 124-125).

agilizar	**enraizar**	**idealizar**	**optimizar**	**tapizar**
bautizar	**fertilizar**	**legalizar**	**privatizar**	**utilizar**
climatizar	**garantizar**	**mecanizar**	**ruborizar**	**valorizar**

abarcar	**educar**	**justificar**	**opacar**	**tocar**
brincar	**fincar**	**lubricar**	**platicar**	**unificar**
calcar	**gratificar**	**marcar**	**rascar**	**verificar**

amargar	**enjugar**	**juzgar**	**navegar**	**sufragar**
bregar	**fatigar**	**legar**	**prodigar**	**tragar**
castigar	**halagar**	**llegar**	**recargar**	**vagar**

EJERCICIOS

A los verbos siguientes que terminan en -zar, conjúgalos haciendo que la **z** cambie a **c**.

bostezar: ____________________ sollozar: ____________________

calzar: ____________________ trozar: ____________________

danzar: ____________________ endulzar: ____________________

enderezar: ____________________ cicatrizar: ____________________

gozar: ____________________ idealizar: ____________________

lanzar: ____________________ localizar: ____________________

punzar: ____________________ capitalizar: ____________________

alzar: ____________________ actualizar: ____________________

analizar: ____________________ movilizar: ____________________

realizar: ____________________ modernizar: ____________________

A los verbos siguientes que terminen en **-car**, conjúgalos haciendo que la **c** cambie a **qu**.

acercar: ____________________ criticar: ____________________

achicar: ____________________ dislocar: ____________________

alocar: ____________________ dosificar: ____________________

aplicar: ____________________ dulcificar: ____________________

arrancar: ____________________ educar: ____________________

empacar: ____________________ marcar: ____________________

enfocar: ____________________ opacar: ____________________

fincar: ____________________ pescar: ____________________

inculcar:	____________________	retocar:	____________________
indicar:	____________________	sacar:	____________________

A los verbos siguientes que terminan en **-gar**, conjúgalos haciendo que la **g** cambie a **gu**.

abrigar:	____________________	indagar:	____________________
halagar:	____________________	investigar:	____________________
apagar:	____________________	ligar:	____________________
arriesgar:	____________________	llegar:	____________________
cargar:	____________________	madrugar:	____________________
catalogar:	____________________	obligar:	____________________
dialogar:	____________________	pagar:	____________________
encargar:	____________________	prolongar:	____________________
entregar:	____________________	tragar:	____________________
fatigar:	____________________	vagar:	____________________

LOS VERBOS EN -AR QUE EN SU RADICAL CAMBIA LA **O** POR **UE** Y LA **E** POR **IE**

Los verbos en **-ar** en los que la **o** y la **e** cambian a los diptongos **ue** e **ie**, es en la conjugación de los presentes del indicativo y subjuntivo, y en el imperativo, menos en la primera persona del plural (nosotros). Ejemplos:

Presente del indicativo: yo **sueño**, tú **apuestas**, él **aprueba**, ustedes/ellos **cuelan**.

Presente del subjuntivo: yo **cierre**, tú **calientes**, él **despierte**, ustedes/ellos **siembren**.

Imperativo: **muestra** tú, **aliente** él, **vuelen** ustedes/ellos.

Los verbos en los que la **o** cambia al diptongo **ue**, son:

amolar	desaprobar	engrosar	repoblar	trocar
apostar	descolgar	forzar	reprobar	tronar
comprobar	descollar	holgar	resollar	
concordar	descontar	recostar	revolcar	
degollar	despoblar	reencontrar	rodar	
desacordar	encordar	reforzar	tostar	

A esta lista se agregan los verbos del siguiente ejercicio.

A los siguientes verbos conjúgalos, cambiando la **o** a **ue**, en presente del indicativo, en presente del subjuntivo y en imperativo; en cada uno ve cambiando las personas yo, tú, él, ustedes y ellos.

	Indicativo/Presente	Subjuntivo/Presente	Imperativo
	yo ac**ue**rdo	tú ac**ue**rdes	ac**ue**rden ellos
acordar	______	______	______
acostar	______	______	______
aprobar	______	______	______
colar	______	______	______
colgar	______	______	______
consolar	______	______	______
contar	______	______	______
demostrar	______	______	______
encontrar	______	______	______
esforzar	______	______	______
mostrar	______	______	______
poblar	______	______	______
probar	______	______	______
recordar	______	______	______
renovar	______	______	______
rogar	______	______	______
sonar	______	______	______
soñar	______	______	______
tronar	______	______	______
volar	______	______	______
volcar	______	______	______

Los verbos en los que la **e** cambia al diptongo **ie**, son:

acrecentar	concertar	desalentar	empedrar	ensangrentar
arrendar	confesar	desplegar	encomendar	enterrar
asosegar	denegar	emparentar	enmendar	escarmentar

fregar	mentar	quebrar	restregar	sosegar
helar	merendar	recomendar	reventar	tropezar
herrar	nevar	remendar	segar	
invernar	plegar	replegar	sembrar	

A esta lista se agregan los verbos del siguiente ejercicio.

A los siguientes verbos que tienen cambio de la vocal **e** al diptongo **ie** en su radical, conjúgalos en presente del indicativo, en presente del subjuntivo y en imperativo; en cada uno ve cambiando las personas, yo, tú, él, ustedes y ellos.

	Indicativo/Presente	Subjuntivo/Presente	Imperativo
acertar	tú aciertas	él acierte	acierten ustedes
alentar			
apretar			
asentar			
atravesar			
aventar			
calentar			
cegar			
cerrar			
comenzar			
despertar			
desterrar			
empezar			
encerrar			
gobernar			
manifestar			
negar			
pensar			
regar			
sentar			
temblar			

El único verbo en **-ar** que en su radical cambia la **u** por **ue** es el verbo jugar. Pon en los espacios siguientes seis cambios de la **u** a la **ue**, de acuerdo a lo anterior visto.

_________________ _________________ _________________

_________________ _________________ _________________

En los verbos avergonzar y desvergonzar, la **o** cambia a **üe** con diéresis. Conjúgalos igualmente.

avergonzar ________________ ________________ ________________

desvergonzar ________________ ________________ ________________

Los verbos más irregulares terminados en -ar son sólo siete: estar, bienestar, malestar, andar, desandar; dar, y errar.

El verbo **estar** con sus compuestos bien**estar** y mal**estar**, adquieren la **y** griega en la 1ª persona del presente del indicativo: yo esto**y**, yo bienesto**y**, yo malesto**y**.

Los verbos **estar**, bien**estar** y mal**estar**, a su vez, junto con los verbos **andar** y des**andar**, adquieren la **"v"** en los siguientes modos, tiempos y personas:

Pasado del indicativo: yo estu**v**e, tú estu**v**iste, él estu**v**o, nosotros estu**v**imos, ustedes/ellos estu**v**ieron.

Pasado del subjuntivo: yo andu**v**iera o andu**v**iese, tú andu**v**ieras o andu**v**ieses, él andu**v**iera o andu**v**iese, nosotros andu**v**iéramos o andu**v**iésemos, ustedes/ellos andu**v**ieran o andu**v**iesen.

Futuro del subjuntivo: yo estu**v**iere, tú estu**v**ieres, él estu**v**iere, nosotros estu**v**iéremos, ustedes/ellos estu**v**ieren.

El verbo **dar** adquiere la **y** griega, y la **a** que tiene cambia a las vocales **i**, **e**, y al diptongo **ie**, en los siguientes modos, tiempos y personas:

Presente del indicativo: yo do**y**.

Pasado del indicativo: yo d**i**, tú d**i**ste, él d**i**o, nosotros d**i**mos, ustedes/ellos d**ie**ron.

Presente del subjuntivo: yo d**é**, tú d**e**s, él d**é**, nosotros d**e**mos, ustedes/ellos d**e**n.

Pasado del subjuntivo: yo **diera** o **diese**, tú **dieras** o **dieses**, él **diera** o **diese**, nosotros **diéramos** o **diésemos**, ustedes/ellos **dieran** o **diesen**.

Futuro del subjuntivo: yo **diere**, tú **dieres**, él **diere**, nosotros **diéremos** ustedes/ellos **dieren**.

Con el verbo **errar**, su irregularidad consiste en anteponérsele una **y** griega en los siguientes modos, tiempos y personas:

Pasado del indicativo: yo **yerro**, tú **yerras**, él **yerra**, ustedes/ellos **yerran**.

Pasado del subjuntivo: yo **yerre**, tú **yerres**, él **yerre**, nosotros **yerremos** ustedes/ellos **yerren**.

Imperativo: **yerra** tú, **yerre** él, **yerren** ustedes/ellos.

EJERCICIO

De acuerdo a la ortografía de los siete verbos anteriores, completa las siguientes oraciones poniendo —en el orden que están— los verbos que hacen falta.

estoy, estuve, estuviera o estuviese, anduve, desanduve, doy, dimos, estuvimos, yerro.

1. Hoy ____________ en casa, ayer ____________ en el campo, pero si yo ______________ o ______________ frente al mar sería muy feliz.
2. La semana pasada ____________ por varios caminos y lo más difícil fue cuando ________________ lo caminado.
3. ____________ lo mejor de mí cuando hago lo que me gusta.
4. Cuando ____________ con la dirección del teatro y vimos esa comedia maravillosa, Pedro y yo ______________ muy a gusto.
5. Si yo ______________ en mis actos sé que tendré cosas negativas.

LA CONJUGACIÓN DE LOS VERBOS CON -ER

Los verbos terminados en **-er**, de uso común, son 300, y de ellos, 69 son regulares. Los demás verbos en **-er**, a través de su conjugación, tienen cambios a otras letras o las adquirirán, ya sea en su raíz o en su terminación verbal, o en ambas. Los 69 verbos regulares en **-er**, son:

absorber
acceder
acometer
aprender
arder
arremeter
atrever
barrer
beber
carcomer
ceder
comer
competer
comprender
comprometer
conceder
correr
corresponder
corromper
coser
deber
depender
descorrer
descoser
desprender
destejer
embeber
emprender
entretejer
entrever
entrometer
esconder
exceder
expeler
expender
interceder
joder
lamer
malcomer
malvender
meter
ofender
pender
preceder
prender
pretender
prever
proceder
prometer
recorrer
relamer
remeter
repeler
reprender
responder
retroceder
revender
romper
socorrer
someter
sorber
sorprender
suceder
suspender
tejer
temer
toser
vender
ver

LOS VERBOS EN -ER QUE EN SU RADICAL (O GRAMEMA) CAMBIA LA **O** POR **UE** Y LA **E** POR **IE**

Existen 37 verbos cuya única diferencia con los verbos regulares en **-er** es que, al conjugarse en los presentes del indicativo y subjuntivo, y en el imperativo, menos en la primera persona del plural (nosotros), en 19 verbos la **o** cambia a **ue**; y en 18, la **e** cambia a **ie**, de la siguiente forma:

Presente del indicativo: yo v**ue**lvo, tú v**ue**lves, él v**ue**lve, ustedes/ellos v**ue**lven.

Presente del subjuntivo: yo at**ie**nda, tú at**ie**ndas, él at**ie**nda, ustedes/ellos at**ie**ndan.

Imperativo: m**ue**le tú, m**ue**la él, m**ue**lan ustedes/ellos.

EJERCICIO

Considerando que los siguientes 19 verbos en -er, al conjugarlos la **o** cambia a **ue**, conjúgalos en los tres espacios según lo anterior visto, poniéndolos en presente del indicativo, en presente de subjuntivo y en imperativo, cambiando las personas yo, tú, él, ustedes o ellos.

	Indicativo/Presente	Subjuntivo/Presente	Imperativo
absolver	tú absuelves	ellos absuelvan	absuelve tú
condoler			
conmover			
demoler			
desenvolver			
devolver			
disolver			
doler			
envolver			
llover			
moler			
morder			
mover			
promover			
remover			
resolver			
revolver			
soler			
volver			

En los siguientes 18 verbos la **e** cambia a **ie**. Conjúgalos de igual forma de acuerdo al ejercicio anterior.

	Indicativo/Presente	Subjuntivo/Presente	Imperativo
ascender	yo asciendo	él ascienda	asciendan ellos
atender			
condescender			
contender			
defender			
desatender			

descender ____________ ____________ ____________

desentender ____________ ____________ ____________

distender ____________ ____________ ____________

encender ____________ ____________ ____________

entender ____________ ____________ ____________

extender ____________ ____________ ____________

heder ____________ ____________ ____________

perder ____________ ____________ ____________

sobreentender ____________ ____________ ____________

tender ____________ ____________ ____________

trascender ____________ ____________ ____________

verter ____________ ____________ ____________

LOS VERBOS **SER, HABER Y HACER**

Los verbos **ser, haber** y **hacer** con sus variantes des**hacer**, re**hacer** y satis**facer,** al ser de los más irregulares, se pone toda su conjugación a fin de que se vean los cambios que sufren estos verbos. Ver páginas siguientes.

EJERCICIO

Elabora dos oraciones con cada uno de los verbos **ser, haber** y **hacer**, en donde se muestre su irregularidad. Ejemplo: verbo ser: soy, fue, eran, fuese, etc.

1. ____

2. ____

1. ____

2. ____

1. ____

2. ____

CONJUGACIÓN QUE REPRESENTA A LOS 69 VERBOS REGULARES CON -ER

vend-er

INDICATIVO

PRESENTE		ANTEPRESENTE	
yo	vend-o	he	vend-ido
tú	vend-es	has	vend-ido
él	vend-e	ha	vend-ido
nos.	vend-emos	hemos	vend-ido
uds.	vend-en	han	vend-ido
ellos	vend-en	han	vend-ido

PASADO O PRETÉRITO		ANTEPRETÉRITO	
yo	vend-í	hube	vend-ido
tú	vend-iste	hubiste	vend-ido
él	vend-ió	hubo	vend-ido
nos.	vend-imos	hubimos	vend-ido
uds.	vend-ieron	hubieron	vend-ido
ellos	vend-ieron	hubieron	vend-ido

FUTURO		ANTEFUTURO	
yo	vend-eré	habré	vend-ido
tú	vend-erás	habrás	vend-ido
él	vend-erá	habrá	vend-ido
nos.	vend-eremos	habremos	vend-ido
uds.	vend-erán	habrán	vend-ido
ellos	vend-erán	habrán	vend-ido

COPRETÉRITO		ANTECOPRETÉRITO	
yo	vend-ía	había	vend-ido
tú	vend-ías	habías	vend-ido
él	vend-ía	había	vend-ido
nos.	vend-íamos	habíamos	vend-ido
uds.	vend-ían	habían	vend-ido
ellos	vend-ían	habían	vend-ido

POSPRETÉRITO O CONDICIONAL		ANTEPOSPRETÉRITO	
yo	vend-ería	habría	vend-ido
tú	vend-erías	habrías	vend-ido
él	vend-ería	habría	vend-ido
nos.	vend-eríamos	habríamos	vend-ido
uds.	vend-erían	habrían	vend-ido
ellos	vend-erían	habrían	vend-ido

SUBJUNTIVO

PRESENTE		ANTEPRESENTE		
yo	vend-a	yo	haya	vend-ido
tú	vend-as	tú	hayas	vend-ido
él	vend-a	él	haya	vend-ido
nos.	vend-amos	nos.	hayamos	vend-ido
uds.	vend-an	uds.	hayan	vend-ido
ellos	vend-an	ellos	hayan	vend-ido

PASADO O PRETÉRITO		ANTEPRETÉRITO		
yo	vend-iera *o* vend-iese	yo	hubiera *o* hubiese	vend-ido
tú	vend-ieras *o* vend-ieses	tú	hubieras *o* hubieses	vend-ido
él	vend-iera *o* vend-iese	él	hubiera *o* hubiese	vend-ido
nos.	vend-iéramos *o* vend-iésemos	nos.	hubiéramos *o* hubiésemos	vend-ido
uds.	vend-ieran *o* vend-iesen	uds.	hubieran *o* hubiesen	vend-ido
ellos	vend-ieran *o* vend-iesen	ellos	hubieran *o* hubiesen	vend-ido

FUTURO		ANTEFUTURO		
yo	vend-iere	yo	hubiere	vend-ido
tú	vend-ieres	tú	hubieres	vend-ido
él	vend-iere	él	hubiere	vend-ido
nos.	vend-iéremos	nos.	hubiéremos	vend-ido
uds.	vend-ieren	uds.	hubieren	vend-ido
ellos	vend-ieren	ellos	hubieren	vend-ido

IMPERATIVO

Presente

vend-e	tú
vend-a	él
vend-amos	nosotros
vend-an	ustedes
vend-an	ellos

FORMAS IMPERSONALES

Infinitivo
vend-er

Infinitivo compuesto
haber vend-ido

Gerundio
vend-iendo

Gerundio compuesto
habiendo vend-ido

Participio
vend-ido

ser

INDICATIVO

PRESENTE		ANTEPRESENTE		
yo	soy	yo	he	sido
tú	eres	tú	has	sido
él	es	él	ha	sido
nos.	somos	nos.	hemos	sido
uds.	son	uds.	han	sido
ellos	son	ellos	han	sido

PASADO O PRETÉRITO		ANTEPRETÉRITO		
yo	**fui**	yo	hube	sido
tú	**fuiste**	tú	hubiste	sido
él	**fue**	él	hubo	sido
nos.	**fuimos**	nos.	hubimos	sido
uds.	**fueron**	uds.	hubieron	sido
ellos	**fueron**	ellos	hubieron	sido

FUTURO		ANTEFUTURO		
yo	seré	yo	habré	sido
tú	serás	tú	habrás	sido
él	será	él	habrá	sido
nos.	seremos	nos.	habremos	sido
uds.	serán	uds.	habrán	sido
ellos	serán	ellos	habrán	sido

COPRETÉRITO		ANTECOPRETÉRITO		
yo	era	yo	había	sido
tú	eras	tú	habías	sido
él	era	él	había	sido
nos.	éramos	nos.	habíamos	sido
uds.	eran	uds.	habían	sido
ellos	eran	ellos	habían	sido

POSPRETÉRITO O CONDICIONAL		ANTEPOSPRETÉRITO		
yo	sería	yo	habría	sido
tú	serías	tú	habrías	sido
él	sería	él	habría	sido
nos.	seríamos	nos.	habríamos	sido
uds.	serían	uds.	habrían	sido
ellos	serían	ellos	habrían	sido

SUBJUNTIVO

PRESENTE		ANTEPRESENTE		
yo	sea	yo	haya	sido
tú	seas	tú	hayas	sido
él	sea	él	haya	sido
nos.	seamos	nos.	hayamos	sido
uds.	sean	uds.	hayan	sido
ellos	sean	ellos	hayan	sido

PASADO O PRETÉRITO		ANTEPRETÉRITO		
yo	**fuera** *o* **fuese**	yo	hubiera *o* hubiese	sido
tú	**fueras** *o* **fueses**	tú	hubieras *o* hubieses	sido
él	**fuera** *o* **fuese**	él	hubiera *o* hubiese	sido
nos.	**fuéramos** *o* **fuésemos**	nos.	hubiéramos *o* hubiésemos	sido
uds.	**fueran** *o* **fuesen**	uds.	hubieran *o* hubiesen	sido
ellos	**fueran** *o* **fuesen**	ellos	hubieran *o* hubiesen	sido

FUTURO		ANTEFUTURO		
yo	**fuere**	yo	hubiere	sido
tú	**fueres**	tú	hubieres	sido
él	**fuere**	él	hubiere	sido
nos.	**fuéremos**	nos.	hubiéremos	sido
uds.	**fueren**	uds.	hubieren	sido
ellos	**fueren**	ellos	hubieren	sido

IMPERATIVO

Presente

sé	tú
sea	él
seamos	nosotros
sean	ustedes
sean	ellos

FORMAS IMPERSONALES

Infinitivo
ser

Infinitivo compuesto
haber sido

Gerundio
siendo

Gerundio compuesto
habiendo sido

Participio
sido

hab-er

INDICATIVO

PRESENTE		ANTEPRESENTE		
yo	h-e	yo	he	hab-ido
tú	h-as	tú	has	hab-ido
él	h-a	él	ha	hab-ido
nos.	h-emos	nos.	hemos	hab-ido
uds.	h-an	uds.	han	hab-ido
ellos	h-an	ellos	han	hab-ido

PASADO O PRETÉRITO		ANTEPRETÉRITO		
yo	hub-e	yo	hube	hab-ido
tú	hub-iste	tú	hubiste	hab-ido
él	hub-o	él	hubo	hab-ido
nos.	hub-imos	nos.	hubimos	hab-ido
uds.	hub-ieron	uds.	hubieron	hab-ido
ellos	hub-ieron	ellos	hubieron	hab-ido

FUTURO		ANTEFUTURO		
yo	hab-ré	yo	habré	hab-ido
tú	hab-rás	tú	habrás	hab-ido
él	hab-rá	él	habrá	hab-ido
nos.	hab-remos	nos.	habremos	hab-ido
uds.	hab-rán	uds.	habrán	hab-ido
ellos	hab-rán	ellos	habrán	hab-ido

COPRETÉRITO		ANTECOPRETÉRITO		
yo	hab-ía	yo	había	hab-ido
tú	hab-ías	tú	habías	hab-ido
él	hab-ía	él	había	hab-ido
nos.	hab-íamos	nos.	habíamos	hab-ido
uds.	hab-ían	uds.	habían	hab-ido
ellos	hab-ían	ellos	habían	hab-ido

POSPRETÉRITO O CONDICIONAL		ANTEPOSPRETÉRITO		
yo	hab-ría	yo	habría	hab-ido
tú	hab-rías	tú	habrías	hab-ido
él	hab-ría	él	habría	hab-ido
nos.	hab-ríamos	nos.	habríamos	hab-ido
uds.	hab-rían	uds.	habrían	hab-ido
ellos	hab-rían	ellos	habrían	hab-ido

SUBJUNTIVO

PRESENTE		ANTEPRESENTE		
yo	**hay-a**	yo	haya	hab-ido
tú	**hay-as**	tú	hayas	hab-ido
él	**hay-a**	él	haya	hab-ido
nos.	**hay-amos**	nos.	hayamos	hab-ido
uds.	**hay-an**	uds.	hayan	hab-ido
ellos	**hay-an**	ellos	hayan	hab-ido

PASADO O PRETÉRITO		ANTEPRETÉRITO		
yo	hub-iera	yo	hubiera	
	o hub-iese		*o* hubiese	hab-ido
tú	hub-ieras	tú	hubieras	
	o hub-ieses		*o* hubieses	hab-ido
él	hub-iera	él	hubiera	
	o hub-iese		*o* hubiese	hab-ido
nos.	hub-iéramos	nos.	hubiéramos	
	o hub-iésemos		*o* hubiésemos	hab-ido
uds.	hub-ieran	uds.	hubieran	
	o hub-iesen		*o* hubiesen	hab-ido
ellos	hub-ieran	ellos	hubieran	
	o hub-iesen		*o* hubiesen	hab-ido

FUTURO		ANTEFUTURO		
yo	hub-iere	yo	hubiere	hab-ido
tú	hub-ieres	tú	hubieres	hab-ido
él	hub-iere	él	hubiere	hab-ido
nos.	hub-iéremos	nos.	hubiéremos	hab-ido
uds.	hub-ieren	uds.	hubieren	hab-ido
ellos	hub-ieren	ellos	hubieren	hab-ido

IMPERATIVO

Presente

h-e	**tú**
hay-a	**él**
hay-amos	**nosotros**
hay-an	**ustedes**
hay-an	**ellos**

FORMAS IMPERSONALES

Infinitivo
hab-er

Infinitivo compuesto
haber hab-ido

Gerundio
hab-iendo

Gerundio compuesto
habiendo hab-ido

Participio
hab-ido

hac-er

INDICATIVO

PRESENTE		ANTEPRESENTE		
yo	hag-o	yo	he	hecho
tú	hac-es	tú	has	hecho
él	hac-e	él	ha	hecho
nos.	hac-emos	nos.	hemos	hecho
uds.	hac-en	uds.	han	hecho
ellos	hac-en	ellos	han	hecho

PASADO O PRETÉRITO		ANTEPRETÉRITO		
yo	hic-e	yo	hube	hecho
tú	hic-iste	tú	hubiste	hecho
él	hiz-o	él	hubo	hecho
nos.	hic-imos	nos.	hubimos	hecho
uds.	hic-ieron	uds.	hubieron	hecho
ellos	hic-ieron	ellos	hubieron	hecho

FUTURO		ANTEFUTURO		
yo	har-é	yo	habré	hecho
tú	har-ás	tú	habrás	hecho
él	har-á	él	habrá	hecho
nos.	har-emos	nos.	habremos	hecho
uds.	har-án	uds.	habrán	hecho
ellos	har-án	ellos	habrán	hecho

COPRETÉRITO		ANTECOPRETÉRITO		
yo	hac-ía	yo	había	hecho
tú	hac-ías	tú	habías	hecho
él	hac-ía	él	había	hecho
nos.	hac-íamos	nos.	habíamos	hecho
uds.	hac-ían	uds.	habían	hecho
ellos	hac-ían	ellos	habían	hecho

POSPRETÉRITO O CONDICIONAL		ANTEPOSPRETÉRITO		
yo	har-ía	yo	habría	hecho
tú	har-ías	tú	habrías	hecho
él	har-ía	él	habría	hecho
nos.	har-íamos	nos.	habríamos	hecho
uds.	har-ían	uds.	habrían	hecho
ellos	har-ían	ellos	habrían	hecho

SUBJUNTIVO

PRESENTE		ANTEPRESENTE		
yo	hag-a	yo	haya	hecho
tú	hag-as	tú	hayas	hecho
él	hag-a	él	haya	hecho
nos.	hag-amos	nos.	hayamos	hecho
uds.	hag-an	uds.	hayan	hecho
ellos	hag-an	ellos	hayan	hecho

PASADO O PRETÉRITO		ANTEPRETÉRITO		
yo	hic-iera	yo	hubiera	
	o hic-iese		*o* hubiese	hecho
tú	hic-ieras	tú	hubieras	
	o hic-ieses		*o* hubieses	hecho
él	hic-iera	él	hubiera	
	o hic-iese		*o* hubiese	hecho
nos.	hic-iéramos	nos.	hubiéramos	
	o hic-iésemos		*o* hubiésemos	hecho
uds.	hic-ieran	uds.	hubieran	
	o hic-iesen		*o* hubiesen	hecho
ellos	hic-ieran	ellos	hubieran	
	o hic-iesen		*o* hubiesen	hecho

FUTURO		ANTEFUTURO		
yo	hic-iere	yo	hubiere	hecho
tú	hic-ieres	tú	hubieres	hecho
él	hic-iere	él	hubiere	hecho
nos.	hic-iéremos	nos.	hubiéremos	hecho
uds.	hic-ieren	uds.	hubieren	hecho
ellos	hic-ieren	ellos	hubieren	hecho

IMPERATIVO

Presente

haz	tú
hag-a	él
hag-amos	nosotros
hag-an	ustedes
hag-an	ellos

FORMAS IMPERSONALES

Infinitivo
hac-er

Infinitivo compuesto
haber hecho

Gerundio
hac-iendo

Gerundio compuesto
habiendo hecho

Participio
hecho

VERBOS	CAMBIOS ORTOGRÁFICOS	INDICATIVO	
		PRESENTE	PASADO O PRET
El verbo **poner** y sus compuestos: ante**poner** pos**poner** com**poner** predis**poner** contra**poner** presu**poner** de**poner** pro**poner** dis**poner** re**poner** ex**poner** sobre**poner** im**poner** su**poner** indis**poner** tras**poner** inter**poner** yuxta**poner** o**poner**	Cambio de de **o** a **u** y adquisición de la **g** y de la **s**	yo pongo	yo puse tú pusiste él puso nos. pusimos uds. pusieron ellos pusieron
El verbo **traer** y sus compuestos: abs**traer** ex**traer** a**traer** mal**traer** con**traer** re**traer** dis**traer** sus**traer**	cambio de **a a ai** y adquisición de la **g** y **j**	yo traigo	yo traje tú trajiste él trajo nos. trajimos uds. trajeron ellos trajeron
El verbo **tener** y sus compuestos: abs**tener** man**tener** a**tener** ob**tener** con**tener** re**tener** de**tener** sos**tener** entre**tener**	Cambio de **e a ie** y obtención de las letras **g** y **v**	yo tengo tú tienes él tiene uds. tienen ellos tienen	yo tuve tú tuviste él tuvo nos. tuvimos uds. tuvieron ellos tuvieron
Los verbos **cocer** y **torcer**, y sus compuestos: des**cocer** des**torcer** es**cocer** re**torcer**	Cambio de **o a ue** y de **c a z**	yo cuezo tú cueces él cuece uds. cuecen ellos cuecen	
El verbo **caer** y sus compuestos: **decaer** **recaer**	Cambio de **a a ai** y adquisición de la "**g**" e "**y**"	yo caigo	él cayó uds. decayer ellos recayer

SUBJUNTIVO			IMPERATIVO
PRESENTE	PASADO O PRETÉRITO	FUTURO	
yo ponga tú pongas él ponga nos. pongamos uds. pongan ellos pongan	yo pusiera o pusiese tú pusieras o pusieses él pusiera o pusiese nos. pusiéramos o pusiésemos uds. pusieran o pusiesen ellos pusieran o pusiesen	yo pusiere tú pusieres él pusiere nos. pusiéremos uds. pusieren ellos pusieren	ponga él pongamos nos. pongan uds. pongan ellos
yo traiga tú traigas él traiga nos. traigamos uds. traigan ellos traigan	yo trajera o trajese tú trajeras o trajeses él trajera o trajese nos. trajéramos o trajésemos uds. trajeran o trajesen ellos trajeran o trajesen	yo trajere tú trajeres él trajere nos. trajéremos uds. trajeren ellos trajeren	traiga él traigamos nos. traigan uds. traigan ellos
yo tenga tú tengas él tenga nos. tengamos uds. tengan ellos tengan	yo tuviera o tuviese tú tuvieras o tuvieses él tuviera o tuviese nos. tuviéramos o tuviésemos uds. tuvieran o tuviesen ellos tuvieran o tuviesen	yo tuviere tú tuvieres él tuviere nos. tuviéremos uds. tuvieren ellos tuvieren	tenga él tengamos nos. tengan uds. tengan ellos
yo cueza tú cuezas él cueza nos. cozamos uds. cuezan ellos cuezan			cueza él cozamos nos. cuezan uds. cuezan ellos
yo caiga tú caigas él caiga nos. caigamos uds. caigan ellos caigan	yo cayera o cayese tú cayeras o cayeses él cayera o cayese nos. cayéramos o cayésemos uds. cayeran o cayesen ellos cayeran o cayesen	yo cayere tú cayeres él cayere nos. cayéremos uds. cayeren ellos cayeren	caiga él caigamos nos. caigan uds. caigan ellos

VERBOS	CAMBIOS ORTOGRÁFICOS	INDICATIVO	
		PRESENTE	PASADO O PRETÉRIT
El verbo **querer** y sus compuestos: bien**querer** mal**querer**	Cambios de **e a ie** de **e a i** y adquisición de la **s**	yo quiero tú quieres él quiere uds. quieren ellos quieren	yo quise tú quisiste él quiso nos. quisimos uds. quisieron ellos quisieron
saber	Cambios de **a a e,** de **a a u** y adquisición de la **p**	yo sé	yo **supe** tú **supiste** él **supo** nos. **supimos** uds. **supieron** ellos **supieron**
caber	Cambios de **a a u,** de **ca** a **que** y adquisición de la **p**	yo **quepo**	yo **cupe** tú **cupiste** él **cupo** nos. **cupimos** uds. **cupieron** ellos **cupieron**
poder	Cambios de **o a ue** y de **o a u**	yo **pue**do tú **pue**des él **pue**de uds. **pue**den ellos **pue**den	yo p**u**de tú p**u**diste él p**u**do nos. p**u**dimos uds. p**u**dieron ellos p**u**dieron

El tratamiento de los verbos en **-er** que a continuación se detallan, se encuentra en las páginas que se indican de este libro.

- Los 115 verbos que terminan en **-ecer, -acer** y **-ocer**, páginas 182-184.
- Los 9 verbos que terminan en **-ger**, páginas 218-219.
- Los verbos **creer, leer, poseer** y **proveer**, página 248.
- Los verbos **convencer, ejercer, mecer** y **vencer**, página 189.
- Los verbos **valer, equivaler** y **prevaler**, páginas 223-224.
- El verbo **oler**, en la página 236.

SUBJUNTIVO			IMPERATIVO
PRESENTE	PASADO O PRETÉRITO	FUTURO	
yo quiera	yo quisiera o quisiese	yo quisiere	
tú quieras	tú quisieras o quisieses	tú quisieres	quiere tú
él quiera	él quisiera o quisiese	él quisiere	quiera él
	nos. quisiéramos o quisiésemos	nos. quisiéremos	
uds. quieran	uds. quisieran o quisiesen	uds. quisieren	quieran uds.
ellos quieran	ellos quisieran o quisesen	ellos quisieren	quieran ellos
yo sepa	yo supiera o supiese	yo supiere	
tú sepas	tú supieras o supieses	tú supieres	
él sepa	él supiera o supiese	él supiere	sepa él
nos. sepamos	nos. supiéramos o supiésemos	nos. supiéremos	sepamos nos.
uds. sepan	uds. supieran o supiesen	uds. supieren	sepan uds.
ellos sepan	ellos supieran o supiesen	ellos supieren	sepan ellos
yo quepa	yo cupiera o cupiese	yo cupiere	
tú quepas	tú cupieras o cupieses	tú cupieres	
él quepa	él cupiera o cupiese	él cupiere	quepa él
nos. quepamos	nos. cupiéramos o cupiésemos	nos. cupiéremos	quepamos nos.
uds. quepan	uds. cupieran o cupiesen	uds. cupieren	quepan uds.
ellos quepan	ellos cupieran o cupiesen	ellos cupieren	quepan ellos
yo pueda	yo pudiera o pudiese	yo pudiere	
tú puedas	tú pudieras o pudieses	tú pudieres	puede tú
él pueda	él pudiera o pudiese	él pudiere	pueda él
	nos. pudiéramos o pudiésemos	nos. pudiéremos	
uds. puedan	uds. pudieran o pudiesen	uds. pudieren	puedan uds.
ellos puedan	ellos pudieran o pudiesen	ellos pudieren	puedan ellos

EJERCICIOS

Con los verbos siguientes que se forman con el verbo **poner**, conjúgalos haciendo que la **o** cambie a **u** y también que adquieran la **g** o la **s**. Ejemplo: oponer, op**u**se, opon**g**a, op**us**iera

disponer ______ ______ ______ ______

posponer ______ ______ ______ ______

exponer ______ ______ ______ ______

proponer ______ ______ ______ ______

suponer ______ ______ ______ ______

A los siguientes verbos conjúgalos haciendo que la **a** cambie al diptongo **ai**, y que adquieran la **g** y la **j**.

atraer ______ ______ ______ ______

contraer ______ ______ ______ ______

distraer ______ ______ ______ ______

extraer ______ ______ ______ ______

A los siguientes verbos conjúgalos haciendo que la **e** cambie al diptongo **ie**, y también que adquieran la **v** y la **g**.

contener ______ ______ ______ ______

detener ______ ______ ______ ______

mantener ______ ______ ______ ______

obtener ______ ______ ______ ______

Los verbos **cocer** y **torcer**, y sus compuestos **descocer, destorcer, escocer** y **retorcer**, al conjugarse la **o** cambia a **ue** y la **c** a **z**. En los espacios siguientes pon conjugaciones con estos seis verbos en donde existan estos cambios.

______ ______ ______

______ ______ ______

______ ______ ______

______ ______ ______

El verbo **caer**, junto con **decaer** y **recaer**, la **a** cambia a **ai**, y también adquieren la **g** y la **y**. Da tres ejemplos de cada verbo en que esto suceda.

________________ ________________ ________________

________________ ________________ ________________

________________ ________________ ________________

Los verbos **querer** junto con **bienquerer** y **malquerer**, la **e** cambia a **i** o **ie**, y también adquieren la **s**. Da tres ejemplos de cada verbo donde esto suceda.

________________ ________________ ________________

________________ ________________ ________________

________________ ________________ ________________

Conjuga el verbo **saber** en los siguientes tiempos:

INDICATIVO

	Presente	Pasado
yo	____________	____________
tú	____________	____________
él	____________	supo
nos.	sabemos	____________
uds/ellos	____________	____________

SUBJUNTIVO

	Presente	Pasado		
yo	____________	____________	o	____________
tú	sepas	____________	o	____________
él	____________	____________	o	____________
nos.	____________	____________	o	____________
uds/ellos	____________	supieran	o	supiesen

Conjuga el verbo **caber** en los siguientes tiempos:

INDICATIVO

	Presente	Pasado
yo	________	________
tú	cabes	________
él	________	________
nos.	________	cupimos
uds/ellos	________	________

SUBJUNTIVO

	Presente	Pasado		
yo	________	________	o	________
tú	________	________	o	________
él	________	cupiera	o	cupiese
nos.	________	________	o	________
uds/ellos	quepan	________	o	________

Del verbo **poder** da tres ejemplos en donde la **o** cambia a **ue**, y tres, en donde la **o** cambia a **u**.

________ ________ ________

________ ________ ________

CONJUGACIÓN QUE REPRESENTA A LOS 150 VERBOS REGULARES CON -IR

repart-ir

INDICATIVO

PRESENTE		ANTEPRESENTE	
yo	repart-o	he	repart-ido
tú	repart-es	has	repart-ido
él	repart-e	ha	repart-ido
nos.	repart-imos	hemos	repart-ido
uds.	repart-en	han	repart-ido
ellos	repart-en	han	repart-ido

PASADO O PRETÉRITO		ANTEPRETÉRITO	
yo	repart-í	hube	repart-ido
tú	repart-iste	hubiste	repart-ido
él	repart-ió	hubo	repart-ido
nos.	repart-imos	hubimos	repart-ido
uds.	repart-ieron	hubieron	repart-ido
ellos	repart-ieron	hubieron	repart-ido

FUTURO		ANTEFUTURO	
yo	repart-iré	habré	repart-ido
tú	repart-irás	habrás	repart-ido
él	repart-irá	habrá	repart-ido
nos.	repart-iremos	habremos	repart-ido
uds.	repart-irán	habrán	repart-ido
ellos	repart-irán	habrán	repart-ido

COPRETÉRITO		ANTECOPRETÉRITO	
yo	repart-ía	había	repart-ido
tú	repart-ías	habías	repart-ido
él	repart-ía	había	repart-ido
nos.	repart-íamos	habíamos	repart-ido
uds.	repart-ían	habían	repart-ido
ellos	repart-ían	habían	repart-ido

POSPRETÉRITO O CONDICIONAL		ANTEPOSPRETÉRITO	
yo	repart-iría	habría	repart-ido
tú	repart-irías	habrías	repart-ido
él	repart-iría	habría	repart-ido
nos.	repart-iríamos	habríamos	repart-ido
uds.	repart-irían	habrían	repart-ido
ellos	repart-irían	habrían	repart-ido

SUBJUNTIVO

PRESENTE		ANTEPRESENTE		
yo	repart-a	yo	haya	repart-ido
tú	repart-as	tú	hayas	repart-ido
él	repart-a	él	haya	repart-ido
nos.	repart-amos	nos.	hayamos	repart-ido
uds.	repart-an	uds.	hayan	repart-ido
ellos	repart-an	ellos	hayan	repart-ido

PASADO O PRETÉRITO		ANTEPRETÉRITO		
yo	repart-iera *o* repart-iese	yo	hubiera *o* hubiese	repart-ido
tú	repart-ieras *o* repart-ieses	tú	hubieras *o* hubieses	repart-ido
él	repart-iera *o* repart-iese	él	hubiera *o* hubiese	repart-ido
nos.	repart-iéramos *o* repart-iésemos	nos.	hubiéramos *o* hubiésemos	repart-ido
uds.	repart-ieran *o* repart-iesen	uds.	hubieran *o* hubiesen	repart-ido
ellos	repart-ieran *o* repart-iesen	ellos	hubieran *o* hubiesen	repart-ido

FUTURO		ANTEFUTURO		
yo	repart-iere	yo	hubiere	repart-ido
tú	repart-ieres	tú	hubieres	repart-ido
él	repart-iere	él	hubiere	repart-ido
nos.	repart-iéremos	nos.	hubiéremos	repart-ido
uds.	repart-ieren	uds.	hubieren	repart-ido
ellos	repart-ieren	ellos	hubieren	repart-ido

IMPERATIVO

Presente

repart-e	tú
repart-a	él
repart-amos	nosotros
repart-an	ustedes
repart-an	ellos

FORMAS IMPERSONALES

Infinitivo	Infinitivo compuesto
repart-ir	haber repart-ido
Gerundio	**Gerundio compuesto**
repart-iendo	habiendo repart-ido
Participio	
repart-ido	

LA CONJUGACIÓN DE LOS VERBOS EN -IR

De los 350 verbos de uso común con terminación **-ir**, 150 son verbos regulares y los 200 restantes, a través de su conjugación, tienen cambios a otras letras o las adquirirán, ya sea en su raíz o en su terminación verbal.

De los 150 verbos regulares en **-ir**, representa su conjugación el verbo repartir que está en la página anterior. (Ver el total de los verbos en **-ir** en la página 142 del libro de consulta).

Algunos ejemplos de los verbos regulares en **-ir**, son:

abrir	descubrir	impartir	percibir	transcurrir
asistir	emitir	insistir	presumir	transmitir
batir	escribir	latir	recibir	unir
consumir	existir	nutrir	repartir	urdir
cubrir	fundir	omitir	subir	vivir
decidir	hundir	oprimir	surtir	

LOS VERBOS EN -IR EN CUYO RADICAL (O GRAMEMA) CAMBIA VOCAL A DIPTONGO O A OTRA VOCAL

- En los verbos **cernir, concernir** y **discernir**, cambia la **e** al diptongo **ie**.
- Los verbos **adquirir** e **inquirir**, al conjugarse cambia la **i** al diptongo **ie**.

El cambio de estos cinco verbos de vocal a diptongo es en los presentes del indicativo y subjuntivo, y en el imperativo. Ejemplos:

Presente del indicativo: yo c**ie**rno, tú c**ie**rnes, él c**ie**rne, (nosotros cernimos), ustedes/ellos c**ie**rnen.

Presente del subjuntivo: yo adqu**ie**ra, tú adqu**ie**ras, él adqu**ie**ra, nosotros adqu**ié**ramos, ustedes/ellos adqu**ie**ran.

Imperativo: inqu**ie**re tú, inqu**ie**ra él, inqu**ie**ran ustedes/ellos.

- Los 33 verbos que a continuación se detallan, tienen en su raíz cambios de la **e** a la **i** y de la **e** al diptongo **ie**.

adherir	desavertir	herir	pervertir	sentir
advertir	desmentir	hervir	preferir	sugerir
asentir	diferir	inferir	presentir	transferir
conferir	digerir	ingerir	proferir	vertir
consentir	disentir	interferir	referir	zaherir
convertir	divertir	invertir	requerir	
deferir	extrovertir	mentir	revertir	

El cambio de **e** a la **i**, es en los siguientes tiempos y personas:

Pasado del indicativo: él mintió, ustedes/ellos mintieron.

Presente del subjuntivo: nosotros mintamos.

Pasado del subjuntivo: yo sintiera o sintiese, tú sintieras o sintieses, él sintiera o sintiese, nosotros sintiéramos o sintiésemos, ustedes/ellos sintieran o sintiesen.

Futuro del subjuntivo: yo sintiere, tú sintieres, él sintiere, nosotros sintiéremos, ustedes/ellos sintieren.

Imperativo: sintamos nosotros.

El cambio de la **e** al diptongo **ie** es en los presentes del indicativo y subjuntivo, y en el imperativo. Ejemplos:

yo dig**ie**ro, tú dig**ie**res, él dig**ie**re, (nosotros digerimos), ustedes/ellos dig**ie**ren.

yo v**ie**rta, tú v**ie**rtas, él v**ie**rta, (nosotros virtamos), ustedes/ellos v**ie**rtan.

as**ie**nte tú, as**ie**nta él, (asintamos nosotros), as**ie**ntan ustedes/ellos.

- Existen 26 verbos en -ir en cuya raíz la **e** cambia por **i**, los cuales son:

acomedir	despedir	expedir	reñir	teñir
ceñir	desteñir	gemir	reexpedir	vestir
competir	desvestir	impedir	rendir	
concebir	embestir	investir	repetir	
constreñir	envestir	medir	revestir	
derretir	estreñir	pedir	servir	

y los tiempos y personas son:

Presente del indicativo: yo pido, tú pides, él pide, uds/ellos piden.

Pasado del indicativo: él pidió, ustedes/ellos pidieron.

Presente del subjuntivo: yo mida, tú midas, él mida, nosotros midamos, ustedes/ellos midan.

Pasado del subjuntivo: yo gimiera o gimiese, tú gimieras o gimieses, él gimiera o gimiese, nosotros gimiéramos o gimiésemos, ustedes/ellos gimieran o gimiesen.

Futuro del subjuntivo: yo vistiere, tú vistieres, él vistiere, nosotros vistiéremos, ustedes/ellos vistieren.

Imperativo: compite tú, compita él, compitamos nosotros, compitan ustedes/ellos.

• En los siguientes tiempos y personas del indicativo se escribe pudrir y/o podrir:

Presente: yo pudro, tú pudres, él pudre, nosotros podrimos o pudrimos, ustedes/ellos pudren.

Pasado: yo podrí o pudrí, tú podriste o pudriste, él pudrió, nosotros podrimos o pudrimos, ustedes/ellos pudrieron.

Futuro: yo podriré o pudriré, tú podrirás o pudrirás, él podrirá o pudrirá, nosotros podriremos o pudriremos, ustedes/ellos podrirán o pudrirán.

Copretérito: yo pudría, tú pudrías, él pudría, nosotros pudríamos, ustedes/ellos pudrían.

Pospretérito: yo podriría o pudriría, tú podrirías o pudrirías, él podriría o pudriría, nosotros podriríamos o pudriríamos, ustedes/ellos podrirían o pudriríamos.

En el subjuntivo e imperativo se escribe pudrir. Ejemplos:

yo pudra, tú pudras, él pudra, nosotros pudramos, ustedes/ellos pudran.

yo pudriera o pudriese, tú pudrieras o pudrieses, etc.

yo pudriere, tú pudrieres, él pudriere, nosotros pudriéremos, etc.

pudre tú, pudra él, pudramos nosotros, pudran ustedes/ellos.

EJERCICIOS

En los tres espacios de cada verbo, conjúgalos en presente de indicativo, en presente del subjuntivo y en imperativo, cambiando la **e** o la **i** al diptongo ie.

cernir ____________ ____________ ____________

concernir ____________ ____________ ____________

discernir ____________ ____________ ____________

adquirir ____________ ____________ ____________

inquirir ____________ ____________ ____________

De los 33 verbos que en su raíz cambian la **e** a la **i** y la **e** al diptongo **ie**, escribe veinte ejemplos, diez de cada caso. Ejemplos: de divertir: divirtió, divierta.

__________ __________ __________ __________

__________ __________ __________ __________

__________ __________ __________ __________

__________ __________ __________ __________

__________ __________ __________ __________

De los 26 verbos con **-ir** en cuya raíz sólo cambia la **e** por **i**, escribe veinte ejemplos donde esto ocurra.

__________ __________ __________ __________

__________ __________ __________ __________

__________ __________ __________ __________

__________ __________ __________ __________

__________ __________ __________ __________

Escribe tres oraciones en las que apliques, ya sea **podrir** o **pudrir**.

1. ____

____

2. ____

____

3. ____

____

Los verbos en **-ir** que a continuación se detallan, al conjugarse tienen los cambios ortográficos que se indican.

VERBOS	CAMBIOS ORTOGRÁFICOS	INDICATIVO	
		PRESENTE	PASADO O PRETÉRIT…
dormir morir	Cambio de **o** a **ue** y de **o** a **u**	yo duermo tú duermes él duerme uds. duermen ellos duermen	 él durmió uds. durmieron ellos durmieron
El verbo **decir** y sus compuestos: ben**decir** mal**decir** contra**decir** pre**decir** des**decir**	Cambios de **e** a **i** y de **c** a **g** y **j**	yo digo	yo dije tu dijiste él dijo nos. dijimos uds. dijeron ellos dijeron
El verbo **venir** y sus compuestos: contra**venir** pre**venir** con**venir** reconvenir desa**venir** sobre**venir** de**venir** inter**venir**	Cambios de **e** a **ie**, de **e** a **i** y adquisición de la **g**	yo vengo tú vienes él viene uds. vienen ellos vienen	yo vine tú viniste él vino nos. vinimos uds. vinieron ellos vinieron
corregir reelegir elegir regir eregir	Cambios de **e** a **i** y de **g** a **j**	yo elijo tú eliges él elige nos. eligimos uds. eligen ellos eligen	
El verbo **seguir** y sus compuestos: con**seguir** per**seguir** pro**seguir**	Cambios de **e** a **i** y eliminación de la **u** muda al ir **g** ante **a, o**	yo **sigo** tú sigues él sigue uds. siguen ellos siguen	 él siguió uds. siguieron ellos siguieron
oír desoír	Adquisiciones de **g** e **y**	yo oigo tú oyes él oye uds. oyen ellos oyen	 él oyó uds. oyeron ellos oyeron

SUBJUNTIVO			IMPERATIVO
PRESENTE	PASADO O PRETÉRITO	FUTURO	
yo duerma tú duermas él duerma nos. durmamos uds. duerman ellos duerman	yo durmiera o durmiese tú durmieras o durmieses él durmiera o durmiese nos. durmiéramos o durmiésemos uds. durmieran o durmiesen ellos durmieran o durmiesen	yo durmiere tú durmieres él durmiere nos. durmiéremos uds. durmieren ellos durmieren	duerme tú duerma él durmamos nos. duerman uds. duerman ellos
yo diga tú digas él diga nos. digamos uds. digan ellos digan	yo dijera o dijese tú dijeras o dijeses él dijera o dijese nos. dijéramos o dijésemos uds. dijeran o dijesen ellos dijeran o dijesen	yo dijere tú dijeres él dijere nos. dijéremos uds. dijeren ellos dijeren	di tú diga él digamos nos. digan uds. digan ellos
yo venga tú vengas él venga nos. vengamos uds. vengan ellos vengan	yo viniera o viniese tú vinieras o vinieses él viniera o viniese nos. viniéramos o viniésemos uds. vinieran o viniesen ellos vinieran o viniesen	yo viniere tú vinieres él viniere nos. viniéremos uds. vinieren ellos vinieren	venga él vengamos nos. vengan uds. vengan ellos
yo elija tú elijas él elija nos. elijamos uds. elijan ellos elijan	yo eligiera o eligiese tú eligieras o eligieses él eligiera o eligiese nos. eligiéramos o eligiésemos uds. eligieran o eligiesen ellos eligieran o eligiesen	yo eligiere tú eligieres él eligiere nos. eligiéremos uds. eligieren ellos eligieren	elige tú elija él elijamos nos. elijan uds. elijan ellos
yo siga tú sigas él siga nos. sigamos uds. sigan ellos sigan	yo siguiera o siguiese tú siguieras o siguieses él siguiera o siguiese nos. siguiéramos o siguiésemos uds. siguieran o siguiesen ellos siguieran o siguiesen	yo siguiere tú siguieres él siguiere nos. siguiéremos uds. siguieren ellos siguieren	sigue tú siga él sigamos nos. sigan uds. sigan ellos
yo oiga tú oigas él oiga nos. oigamos uds. oigan ellos oigan	yo oyera u oyese tú oyeras u oyeses él oyera u oyese nos. oyéramos u oyésemos uds. oyeran u oyesen ellos oyeran u oyesen	yo oyere tú oyeres él oyere nos. oyéremos uds. oyeren ellos oyeren	oye tú oiga él oigamos nos. oigan uds. oigan ellos

VERBOS	CAMBIOS ORTOGRÁFICOS	INDICATIVO	
		PRESENTE	PASADO O PRETÉRITO
ir	Este verbo adquiere la **v**, **y**, y la **f** y en el copretérito la **b**: iba, ibas, iba, íbamos, iban.	yo voy tú vas él va nos. vamos uds. van ellos van	yo fui tú fuiste él fue nos. fuimos uds. fueron ellos fueron
salir y sobresalir; en el futuro y pospretérito del indicativo, adquieren una **d**: saldré, saldrás, etc; saldría, saldrías, etc.	Adquisición de la **d**, y de la **g**.	yo salgo	

• El verbo **delinquir** ante las vocales **o, a,** la **qu** cambia a **c**. Ejemplos: yo delinco; yo/él delinca, tú delincas, nosotros delincamos, ustedes/ellos delincan.

El tratamiento de los verbos en -ir que a continuación se detallan, se encuentra en las páginas que se indican de este libro.

• Los verbos **esparcir, fruncir, resarcir, rezurcir** y **zurcir,** página 189.
• Los trece verbos en **ducir**, páginas 182-185.
• Los verbos **deslucir, lucir y relucir**, páginas 182-183.
• Los verbos **distinguir** y **extinguir**, página 226.

SUBJUNTIVO			IMPERATIVO
PRESENTE	**PASADO O PRETÉRITO**	**FUTURO**	
yo vaya tú vayas él vaya nos. vayamos uds. vayan ellos vayan	yo fuera o fuese tú fueras o fueses él fuera o fuese nos. fuéramos o fuésemos uds. fueran o fuesen ellos fueran o fuesen	yo fuere tú fueres él fuere nos. fuéremos uds. fueren ellos fueren	ve tú vaya él vayamos nos. vayan uds. vayan ellos
yo salga tú salgas él salga nos. salgamos uds. salgan ellos salgan			salga él salgamos nos. salgan uds. salgan ellos

EJERCICIOS

Conjuga los siguientes verbos en los tiempos y personas que se indican:

INDICATIVO:		PRESENTE	PASADO
ceñir	yo	______	______
constreñir	tú	______	______
desteñir	él	______	______
estreñir	nos.	______	______
reñir	uds/ellos	______	______

SUBJUNTIVO:		PRESENTE	PASADO		
ceñir	yo	______	______	o	______
constreñir	tú	______	______	o	______
desteñir	él	______	______	o	______
estreñir	nos.	______	______	o	______
teñir	uds/ellos	______	______	o	______

		INDICATIVO		SUBJUNTIVO
		PRESENTE	PASADO	PRESENTE
dormir	yo	______	______	______
dormir	tú	______	______	______
dormir	él	______	______	______
morir	nos.	______	______	______
morir	uds/ellos	______	______	______

		INDICATIVO		SUBJUNTIVO
		PRESENTE	PASADO	PRESENTE
decir	yo	______	______	______
bendecir	tú	______	______	______
contradecir	él	______	______	______
desdecir	nos.	______	______	______
maldecir	uds.	______	______	______
predecir	ellos	______	______	______

		INDICATIVO PRESENTE	INDICATIVO PASADO	SUBJUNTIVO PRESENTE
convenir	yo			
venir	tú			
devenir	él			
intervenir	nos.			
prevenir	uds.			
sobrevenir	ellos			

Conjuga los siguientes verbos en los tiempos y personas que se te piden.

		INDICATIVO PRESENTE
corregir	yo	
elegir	tú	
eregir	él	
reelegir	nos.	
regir	uds/ellos	

SUBJUNTIVO:		PRESENTE	PASADO		
corregir	yo			o	
elegir	tú			o	
eregir	él			o	
reelegir	nos.			o	
regir	uds/ellos			o	

		INDICATIVO PRESENTE	INDICATIVO PASADO	SUBJUNTIVO PRESENTE
seguir	yo			
seguir	tú			
conseguir	él			
perseguir	nos.			
proseguir	uds/ellos			

INDICATIVO

		PRESENTE	PASADO
oír	yo	______	______
oír	tú	______	______
oír	él	______	______
desoír	nos.	______	______
desoír	uds.	______	______

SUBJUNTIVO

		PRESENTE	PASADO		
oír	yo	______	______	o	______
oír	tú	______	______	o	______
oír	él	______	______	o	______
desoír	nos.	______	______	o	______
desoír	uds.	______	______	o	______

Conjuga el verbo **ir** en el indicativo de los tiempos:

	PRESENTE	PASADO	COPRETÉRITO
yo	______	______	______
tú	______	______	______
él	______	______	______
nos.	______	______	______
uds/ellos	______	______	______

Conjuga el verbo **ir** en el indicativo de los tiempos:

	PRESENTE	PASADO		
yo	______	______	o	______
tú	______	______	o	______
él	______	______	o	______
nos.	______	______	o	______
uds.	______	______	o	______
ellos	______	______	o	______

ORTOGRAFÍA DE LAS LETRAS

La poca dificultad que tiene el idioma español para bien escribirse, es porque tiene letras en las que no existe diferencia para pronunciarse; otras carecen de sonido, y algunas más cambian a otra u otras letras, sobre todo en la conjugación de verbos irregulares como ya se vio.

Como casos de letras en las que no existe diferencia para pronunciarlas, están: la **b** y la **v**; la **c, z, s** y **x**, con sonido suave; la **c** con la **qu** y la **k**; la **g** con la **j**; la **y** con la **ll**; y en algunos casos la **m** con la **n**.

Letras sin sonido son: la **h**, y la **u** en los vocablos **gue, gui; que, qui**.

Letras que cambian a otras: la **c** que cambia a **qu**, a **z**, a **zc**, a **g** y a **j**; la **z** que se escribe **z** ante **a, o, u**, y **c** ante **e, i**; la **g** que cambia en algunos casos a la **j**; la **i** a la **y**; la **r** a **rr**; y como ya se vio en los verbos, las vocales **e, i**, que cambian al diptongo **ie**, y las vocales **o, u**, que cambian al diptongo **ue**.

ORTOGRAFÍA DOBLE EN ALGUNAS PALABRAS

De acuerdo a la Real Academia de la Lengua Española, en los siguientes casos se puede utilizar doble ortografía:

- En las palabras que lleven el prefijo obs- (obscuro, obscuridad) se puede suprimir la **b** de obs: oscuro, oscuridad.
- En las palabras que inicien con subs (substrato, substancia, subscribir) también se puede eliminar la letra **b**: sustrato, sustancia, suscribir.
- En las palabras que comienzan con **mn** y **gn** (mnemotecnia, gnomo) se puede eliminar la **m** y **g** iniciales: nemotecnia, nomo.
- En las palabras que inician con la preposición **trans-** (transladar, transbordar), se puede quitar la **n**: trasladar, trasbordar, trascurso.
- En las palabras que comienzan con ps- (psicólogo, psiquiatra) se puede eliminar la **p**: sicólogo, siquiatra.
- En las palabras que inician con el prefijo **post-** (postdata, postfechar), es factible quitar la **t**: posdata, posfechar.
- Cuando en las palabras compuestas la palabra inicial termine en vocal y la segunda palabra inicie con la misma vocal, se puede quitar una de ellas: contr**aa**lto: contralto; r**ee**mplazar: remplazar; sobr**ee**stimar: sobrestimar.

ORTOGRAFÍA DE LA B Y LA V

Antaño, las letras **b** y **V** tenían su propia pronunciación: la **b** labial y la **V** labiodental; en la actualidad —más en Latinoamérica— no existe diferenciación al pronunciarlas y por ello se puede afirmar que la **b** y la **V**, fonéticamente, son una sola letra que al escribirse se convierte en dos letras. Por lo anterior es que existe la dificultad de escribir, debidamente, una y otra.

USO DE LA B

Con la letra **b**, con derivaciones verbales, existen alrededor de 32,000 palabras; sin embargo, la ortografía correcta de la mayor parte de ellas (un 90%, esto es, 28,800 palabras) está determinada por cuatro reglas. Veámoslas en orden de importancia, según la cantidad de palabras que abarcan.

La norma más importante para escribir la b, abarca a 14,200 palabras.

- **Siempre se escribe b en el copretérito de los 3,550 verbos en -ar, de donde resultan las terminaciones verbales -aba, -abas, -ábamos, -aban.** (En las páginas 101-128 del libro de consulta están los 3,550 verbos en **-ar.**)

Algunos verbos en **-ar**, son:

aceptar	firmar	luchar	ovacionar	trabajar
admirar	ganar	manejar	pactar	untar
brillar	honrar	mirar	pasear	usar
cobijar	idealizar	nadar	pensar	valorar
dar	jugar	narrar	rastrear	votar
elogiar	lanzar	obsequiar	sortear	zarpar

Ejemplos del copretérito de verbos terminados en **ar**:

	cantar	**mirar**	**caminar**	**soñar**
yo	cant**aba**	mir**aba**	camin**aba**	soñ**aba**
tú	cant**abas**	mir**abas**	camin**abas**	soñ**abas**
él	cant**aba**	mir**aba**	camin**aba**	soñ**aba**
nosotros	cant**ábamos**	mir**ábamos**	camin**ábamos**	soñ**ábamos**
uds/ellos	cant**aban**	mir**aban**	camin**aban**	soñ**aban**

A los verbos terminados en **-ar**, se agrega el verbo **ir** que también lleva **b** en su copretérito: yo/él iba, tú ibas, nosotros íbamos, ustedes/ellos iban.

EJERCICIO

Escribe el copretérito de los siguientes verbos.

	andar	**estudiar**	**pintar**
yo	______	______	______
tú	______	______	______
él	______	______	______
nosotros	______	______	______
uds/ellos	______	______	______

	manejar	**contar**	**ir**
yo	______	______	______
tú	______	______	______
él	______	______	______
nosotros	______	______	______
uds/ellos	______	______	______

La segunda norma más importante abarca alrededor de 9,000 palabras.

• **Siempre se escribe b ante consonante*** (por tanto, siempre va vocal después de **v**).

En esta norma está la terminación o sufijo **-ble** que pueden llevar la mayor parte de los 4,200 verbos —ar, er, ir—. El sufijo **-ble** indica: posibilidad de. Ejemplos: bebi**ble**, que se puede beber; pinta**ble** que se puede pintar.

Los verbos en **-ar** tienen la terminación **-able**. Ejemplos: de soñar, so**ñable**; de amar, am**able**; de iluminar, ilumin**able**; de cantar, cant**able**.

Los verbos en **-er** e **-ir** tienen la terminación **-ible**. Ejemplos: de comer, com**ible**; de coser, cosi**ble**; de hervir, hervi**ble**; de vivir, vivi**ble**.

Algunos ejemplos son:

abarc**able**	bebi**ble**	dur**able**	favor**able**	inolvid**able**
am**able**	calcul**able**	est**able**	gradu**able**	irrit**able**
bail**able**	creí**ble**	exigi**ble**	habit**able**	labor**able**

---

* **Las consonantes de mayor frecuencia en esta norma son la r y la l y con ellas se forman los vocablos: bra, bre, bri, bro, bru; bla, ble, bli, blo, blu.**

movi**ble**
narra**ble**
posi**ble**
razona**ble**
recorda**ble**
saluda**ble**
tolera**ble**
utiliza**ble**
varia**ble**
vulnera**ble**

Con la terminación **-bilidad**, que está correlacionada con **ble**, existen, de uso común, alrededor de 100 palabras. Hay dos excepciones: movilidad y civilidad. Ejemplos: de ama**ble**, ama**bilidad**; de esta**ble**, esta**bilidad**.

Algunas palabras con **-bilidad** derivadas de **-ble**, son:

adapta**bilidad**
conta**bilidad**
credi**bilidad**
disponi**bilidad**
dura**bilidad**
facti**bilidad**
forma**bilidad**
goberna**bilidad**
honora**bilidad**
imposi**bilidad**
irrita**bilidad**
malea**bilidad**
muta**bilidad**
nota**bilidad**
opera**bilidad**
posi**bilidad**
renta**bilidad**
respeta**bilidad**
sensi**bilidad**
trata**bilidad**
universa**bilidad**
varia**bilidad**
visi**bilidad**
vulnera**bilidad**

El complemento de las palabras en que la **b** va antes de consonante son otras 850, dentro de las que existen 120 verbos a través de los cuales, con sus conjugaciones, se obtienen más de 5,000 derivaciones verbales (ver páginas 157-160 del libro de consulta).

Algunos ejemplos son:

a**bd**icar
a**bd**omen
a**bl**andar
a**bl**ución
a**bn**egar
a**br**ir
a**bs**ceso
a**bs**cisa
a**bs**olución
a**bs**oluto
a**bs**orber
a**bs**temio
a**bs**tracción
a**bs**urdo
a**by**ecto
alum**br**ar
asom**br**ar
blanco
brasa
bravo
brecha
brillante
brincar
brotar
ca**bl**ear
cere**br**o
cu**br**ir
diciem**br**e
enta**bl**ar
esta**bl**ecer
fa**br**icar
fe**br**ero
ha**bl**ar
li**br**o
mue**bl**e
nie**bl**a
no**bl**eza
o**bc**ecar
o**bj**eción
o**bj**etivo
o**bn**ubilar
o**bs**ceno
o**bs**ervar
o**bs**esión
o**bs**idiana
o**bs**oleto
o**bs**táculo
o**bs**tante
o**bs**tetricia
o**bs**tinar
o**bs**truir
o**bt**ener
o**bt**urar
o**bt**uso
o**bv**io
pala**br**a
pu**bl**icar
pue**bl**o
reco**br**ar
repú**bl**ica
sa**br**oso
sensi**bl**e
septiem**br**e
su**bc**lase
su**bs**ecuente
su**bs**idio
su**bt**eniente
su**bt**erráneo
su**bt**ítulo
voca**bl**o

EJERCICIOS

Convierte los siguientes verbos en adjetivos poniéndoles el sufijo **ble**; también conviértelos en sustantivos colocándoles la terminación **bilidad**.

aceptar ____aceptable____ ____aceptabilidad____
amar ________________ ________________

aplicar ____________ ____________
captar ____________ ____________
computar ____________ ____________
contar ____________ ____________
costear ____________ ____________
culpar ____________ ____________
creer ____________ ____________
disponer ____________ ____________
durar ____________ ____________
estar ____________ ____________
estimar ____________ ____________
mover ____________ ____________
gobernar ____________ ____________
honorar ____________ ____________
notar ____________ ____________
ocupar ____________ ____________
probar ____________ ____________
rentar ____________ ____________
respetar ____________ ____________

Sin copiar los ejemplos anteriores, escribe treinta palabras en las que vaya **b** más consonante.

________ ________ ________ ________ ________
________ ________ ________ ________ ________
________ ________ ________ ________ ________
________ ________ ________ ________ ________
________ ________ ________ ________ ________
________ ________ ________ ________ ________

La tercera norma más importante de la b abarca cerca de 3,600 palabras.

- **Siempre, después de m se escribe b** (siempre después de **n** se escribe **v**).

Esta es una regla invariable de la lengua española y cualquier palabra que se componga o españolice, si antes tenía una **n** se convertirá en **m** ante **b**. Ejemplos: El prefijo **in-** que indica negación, cambiará a **im-**: **im**batible, **im**borrable; la **n** de Colón cambiará a **m** en Colo**mb**ia; los prefijos **con** y **en** cambiarán a **com** y **em**: **com**batir, **em**beber, **em**bellecer, etc.

Con esta regla existen alrededor de 270 palabras dentro de las que existen 75 verbos con los que, al conjugarse, se obtienen 3,300 derivaciones verbales. (Ver pags. 160-161 del libro de consulta). Algunos ejemplos son:

acostu**mb**rar	ci**mb**rar	ha**mb**re	mari**mb**a	so**mb**rear
alfo**mb**rar	co**mb**inar	ha**mb**urguesa	no**mb**rar	ta**mb**ién
alu**mb**rar	dicie**mb**re	ho**mb**re	o**mb**ligo	te**mb**lar
aso**mb**rar	e**mb**arcar	i**mb**erbe	pesadu**mb**re	u**mb**ilical
bo**mb**ear	e**mb**otellar	i**mb**uir	ru**mb**o	vislu**mb**rar
bo**mb**ón	encu**mb**rar	legu**mb**re	sa**mb**laje	za**mb**ullir
ca**mb**iar	fra**mb**uesa	lo**mb**riz	se**mb**rar	zu**mb**ar

EJERCICIOS

Sin copiar los ejemplos anteriores, escribe veinte palabras que lleven **mb**.

______________ ______________ ______________ ______________ ______________

______________ ______________ ______________ ______________ ______________

______________ ______________ ______________ ______________ ______________

______________ ______________ ______________ ______________ ______________

De las siguientes palabras, pon tres derivados que conserven **mb**.

sombra	cambiar	ambición	símbolo	embotellar
______	______	______	______	______
______	______	______	______	______
______	______	______	______	______

zumbar	combatir	tambalear	embeleso	hombre
______	______	______	______	______
______	______	______	______	______
______	______	______	______	______

La cuarta regla más importante de la b abarca alrededor de 2,000 palabras.

- **Casi siempre que exista en una palabra el vocablo bu, éste se escribirá con b, sin importar que esté al inicio, intermedio o al final de la palabra.**

Con esta regla existen alrededor de 270 palabras y de ellas, 40 son verbos que al conjugarse seguirán conservando **bu** y con esto existen 1,720 derivaciones verbales que llevan dicho vocablo. Existen varias excepciones que son: bra**v**ura, con**v**ulsión, ó**v**ulo, pár**v**ulo, vál**v**ula, **v**udú, **v**uelco, **v**uelo, **v**uelta, **v**uestro, **v**ulcano, **v**uelvo, **v**ulgar y **v**ulnerable, con sus variantes. (Ver páginas 161-163 del libro de consulta.)

Algunos ejemplos son:

a**bu**chear
a**bu**ela(o)
a**bu**lia
a**bu**lón
a**bu**ltar
a**bu**ndar
a**bu**rrir
a**bu**sado
a**bu**sar
ál**bu**m
al**bú**mina
al**bu**r
am**bu**lancia
apa**bu**llar
ar**bu**sto
atri**bu**ir
auto**bú**s
bal**bu**cir
bam**bú**
bar**bu**do
bubónica
bucal

buche
Buda
budín
buena(o)
buey
búfalo
búho
buitre
bujía
bulbo
bulto
buñuelo
buque
bur**bu**ja
burlar
buró
burra(o)
bursátil
buscar
buzo
car**bu**rar
ce**bú**

cogita**bu**ndo(a)
com**bu**stible
confa**bu**lar
contri**bu**ir
deam**bu**lar
de**bu**tar
di**bu**jar
distri**bu**ir
e**bu**llición
erra**bu**ndo(a)
esca**bu**llir
escor**bu**to
fa**bu**loso
furi**bu**ndo(a)
geme**bu**ndo(a)
gló**bu**lo
ham**bu**rguesa
hidrocar**bu**ro
hierba**bu**ena
ló**bu**lo
mandí**bu**la
medita**bu**ndo(a)

micro**bú**s
mori**bu**ndo(a)
nausea**bu**ndo(a)
ne**bu**losa
patí**bu**lo
re**bu**llir
re**bu**znar
retri**bu**ir
ro**bu**sto
sa**bu**eso
sonám**bu**lo(a)
ta**bú**
ti**bu**rón
treme**bu**ndo(a)
tri**bu**
tri**bu**na
trole**bú**s
tu**bu**lar
tur**bu**lencia
vaga**bu**ndo(a)
vestí**bu**lo
zam**bu**llir

EJERCICIOS

Escribe veinte palabras que lleven el vocablo **bu**.

De las siguientes palabras, pon tres derivados que conserven **vu**.

bravura convulsión óvulo párvulo válvula

vuelco vuelo vuelta vuelvo

vuestro vulcano vulgar vulnerar

OTRAS REGLAS PARA EL USO DE LA B

• **Se escribe siempre con b el prefijo bi-, "bis- o biz-" que tiene el significado de: dos, dos veces o doble. Ejemplos:**

bicéfalo, bicolor, bimestre, bianual, bilingüe, bisexual, bióxido, biangular, bilabial, bipedo, bipolar, bimotor, bitonal, bisílaba, bígamo, bifocal, bidente.

Con el prefijo **bis-** o **biz-** sólo existen cuatro palabras: **bizabuelo, biznieto, bizcocho, bizcochero**, las cuales también están bien escritas poniéndose **s** en lugar de **z**: **bisabuelo, bisnieto, biscocho** y **biscochero**.

EJERCICIO

Pon la palabra con el significado que se pide, subrayando el prefijo **bi-**.

Que tiene dos cabezas ________________

Lápiz de dos colores ________________

El que tiene dos dientes	________________
Que tiene dos ángulos	________________
Quien habla dos idiomas	________________
Que tiene dos focos	________________
Alguien casado con dos personas	________________
Palabra de dos sílabas	________________
Que tiene dos tonos	________________
Período de dos meses	________________
Que tiene dos labios	________________
Que tiene dos lados	________________
Quien camina sobre dos pies	________________
Que tiene dos polos	________________
Pan que se cuece dos veces	________________
Avión de dos motores	________________
Quien es dos veces nieto	________________
Flor de doble sexo	________________
Que tiene dos partes de óxido	________________
Quien es abuelo dos veces	________________

• **Se escriben siempre con b los prefijos: ben-, bene-, bien-, bon-, que indican: bien, bondad, bueno.** Casi todas las palabras que existen son:

ben-	**bene-**	**bien-**	**bon-**
bendecido	**bene**factor	**bien**amado	**bon**achón
bendecidor	**bene**factoría	**bien**aventurado	**bon**anza
bendecir	**bene**ficiencia	**bien**aventuranza	**bon**dad
bendición	**bene**ficiar	**bien**aventurar	**bon**dadoso(a)
bendito	**bene**ficiario	**bien**decir	**bon**ificación
benigno	**bene**ficio	**bien**estar	**bon**ificar
	benéfico	**bien**hechor	**bon**ísimo
	benemérito	**bien**intencionado	**bon**ito
	beneplácito	**bien**oliente	**bon**o
	benevolencia	**bien**querer	
	benevolente	**bien**venida(o)	
	benévolo	**bien**vivir	

EJERCICIO

De la siguiente lista de palabras escoge la correcta para que la expresión tenga sentido: **bienhecho, bienamado, benemérito, bienvenido, beneplácito, bienestar, beneficiarios, bienolientes, bondadoso, bendición.**

1. Con ______________________ recibí el diploma que avalaba la terminación de mis estudios.
2. Sea ______________________ todo aquél que traiga una verdad entre sus labios.
3. Benito Juárez es considerado el ______________________ de las Américas.
4. Todo aprendizaje trae ______________________ al hombre.
5. Muchos ______________________ aparecieron al saberse la noticia de que el anciano don Carlos no había dejado testamento.
6. Ser ______________________ es el afán del enamorado.
7. El baño diario, aparte de darnos placer y de ser saludable, nos hace estar ______________________ .
8. Recibir la ______________________ de nuestra madre es fortificante.
9. Quien es ______________________ tiene paz y amor en su vida.
10. Ser ______________________ en cuanto se haga, asegura ser un triunfador.

• **La palabra griega bio que indica vida, se escribe con b y puede ir al principio, en medio o al final de la palabra nueva que compone.**

A las palabras siguientes búscalas en tu diccionario e indica su significado.

anfi**bio**: ______________________

anti**bió**tico: ______________________

biodegradación: ______________________

biografía: ______________________

biología: ______________________

biopsia: ______________________

biorritmo: ______________________

biósfera: ____________________

micro**bio**: ____________________

sim**bio**sis: ____________________

• **Se escribe con b la palabra griega bibli(o) que indica libro.**

Sólo como dato, Biblia, es plural de biblón y por consiguiente indica *libros* ya que en ella —la Biblia— fueron recopilados todos los libros de las tradiciones orales del pueblo Hebreo. La Biblia fue el primer libro que se hizo en grandes tirajes con la imprenta inventada por el alemán Johannes Gutenberg en 1492.

EJERCICIO

Completa las siguientes oraciones poniendo una de las palabras siguientes: bibliotecario, bibliotecología, biblioteca, Biblia, bibliofilo, bibliografía, bíblicos.

1. Las tradiciones del pueblo hebreo están en la ____________.
2. Quien ama a los libros es un ____________.
3. Todos en la escuela regalamos un libro para formar nuestra ________ ____________.
4. Los libros con mucha investigación, a través de su ____________ nos indica los libros que se consultaron.
5. La ciencia que estudia a las bibliotecas se llama ____________.
6. Los pasajes ____________ suelen tener una enseñanza moral.
7. Quien trabaja en una biblioteca es un ____________.

• **Todas las palabras que empiezan con sub- se escriben con b** (no existen palabras que empiecen con **suv**).

La mayor parte de las palabras que llevan al inicio **sub** es por el prefijo que indica: por debajo de; **sub**ordinado a. Las palabras con el prefijo **sub*-**, son:

subacuático	**sub**alterno	**sub**comisión	**sub**consciente
subafluente	**sub**clase	**sub**conciencia	**sub**cutáneo

* Obsérvese que, más del 50% de las palabras con **sub**, a su vez está contenida la correcta escritura de la **b** con la regla: Antes de consonante se escribe **b**.

subdelegación
subdesarrollo
subdirección
subdividir
subespecie
subgénero
subgobernador
subíndice
subinspector
subintendente
subjuzgar
sublevar
submarino
submúltiplo
subnormal
suboficial
subordinación
subordinado
subprefectura
subproducto
subraya
subrigadier
subrogación
subordinar
subsanar
subscribir
subsecretaría
subsecretario
subsecuencia
subsiguiente
subsistencia
subsuelo
subteniente
subterráneo
subtítulo
suburbano
suburbio
subversión
subyacer
subyugar

Otras palabras con **sub**, son:

subasta
subastar
subida
subir
súbitamente
súbito
subjetivo
subjuntivo
sublimación
sublime
subliminal
subsidiar
subsidio
subvencionar

EJERCICIO

En los espacios siguientes escribe veinte palabras que inicien con **sub-**.

______________ ______________ ______________ ______________

______________ ______________ ______________ ______________

______________ ______________ ______________ ______________

______________ ______________ ______________ ______________

______________ ______________ ______________ ______________

• **Se escribe b en los verbos terminados en -bir y sus conjugaciones.** Excepciones: hervir, servir y vivir. Todos los verbos terminados en **-bir**, son:

escri**bir**
inscri**bir**
prescri**bir**
proscri**bir**
sobrescri**bir**
transcri**bir**
circunscri**bir**
descri**bir**
cohi**bir**
desinhi**bir**
exhi**bir**
inhi**bir**
prohi**bir**
aperci**bir**
perci**bir**
reci**bir**
conce**bir**
sucum**bir**
incum**bir**
su**bir**

• **Se escribe b en las palabras que empiezan con alb** —menos alveolo y Álvaro—. Todas las que existen son:

alba
albacea
albahaca
albanés
albañil
albañilería
albaricoque
albatros
albedrío
alberca
albergador
albergar
albergue
albino
albóndiga

albor	**alborotar**	**alborozo**	**albúmina**	**alburero**
alborada	**alboroto**	**albricias**	**albur**	
alborear	**alborozar**	**álbum**	**alburear**	

• **Se escribe b en las palabras que empiezan con lab** —menos lavar con sus derivados—. Todas las palabras que existen con **lab** son:

lábaro	**labio**	**laboral**	**laborioso**
laberinto	**labial**	**laborar**	**labrador**
labia	**labor**	**laboratorio**	**labranza**

EJERCICIOS

A las siguientes palabras divídelas en sílabas e indica su significado consultando tu diccionario.

cohibir __________ __________

sucumbir __________ __________

concebir __________ __________

incumbir __________ __________

albedrío __________ __________

albacea __________ __________

albor __________ __________

laberinto __________ __________

labia __________ __________

labranza ______________ ______________________
____

En los verbos que terminan en **-bir** ¿cuáles son las tres palabras que son excepciones al escribirse con **v**?

______________ ______________ ______________

¿Cuáles son las dos excepciones que se escriben con **alv** en las palabras que empiezan con **alb**?

______________ ______________

- Escribe seis palabras derivadas de **lavar** (que es excepción de las palabras que empiezan con **lab**).

lavar ______________ ______________ ______________
______________ ______________ ______________

- **Se escribe b en las palabras que empiezan con rab, rib, rob, rub** —menos rival y rivera—. Casi todas las que existen son:

rab	**rib**	**rob**	**rub**
rabadilla	**rib**era	**rób**alo	**rub**éola
rábano	**rib**ereño	**rob**ar	**rub**í
rabí	**rib**ete	**rob**le	**rub**ia
rabia	**rib**etear	**rob**ot	**rub**icundo
rabieta	**rib**eteado	**rob**usto	**rub**idio
rabioso	**rib**onucléico		**rub**lo
rabino			**rub**orizar
rabo			**rúb**rica

- **Se escribe b en las palabras que empiezan con abo** —menos avocar—. Todas las que existen son:

abobar	**abo**fetear	**abo**minar	**abo**rigen	**abo**vedar
abocar	**abo**gado	**abo**nar	**abo**rrecer	**abo**yar
abocardar	**abo**lengo	**abo**no	**abo**rtar	
abocinar	**abo**lir	**abo**quillar	**abo**tagar	
abochornar	**abo**llar	**abo**rdar	**abo**tonar	

• **Se escribe b en las palabras que empiezan con bat y bot.** Menos: Vaticano, vaticinio, vatio y voto. Las existentes son:

bat		bot	
bata	**batidero**	**bota**	**botica**
batahola	**batir**	**botador**	**botija**
batalla	**batiente**	**botana**	**botín**
batata	**bato**	**botánica**	**botiquín**
batazo	**batracio**	**botar**	**botón**
bate	**baturro**	**botarate**	**botonar**
batea	**batuta**	**bote**	**botulismo**
batear		**botella**	
batería		**botellazo**	

EJERCICIOS

Escribe veinte palabras que empiecen con **rab, rib, rob** y **rub.**

____________ ____________ ____________ ____________ ____________

____________ ____________ ____________ ____________ ____________

____________ ____________ ____________ ____________ ____________

____________ ____________ ____________ ____________ ____________

¿Cuáles son las 2 excepciones?: ____________ ____________

Escribe veinte palabras que empiecen con **abo.**

____________ ____________ ____________ ____________ ____________

____________ ____________ ____________ ____________ ____________

____________ ____________ ____________ ____________ ____________

____________ ____________ ____________ ____________ ____________

¿Cuál es la excepción?: ____________

Escribe diez palabras que empiecen con **bat** y diez con **bot.**

____________ ____________ ____________ ____________ ____________

____________ ____________ ____________ ____________ ____________

____________ ____________ ____________ ____________ ____________

____________ ____________ ____________ ____________ ____________

¿Cuáles son las cuatro palabras que inician con **vat** o **vot**?:

__________ __________ __________ __________

- **Se escribe b en las palabras que empiezan con cabal y derivados,** y son las siguientes:

cabal	**cabalgata**	**caballeresco**	**caballista**
cábala	**cabalista**	**caballería**	**caballito**
cabalgada	**cabalístico**	**caballeriza**	**caballo**
cabalgador	**cabalmente**	**caballero**	**descabalgar**
cabalgadura	**caballada**	**caballerosidad**	**encabalgar**
cabalgamiento	**caballar**	**caballeroso**	
cabalgar	**caballerango**	**caballete**	

- **Se escribe b en las palabras que empiezan con bar y bor.** Se exceptúan vara, varado, variar, várice, varicela, variedad, varilla, vario, varón, voraz, y vorágine. Las palabras con **bar** y **bor**, son:

bar	**barbarismo**	**barda**	**barracuda**	**barril**
barahunda	**bárbaro**	**bardo**	**barranca**	**barrio**
baraja	**barbear**	**bario**	**barrenar**	**barritar**
barandal	**barbechar**	**barítono**	**barrendero**	**barro**
baratear	**barbero**	**barniz**	**barrer**	**barroco**
baratija	**barbilla**	**barómetro**	**barrera**	**barrote**
barato(a)	**barbitúrico**	**baronesa**	**barreta**	**Bartolo**
barba	**barbón**	**barra**	**barriada**	**Bartolomé**
barbacoa	**barca**	**Barrabás**	**barrica**	**barullo**
barbaján	**Barcelona**	**barrabasada**	**barricada**	**barzal**
barbarie	**barco(a)**	**barraca**	**barriga**	**barzón**
borbotar/	**bordo**	**borinqueño**	**borracho**	**borrego**
borbotear	**boreal**	**borla**	**borrador**	**borrico(a)**
borceguí	**Borgoña**	**boro**	**borradura**	**borronear**
bordar	**bórico**	**borona**	**borrar**	**borroso**
borde	**boricua**	**borra**	**borrasca**	**boruca**

EJERCICIO

Escribe diez palabras que empiecen con **cabal-**, diez con **bar-** y diez con **bor-**.

__________ __________ __________ __________ __________

__________ __________ __________ __________ __________

__________ __________ __________ __________ __________

__________ __________ __________ __________ __________

__________ __________ __________ __________ __________

__________ __________ __________ __________ __________

¿Cuáles son las palabras que inician con **var-** y **vor-**?

____________ ____________ ____________ ____________

____________ ____________ ____________ ____________

____________ ____________ ____________

- **El vocablo cub siempre se escribe con b y puede ir al inicio o intermedio de palabra.** Las siguientes palabras son casi todas las que existen:

Cuba	**cub**ierto	**cub**o	des**cub**rimiento
cubanismo	**cub**il	**cub**reasiento	des**cub**rir
cubano	**cub**ilete	**cub**rir	en**cub**ridor
cubero	**cub**ismo	con**cub**ina	en**cub**rir
cubeta	**cub**ista	con**cub**inato	in**cub**adora
cúbico(a)	**cub**ital	de**cúb**ito	in**cub**ar
cubículo	**cub**ito	des**cub**ierta(o)	re**cub**rimiento
cubierta	**cúb**ito	des**cub**ridor(a)	re**cub**rir

- **Se escribe b en todas las palabras que empiezan con hab, heb, hib.** Las siguientes son las que existen:

hab		**heb**	**hib**
haba	**habilitar**	**hebilla**	**hibernación**
habanero	**habitable**	**hebra**	**hibernar**
habano	**habitación**	**hebraico**	**híbridez**
haber	**habitante**	**hebreo**	**híbrido(a)**
habichuela	**habitar**	**hebrón**	
hábil	**hábito**		
habilidad	**habitual**		
habilidoso	**hablar**		

EJERCICIO

Según lo requieran, a las siguientes palabras compleméntalas poniéndoles: **cub, hab, heb, hib o mb**.

___ ___ ___ illa	lu ___ ___ re	tó ___ ___ ola
___ ___ ___ ierta	___ ___ ___ ismo	___ ___ ___ ridez
___ ___ ___ ra	ti ___ ___ re	___ ___ ___ o
en ___ ___ ___ rir	___ ___ ___ ernación	si ___ ___ iosis
á ___ ___ ar	costu ___ ___ re	___ ___ ___ ichuela
des ___ ___ ___ ierto	a ___ ___ ición	des ___ ___ ___ rir
ru ___ ___ o	___ ___ ___ itual	___ ___ ___ rido
ba ___ ___ a	e ___ ___ ajador	bo ___ ___ a
___ ___ ___ iertos	in ___ ___ ___ il	ta ___ ___ ién
ho ___ ___ re	___ ___ ___ ernar	___ ___ ___ er
___ ___ ___ reasientos	zu ___ ___ ido	___ ___ ___ ículo
___ ___ ___ a	___ ___ ___ ito	in ___ ___ ___ ir
___ ___ ___ reo	so ___ ___ ra	___ ___ ___ ilidad
___ ___ ___ eta	se ___ ___ lante	c ___ ___ io
___ ___ ___ itación	___ ___ ___ itar	___ ___ ___ ilitar

- **Se escriben con b hierba y sus derivados:** herbáceo, herbario, herbívoro, herbolaria y yerba.

- **Se escribe b en los vocablos bola, bole y boli.** Menos volar.

bola	**bolero**	**boliche**	**boliviano**	**hipérbola(e)**
bolazo	**boleta**	**bólido**	**bolo**	**metabolismo**
boleadoras	**boletín**	**bolígrafo**	**diabólico**	**parábola**
bolear	**boleto**	**bolillo**	**enarbolar**	

- **La palabra boca y sus derivados llevan b:**

bocacalle	**boquete**	**boquiangosto**	**desbocar**
bocado	**boquiabierto**	**boquilla**	**desboquillar**
bocanada	**boquiancho**	**boquirroto**	

- **La palabra bajo y sus derivados llevan b:**

abajeño	**bajar**	**cabizbajo**	**debajo**	**rebajar**
abajo	**bajorrelieve**	**contrabajo**	**escarabajo**	**sobajar**

• **Cabeza y banca, y las palabras que las contengan, se escriben con b:**

cabecear	**cabe**zal	des**cabe**zar	**banc**o	**banq**uete
cabeceo	**cab**izbajo	atra**banc**ar	**banq**ueta	des**banc**ar

EJERCICIO

Con las palabras que se te dan, completa las siguientes oraciones para que tengan significado.

boleta, cabizbajo, banco, bajo, baratas, herbolaria, herbívoros, boquiabierto, desboca, boletos, bolero.

1. Cuando era niño trabajé de ______________ y me gustaba darle grasa a los zapatos porque ganaba dinero.

2. Me dio mucho gusto cuando me regalaron unos ______________ para ir al cine.

3. Es peligroso cuando un caballo se ______________ porque está sin control y puede accidentarse el jinete.

4. Cuando mi hermana cierta vez se pintó el cabello de color verde, me quedé ______________ y hasta me escurrió la baba.

5. Los animales ______________ son los que comen hierba.

6. La ______________ es la ciencia que estudia a las hierbas.

7. Mi madre me compró ropa a ______________ precio por las ______________ y ofertas que había en el almacén.

8. Mi padre, cada vez que necesita dinero para un imprevisto, acude al ______________ .

9. ______________ y con las manos en las bolsas de su pantalón, caminaba triste aquel señor.

10. Me dio mucho gusto y satisfacción cuando me entregaron mi ______________ con muchos dieces de calificación.

(De las alrededor de 32,000 palabras que llevan **b**, existen más o menos 450 palabras no contenidas en reglas. Ver páginas 170-172 del libro de consulta.)

USO DE LA V

A diferencia de la letra **b** que se escribe en aproximadamente 32,000 palabras, la **v** solamente se escribe en alrededor de 8,500 palabras contándose derivaciones verbales.

La norma más importante para escribir la v contiene 2,000 palabras

- **Después de n siempre se escribe v** (siempre, después de **m** se escribe **b**).

Esta es una regla invariable del idioma español y las palabras que tienen **nv** son alrededor de 115, de las que 43 son verbos que al conjugarse se forman más de 1,900 nuevas palabras por derivaciones verbales. Algunos ejemplos son:

a**nv**erso	co**nv**ertir	e**nv**idiar	i**nv**entar	i**nv**itar
bie**nv**enida	co**nv**idar	e**nv**ío	i**nv**ertir	i**nv**ocar
co**nv**encer	co**nv**ivir	e**nv**oltura	i**nv**estigar	i**nv**olucrar
co**nv**alecer	co**nv**ocar	e**nv**olver	i**nv**estir	reco**nv**enir
co**nv**enio	e**nv**asar	i**nv**adir	i**nv**icto	rei**nv**ertir
co**nv**ento	e**nv**ejecer	i**nv**alidar	i**nv**ierno	si**nv**ergüenza
co**nv**ersar	e**nv**iar	i**nv**ariable	i**nv**isible	tra**nv**ía

EJERCICIO

En el espacio en blanco escribe **b** o **v** según corresponda, para que tenga significado la palabra.

con __ idar	en __ ase	en __ estir	preám __ ulo
am __ icioso	marim __ a	en __ ío	in __ ento
en __ oltura	zum __ ar	em __ arazar	con __ ento
cam __ iar	in __ ersión	derrum __ e	em __ rión
in __ ierno	som __ ra	en __ ejecer	in __ estigar
fram __ uesa	con __ enio	em __ ajada	tam __ ién
com __ inar	in __ icto	am __ iente	som __ rero
bam __ ú	rum __ o	in __ adir	con __ ersar
legum __ re	em __ onar	tam __ or	em __ udo
in __ isi __ le	in __ itado	tran __ ía	in __ idente

La segunda regla más importante de la v abarca a 1,030 palabras.

- **Se escriben con v las palabras que empiezan con ven- que no tienen la significación de: bien, bueno o bondadoso.**

Las palabras que empiezan con **ven-** y las palabras que compone son alrededor de 68, dentro de las que existen 23 verbos.

ven	**vendimia**	**vengar**	**ventilar**
vena	**veneciano**	**venia**	**ventisca**
venado	**venedizo**	**venial**	**ventosa**
vencer	**veneno**	**venir**	**ventral**
venda	**venerar**	**venoso**	**ventrículo**
vendaje	**venéreo**	**venta**	**ventrílocuo**
vendar	**venero**	**ventaja**	**ventura**
vendaval	**venezolano**	**ventana**	**venturanza**
vender	**venganza**	**ventarrón**	**Venus**

Algunas palabras que se componen o derivan de las anteriores, son:

advenedizo	aventurar	desvencijar	intravenosa
antivenéreo	bienaventurar	desventura	invencible
avena	compraventa	devengar	malvender
avenida	contraveneno	devenir	porvenir
avenir	contravenir	disolvente	prevenir
aventajar	desavenir	envenenar	preventivo
aventar	desprevenir	insolvente	preventa
aventón	desventaja	intervenir	sobrevenir

EJERCICIO

¿Cuándo se escribe **v** en las palabras que empiezan con **ven-** y sus derivados?

Escribe 20 palabras que lleven **ven,** ya sea al inicio o intermedio de palabra.

______________ ______________ ______________ ______________ ______________

La tercera regla más importante de la v abarca a 300 palabras.

- **Se escriben con v las palabras con el sufijo (terminación) -ivo, -iva y sus variantes.** Con la terminación **-ibo(a),** sólo existen: iba, amiba, arriba, ceiba, criba, estribo, jaiba, recibo, y sus variantes.

El sufijo **-ivo(a)** indica: "capacidad; que es...". Ejemplos: aumentativo, que aumenta; abusivo, que abusa; auditivo, que se oye; demostrativo, que demuestra.

Las palabras adjetivas con terminación **-ivo(a),** son alrededor de 300; (ver pags. 174-176 del libro de consulta). Algunos ejemplos son:

activo	deportivo	gustativo	narrativa	partitivo
adoptivo	directivo	indicativo	nativo	recordativo
atractivo	educativo	legislativo	normativo	recreativo
colectivo	ejecutivo	llamativo	nutritivo	saliva
creativo	festivo	masivo	operativo	separativo

EJERCICIO

De la siguiente lista de adjetivos con el sufijo **-ivo(a),** indica su significado. Ejemplos: alusivo, que alude; demostrativo, que demuestra.

abusivo ______________	calificativo ______________
acumulativo ______________	colectivo ______________
combativo ______________	imitativa ______________
afirmativo ______________	indicativo ______________
agresivo ______________	inexpresivo ______________
ahorrativo ______________	instructivo ______________
anticipativo ______________	limitativo ______________
apreciativo ______________	llamativo ______________
argumentativo ______________	meditativo ______________
aumentativo ______________	negativa ______________

OTRAS REGLAS PARA EL USO DE LA V

- **Después de cla, di y ol (clav, div y olv) siempre se escribe v.** (Las palabras dibujo y mandíbula son excepciones pero, a su vez, están contenidas en la regla de la **b**: Casi siempre, se escriben con **b** las palabras que tengan el vocablo **bu**).

Las palabras que llevan **clav, div** u **olv**, dentro de las cuales existen 20 verbos, son:

clavar	clavijero	adivinar	diversidad	divisa
clave	clavo	adivino	diversificar	divisar
clavecín	conclave	dádiva	diverso	división
clavel	enclavar	diva	divertir	divorciar
clavería	enclave	divagar	dividendo	divulgar
clavetear	esclavo	diván	dividir	individual
clavicordio	esclavizar	divergencia	divinizar	individuo
clavícula		divergir	divino	indivisible

desempolvar	olvidar	disolver	solvencia
polvareda	olvidable	envolvente	solventar
polvera	olvidadizo	envolver	solvente
polvo	inolvidable	resolver	
pólvora		volver	
polvorín		revolver	

EJERCICIO

Escoge tres palabras que lleven **clav**, tres palabras que tengan **div** y tres más que contengan **olv**, y con cada una escribe una oración.

1. ____________________

2. ____________________

3. ____________________

1. ____________________

2. ____________________

3. ____________________

1. ______________________________

2. ______________________________

3. ______________________________

• **Se escribe "v" en las palabras que empiezan con eva-, eve-, evi-, evo-.** Se exceptúa ébano y sus variantes ebanista y ebanistería.

Las siguientes palabras, son todas las que existen:

EVA		EVE	EVI	EVO
Eva	**evangelio**	**Evelia**	**evidencia**	**evocable**
evacuar	**evangelizar**	**evento**	**evidenciar**	**evocación**
evadir	**evaporar**	**eventual**	**evidente**	**evocar**
evaluar	**evaporizar**		**evitable**	**Evodia**
evanescencia	**evasión**		**evitar**	**evolución**
evanescer	**evasiva**			**evolucionar**
evangélico	**evasor**			**evolutivo**

• **Siempre, después de ad se escribe v.** Aunque esta regla no tiene excepciones, las palabras que llevan **adv** son pocas: **ad**venedizo, **ad**venimiento, **ad**verbial, **ad**verbializar, **ad**verbio, **ad**versario, **ad**versativo, **ad**versidad, **ad**verso, **ad**vertencia y **ad**vertir.

• **Las palabras que nombran a los números siempre llevan v.** Esta regla se aplica por dos razones:

- Todos los números partitivos (indican la parte de una unidad), tienen la terminación **-avo(a).** Ejemplos: octa**va**, once**avo**, doce**avo**, veinte**avo**, cien**avo**, etc.

- El número **nueve** es el único de los números ordinales que tiene **v**; por tanto, todos los números que tengan un nueve, éste se escribe con **v.** Ejemplos: noveno, diecinueve o diez y nueve, veintinueve, noventa, noventa y nueve, nueve mil novecientos noventa y nueve.

EJERCICIOS

Escribe al inicio: **eva, eve, evi** o **evo,** según lo requiera la palabra:

______dir	______porar	______lia
______ntualmente	______tar	______car

______ cuar	______ cadora	______ poración
______ dente	______ porable	______ lutivo
______ luar	______ lucionado	______ ntual
______ lución	______ luación	______ cable
______ denciar	______ tado	______ lución
______ table	______ ngélico	______ lucionar
______ dia	______ sivo	______ nto
______ dido	______ table	______ dencia

Escribe **eva, eve, evi o evo,** según corresponda, al inicio de palabra; y anota también la palabra de donde se deriva cada una.

eva luación	de	**evaluar**
______ cación	de	____________
______ dido	de	____________
______ dente	de	____________
______ cable	de	____________
______ table	de	____________
______ ngelista	de	____________
______ ntualidad	de	____________
______ lutivo	de	____________
______ cuación	de	____________
______ porado	de	____________

Escribe nueve números partitivos y subraya su terminación **-avo(a).**

____________ ____________ ____________

____________ ____________ ____________

____________ ____________ ____________

Escribe nueve números que en su cifra contengan el número nueve.

____________ ____________ ____________

____________ ____________ ____________

____________ ____________ ____________

• **Siempre se escribe v en la palabra latina voro(a) que indica: "comer; que se alimenta de...",** por lo mismo, esta palabra se compone con otra que indica qué es lo que se come. Ejemplos: carní**voro(a)**, frugí**voro(a)**, graminí**voro(a)**, graní**voro(a)**, herbí**voro(a)**, insectí**voro(a)**, omní**voro(a)**, piscí**voro(a)**. Se agrega el verbo de**vorar** y sus derivaciones verbales.

EJERCICIO

El que come carne es un ____________________

El que come fruta es un ____________________

El que come gramíneas es un ____________________

El que come hierba es un ____________________

El que come insectos es un ____________________

El que come de todo es un ____________________

El que come peces es un ____________________

El que come granos es un ____________________

Acción de comer con efusión ____________________

El que ha sido comido fue ____________________

• **Se escribe v en las palabras que empiezan con los prefijos vi-, "viz" y vice- que tienen el significado de: subordinación; que actúa en lugar de.**

Estos prefijos, aparte de ser aplicables a escasas palabras, son de poco uso. Ejemplos:

virrey virreino virreinato virreinal vicario	Estas palabras ya no son de uso común. Se utilizan para indicarse históricamente y, en algunos casos, en Arquitectura para mencionarse el estilo virreinal de edificios enmarcados en dicha época. La palabra vicario sí es de uso común, pero sólo en el ámbito eclesiástico cristiano, como es el caso de: vicario de Cristo, que es, uno de los títulos del Papa.
vizconde(sa)	indica: subalterno(a) del Conde. Con el prefijo **viz** sólo existe esta palabra. Este título de dignidad es casi inexistente aun en Europa; en América no existe por no haber ya virreinatos.

vice: Este prefijo sólo en casos excepcionales sigue utilizándose en algunas palabras y sus variantes, como sucede con: **vice**almirante,

vicecanciller, **vice**cónsul, **vice**presidente y **vice**rrector. **Vice,** en algunas palabras (de las pocas que existen), actualmente ha cambiado por el prefijo **sub**. Ejemplos: de **vice**gerencia a **sub-**gerencia; de **vice**gobernador a **sub**gobernador; de **vice**secretaría a **subsecretaría; de vice**tesorero a **sub**tesorero; de **vice**jefe a **sub**jefe.

EJERCICIO

Escribe la regla de las palabras que inician con **vi-** y pon cinco ejemplos:

____

____

__________ __________ __________ __________ __________

- **Se escribe v en el pasado del indicativo, y en el pasado y futuro del modo subjuntivo, de los verbos andar, estar, tener,** y en sus compuestos: **desandar, abstener, atener, contener, detener, entretener, mantener, obtener, retener** y **sostener.** Ejemplo:

	Pasado del indicativo	**Pasado del subjuntivo**	**Futuro del subjuntivo**
yo	tuve	tuviera o tuviese	tuviere
tú	tuviste	tuvieras o tuvieses	tuvieres
él	tuvo	tuviera o tuviese	tuviere
nosotros	tuvimos	tuviéramos o tuviésemos	tuviéremos
ustedes	tuvieron	tuvieran o tuviesen	tuvieren
ellos	tuvieron	tuvieran o tuviesen	tuvieren

EJERCICIOS

Conjuga, de acuerdo a lo anterior, los siguientes verbos.

	Pretérito o pasado del indicativo	**Pretérito del subjuntivo**	**Futuro del subjuntivo**
	andar	**estar**	**tener**
yo	________	________	________
tú	________	________	________
él	________	________	________
nos.	________	________	________
uds/ellos	________	________	________

	Pretérito o pasado del indicativo	Pretérito del subjuntivo	Futuro del subjuntivo
	desandar	**contener**	**detener**
yo	________	________	________
tú	________	________	________
él	________	________	________
nos.	________	________	________
uds/ellos	________	________	________
	entretener	**mantener**	**obtener**
yo	________	________	________
tú	________	________	________
él	________	________	________
nos.	________	________	________
uds/ellos	________	________	________
	retener	**sostener**	**atener**
yo	________	________	________
tú	________	________	________
él	________	________	________
nos.	________	________	________
uds/ellos	________	________	________

- **Se escribe v en los presentes del indicativo y subjuntivo, y en el imperativo, del verbo ir.**

	Presente del indicativo	Presente del subjuntivo	Imperativo
yo	voy	vaya	
tú	vas	vayas	ve tú
él	va	vaya	vaya él
nosotros	vamos	vayamos	vayamos nosotros
ustedes	van	vayan	vayan ustedes
ellos	van	vayan	vayan ellos

EJERCICIO

Redacta dos oraciones en las que el verbo **ir** derive llevando **v**.

1. ____

2. ____

• Las palabras: **voz, via, vertir, vera, velo** y **vestir**, forman los grupos siguientes:

De **voz**: alta**voz**, porta**voz**, **vo**ceador, **vo**cero, **vo**ciferación, **vo**ciferar.

De **via**: des**viar**, extra**viado**, ferro**viario**, **via**ble, **via**ducto, **via**jar, **via**lidad, **via**nda, **viá**tico.

De **vertir**: contro**vertir**, extro**vertido**, inad**vertido**, inad**vertir**, intro**vertido**, intro**vertir**, re**vertir**, **verter**, **verti**ble.

De **vera** (verdad): **vera**cidad, **Vera**cruz, **vera**z, **vere**dicto, **verí**dico, **veri**ficar, **veri**ficación.

De **velo(a)**: des**velar**, des**velo**, de**velar**, re**velar**, **vela**dor, **velar**, **velo**rio.

De **vestir**: des**vestir**, re**vestir**, sobre**vestir**, **vest**íbulo, **vest**ido, **vest**idor, **vest**uario.

EJERCICIO

De las siguientes palabras escribe cuatro palabras que se compongan o deriven.

voz	vía	vertir
________	________	________
________	________	________
________	________	________
________	________	________

vera	velo	vestir
________	________	________
________	________	________
________	________	________
________	________	________

PALABRAS IMPORTANTES QUE SE ESCRIBEN CON V

Existen seis palabras que se escriben con **v** y son importantes porque son de mucho uso y tienen muchas formas de escribirse al hacerse palabras compuestas con prefijos o al derivarse con sufijos o terminaciones verbales.

Un caso muy concreto es la palabra simple **valor** que se compone y deriva en 75 palabras más; pero cuando esta nueva palabra es un verbo, éste tiene alrededor de 43 derivaciones verbales al conjugarse en sus dos modos (indicativo y subjuntivo) y en todos los tiempos; con esto entonces, sólo con los 29 verbos que provienen de la palabra simple **valor**, se tienen 1,250 palabras por derivación verbal y todas conservarán su raíz o radical **val** que siempre e invariablemente se escribirá con **v**.

Ejemplo: Verbo in**val**idar (hacer que algo no tenga valor) (**in**: negación; **valid**: raíz de valor; **ar**: terminación verbal).

Hay que tener muy en cuenta que, cuando de una palabra simple se compongan o deriven otras, SIEMPRE en la nueva palabra existirá relación con el significado de su radical o gramema. En el caso de la palabra **valor** su radical es **val** y éste, que significa: "utilidad, eficacia, aptitud o importancia de una acción o de una cosa", estará correlacionado con las palabras subsidiarias y por lo mismo TODAS llevarán el radical **val** que es lo que da tal significado, y, por supuesto, todas se escriben con **v**.

En la siguiente lista que contiene a las 75 palabras derivadas de valor, se remarcan los verbos ya que cada uno, a su vez, tiene 43 palabras nuevas por las derivaciones verbales:

ambivalencia
ambivalente
aval
avalador
avalar
avalentado
avalentamiento
avalentar
avalentonado
avaluar
avalúo
convalecer
convaleciente
convalidar
desvalidar
desválido
desvalijar
desvalorar
desvalorizar
devaluación
devaluar
devalúo
envalentonar
equivalencia
equivalente
equivaler
evaluación
evaluar
invalidar
invalidez
inválido
invaluable
minusvalía
minusválido
plurivalencia
plurivalente
plusvalía
polivalencia
polivalente
prevalecer
prevaler
revalidación
revalidar
revaloración
revalorar
revalorización
revalorizador
revalorizar
revaluación
revaluar
sobrevalorar
sobrevaluar
supervaloración
supervalorar
vale
valencia
valentía
Valentina
valer
valerosamente
valeroso
valía
validar
validez
válido
valiente
valientemente
valija

valijar
valioso
valorar
valorativo
valorización
valorizar
valuar

Palabra simple **VIVIR:** Tener vida. Radical **viv** (y **vita**, por su origen latino).

La palabra vivir se deriva en 50 palabras, y al contener éstas a diez verbos equivale a tener 430 nuevas palabras más por las derivaciones verbales.

avivadamente
avivador
avivamiento
avivar
bienvivir
convivencia
convivio
convivir
desvivir
desvivirse
malviviente
reavivar
revitalización
revitalizar
revivir
sobreviviente
sobrevivir
supervivencia
superviviente
vida
vital
vitalicio
vitalidad
vitamina
vitaminado
vitamínico
vivacidad
vivales
vivamente
vivaracho
vivaz
vivencia
víveres
vivero
vivez
viveza
vivible
vivido
vívido
vividor
vivienda
viviente
vivificado
vivificador
vivificante
vivificar
vivíparo
vivir
vivisección
vivito
vivo

Palabra simple **VER:** Percibir por medio de los ojos. Radical **vi, ve.**

Esta palabra deriva en 63 palabras que contienen trece verbos que equivalen a 560 nuevas palabras por las derivaciones verbales.

aprovisionamiento
aprovisionar
audiovisual
avistar
avizor
clarividencia
clarividente
cosmovisión
divisable
divisar
entrevista
entrevistar
evidencia
evidenciar
evidente
imprevisible
imprevisión
imprevisto
improviso
invidente
invisible
multivisión
prever
previo
previsible
previsión
previsor
proveedor
proveeduría
proveer
providencia
providencial
próvido
provisión
provisional
provisto
revisable
revisar
revisión
revisor
revista
supervisar
supervisión
supervisor
televidente
televisado
ver
vidente
video
visar
visibilidad
visible
visiblemente
visión
visionario
vislumbrar
visor
vista
vistazo
visto
vistoso
visual
visualizar

Palabra simple **HUEVO:** Cuerpo redondeado de diferente tamaño y dureza, que producen las hembras de las aves o de otras especies animales. Radical **ova, ovi, ovo, ovu,** que se convierte en **huev** al formarse diptongo.

Esta palabra deriva en 24 palabras que contienen cinco verbos que equivalen a 215 nuevas palabras más por las derivaciones verbales.

a**huev**ado
a**huev**ar
des**ov**ar
hueva
huevar
huevera
huevero
huevo
huevón
oval
ovalado
ovalar
ovalito
óvalo
ovárico
ovario
oviducto
ovillo
ovíparo
ovoide
ovoideo
ovulación
ovular
óvulo

Palabra simple **MOVER:** Poner en movimiento. Radical **mov.**

Esta palabra deriva en 24 palabras que contienen cinco verbos que equivalen a 215 nuevas palabras más por las derivaciones verbales.

auto**móv**il
auto**mov**ilismo
auto**mov**ilista
auto**mov**ilístico
con**mov**edor
con**mov**er
con**mov**ible
ina**mov**ible
incon**mov**ible
in**móv**il
in**mov**ilidad
in**mov**ilización
in**mov**ilizado
in**mov**ilizar
movedizo
movible
movido
móvil
movilidad
movilización
movilizar
movimiento
pro**mov**er
re**mov**er

Palabra simple **NOVA, NOVI, NUEVA(O):** que no existía o no se conocía antes. Radical **nov, nuev.**

Esta palabra deriva en 27 palabras que contienen cuatro verbos que equivalen a 172 nuevas palabras más por las derivaciones verbales.

casa**nov**a
in**nov**ación
in**nov**ador
in**nov**ar
nova
novatada
novatar
novato
novedad
novedoso
novel
noviar
noviazgo
novicia
noviera
novillada
novillero
novillo
novísimo
novohispano
nueva
nuevamente
nuevo
re**nov**able
re**nov**ación
re**nov**ador
re**nov**ar

EJERCICIO

Completa las palabras poniéndoles **b** o **v**, según corresponda.

a __ sor __ er	hu __ o	pa __ ilo	in __ ierno
octu __ re	a __ eja	ur __ ano	ad __ er __ io
ra __ ioles	na __ e	ri __ era	a __ undancia
uni __ erso	ta __ la	a __ ono	in __ aluable
tra __ ajo	jo __ en	í __ amos	mara __ illa
a __ usi __ o	pa __ o	her __ or	in __ ocación
fa __ orito	li __ ro	ló __ ulo	o __ ser __ ar
to __ ogán	mó __ il	ama __ le	ad __ ertir
__ i __ enda	no __ ia	na __ aja	agrada __ le
tu __ imos	re __ és	ne __ ado	pól __ ora
tra __ ieso	sa __ io	octa __ o	ca __ allo
decli __ e	ru __ io	um __ ral	re __ uzno
__ i __ rante	ro __ le	nu __ lado	lla __ ero
ju __ ilado	ra __ o	no __ leza	llo __ izna
ser __ icio	ti __ io	ta __ aco	ha __ ilidad
aca __ ado	hue __ o	hier __ a	fá __ ula
ju __ entud	cal __ o	so __ rio	go __ ierno
in __ ento	la __ io	tra __ és	tri __ una
ja __ alina	nue __ e	__ risa	__ i __ rar
ad __ erso	nu __ e	tré __ ol	__ í __ ora

(De las alrededor de 8,500 palabras que llevan **v**, existen más o menos 380 palabras no contenidas en reglas. Ver páginas 185-186 del libro de consulta).

HOMÓFONOS

Homófono proviene del griego *homós*: igual, y *phoonée*: sonido, y son las palabras que suenan de igual modo, pero se escriben diferente y, por tanto, tienen distinto significado.

Como las letras **b** y **v** se pronuncian igual pero se escriben diferente, es conveniente conocer su escritura correcta en relación a su significado.

HOMÓFONOS CON B Y V

Coloca los homófonos de la derecha en el espacio correspondiente.

• __________ : Recipiente que emplean los peluqueros para remojar la barba. __________ : Sin contenido.	**bacía** **vacía**
• __________ : Bacteria con forma de bastoncillo. __________ : Presente de indicativo del verbo vacilar, dudar.	**bacilo** **vacilo**
• __________ : Interjección. __________ : Presente de indicativo del verbo ir.	**bario** **vario**
• __________ : Elemento químico. __________ : Variado, versátil, cambiante.	**¡bah!** **va**
• __________ : Título nobiliario. __________ : Hombre.	**barón** **varón**
• __________ : Dar base. Fundamentar. __________ : Mercado.	**bascular** **vascular**
• __________ : Inherente a la báscula. __________ : Relativo a los vasos orgánicos.	**baso** **bazo** **vaso**
• __________ : Asiento, fundamento, doy base. __________ : Víscera vascular de los organismos superiores. __________ : Recipiente.	**basar** **bazar**

- __________ : Uno de los cuatro palos de la baraja española.
  __________ : Grandes, extensos.
- __________ : Fruto carnoso silvestre parecido a la uva y la grosella.
  __________ : Cerca, obstáculo.
  __________ : Presente del subjuntivo del verbo ir.
- __________ : Hermoso.
  __________ : Pelo.
- __________ : Segunda letra del alfabeto griego.
  __________ : Filón. Derivado del verbo vetar, oponer.
- __________ : De dos dientes.
  __________ : Adivino.
- __________ : Propiedades.
  __________ : Presente del indicativo del verbo venir.
- __________ : Juego de mesa.
  __________ : Conjunto de villas.
- __________ : Cilindro alrededor del cual se arrolla un alambre para el paso de la corriente eléctrica.
  __________ : Vacuna. Relativo a bueyes y vacas.
- __________ : Tiro hecho con la pelota que rebasa algo.
  __________ : Participio femenino de volar.
- __________ : Calzado que cubre el pie y la pierna. Derivado del verbo botar.
  __________ : Acción de votar, sufragar.
- __________ : Arrojar, tirar.
  __________ : Elegir, sufragar.
- __________ : Presente del indicativo del verbo caber.
  __________ : Presente del indicativo del verbo cavar.

bastos
vastos

baya
valla
vaya

bello
vello

beta
veta

bidente
vidente

billar
villar

bienes
vienes

bolada
volada

bobina
bovina

cabe
cave

bota
vota

botar
votar

• __________ : Punta o extremo de una superficie.
__________ : Presente de cavar.

• __________ : Presente del indicativo de combinar.
__________ : Pretérito del indicativo de convenir.

• __________ : Copiar, memorizar.
__________ : Tasar impuestos.

• __________ : Planta.
__________ : Presente del subjuntivo de hervir.

• __________ : Relativo a los nabos.
__________ : Relativo a la marina.

• __________ : Inventor de la dinamita y nombre del premio anual que constituyó para los bienhechores de la humanidad (literatura; paz; fisiología y medicina; física y química; y economía).
__________ : Nuevo, principiante.

• __________ : Conspirar. Levantarse en armas.
__________ : Hacer manifiesto algo oculto o desconocido.

• __________ : Tierra nutrida por un río.
__________ : Cauce del río. Vera del río. Arroyo.

• __________ : Mujer de gran conocimiento.
__________ : Líquido —análogo a la sangre— de los vegetales.

• __________ : Pieza que sirve como conducto.
__________ : Pasado del indicativo del verbo tener.

• __________ : Letra segunda del alfabeto.
__________ : Imperativo de ir.

• __________ : Varias letras b.
__________ : Del verbo ver.
__________ : Ocasión, reiteración.

combino
convino

cabo
cavo

nabal
naval

grabar
gravar

hierba
hierva

Nobel
novel

sabia
savia

ribera
rivera

rebelar
revelar

bes
ves
vez

tubo
tuvo

be
ve

LA CONFUSIÓN QUE EXISTE ENTRE LAS LETRAS S, C, Z y X, ANTE SONIDO SUAVE

En el idioma español existe mucho la confusión para bien escribir palabras que llevan **s, c, z** o **x**, con sonido suave, porque al hablarlas se hace como si todas fueran **s**; a esto se le conoce como seseo y la confusión existe por lo siguiente:

- La **s** y la **z** siempre tienen sonido suave (pen**s**ar, **z**apato).
- La **c** tiene tres sonidos: fuerte (**c**adu**c**o, **c**uchara, a**c**ción, **c**romo); suave (**C**e**c**ilia, viven**c**ia); suave-fuerte (amane**zc**an, lu**zc**an, tradu**zc**o).
- La **x** tiene tres sonidos: fuerte-suave (expiar, "ecspiar"; tórax "toracs"); suave (Xochimilco, "Shochimilco"; xerografía "serografía"; y fuerte con sonido de **j** (México "Méjico"; Xalapa "Jalapa").

Como se podrá ver, en un momento dado las cuatro letras se pronuncian con un sonido suave y cuando hay que escribirlas es que existe la confusión de hacerlo poniendo unas por otras. Para evitar lo anterior se debe tomar en cuenta lo siguiente:

- **Las letras s y x nunca cambian a otras letras**; la **s** siempre será **s**, y la letra **x** siempre será **x**.
- La **z** se escribe **z** ante **a, o, u**, ante consonante y al final de sílaba y de palabra (ideali**za**r, dul**zo**r, a**zu**l, dura**z**no, fero**z**); y se escribe **c** ante las vocales **e, i** (de cruz, cru**ce**ta, cru**ci**ficar, encru**ci**jada; de grande**za**, engrande**ce**r, engrande**ci**do).
- La **c** es la letra más polifacética del idioma español porque, entre otras, cambia a las letras: **qu** (de ter**c**o, ter**qu**edad); **z** (de frun**c**ir, frun**z**o, frun**z**an, frun**z**amos); **zc** (de amane**c**er, amane**zc**o, amane**zc**an, amane**zc**amos); **g** (de ha**c**er, ha**g**o, ha**g**an, ha**g**amos); **j** (de produ**c**ir, produ**j**e, produ**j**o).

Por lo anterior, y para tener mejor y mayor comprensión para bien escribir la **s, c, z,** y **x**, se debe iniciar con el estudio de la **s** y la **x**, ya que ambas letras nunca cambian a otras letras; posteriormente se verán la **c** (y dentro de la **c** a la **k** y **qu**) y por último a la letra **z**.

LA LETRA S

De las veintisiete letras que componen al idioma español, la letra **s** es la que más existe en aproximadamente 145,000 palabras de uso común, pero en 110,000 no hay problema para escribirlas ya que terminan con la letra **s**, la que no es factible confundir con la **z** o **x**, porque la **s** sólo puede ir en las conjugaciones verbales (75,600), en los plurales de las palabras (26,000), en los enclíticos de pronombre plural (8,000), en algunos pocos gentilicios y en otras 250 diversas palabras. De las 35,000 palabras restantes, 15,000 llevan **s** al final de sílaba; 9,000 tienen **s** al inicio de palabra y 10,000, al inicio de sílaba; y 1,000 más tienen **s** intermedia (ver pags. 191-216 del libro de consulta).

La s tiene cuatro grandes clasificaciones: la s al final de palabra; la s al final de sílaba; la s al inicio de palabra; y la s al inicio de sílaba.

• **SIEMPRE SE ESCRIBE S AL FINAL DE PALABRA EN CONJUGACIONES, PLURALES Y GENTILICIOS** (existen 110,000). (Las 250 palabras que terminan con **-z** son adjetivos [honradez, rapidez], sustantivos [cruz, arroz] y patronímicos [hernández], [ver pags. 283-284 del libro de consulta]).

Con respecto a las conjugaciones de los 4,200 verbos, recuérdese que todas terminan sólo en las letras **n, s** o **vocal,** y con la letra **s** existen 75,600 palabras verbales a través de la primera persona del plural (nosotros) de todos los tiempos y modos, y de igual forma en la segunda persona del singular (tú), menos en el tiempo pasado del indicativo y en el imperativo. Ejemplos:

INDICATIVO

Presente
tú amas
nos. amamos

Pretérito o Pasado
nos. cantamos

Futuro
tú mirarás
nos. soñaremos

Copretérito
tú andabas
nos. mirábamos

Pospretérito
tú partirías
nos. pintaríamos

SUBJUNTIVO

Presente
tú comas
nos. comamos

Pretérito o Pasado
tú amaras o amases
nos. amáramos o amásemos

Futuro
tú partieres
nos. partiéremos

IMPERATIVO

amemos nosotros

TODAS LAS PALABRAS PLURALES SIEMPRE TERMINAN CON S

Toda palabra en singular se le convierte en plural agregándosele una **s** si termina en vocal, y **es** si tiene terminación en consonante. Las palabras que pueden convertirse en plurales son alrededor de 26,000. Algunos ejemplos son:

árbol	árboles	niño	niños	azul	azules
mesa	mesas	cancel	canceles	luz	luces
pluma	plumas	ratón	ratones	casa	casas
anillo	anillos	maestra	maestras	agresor	agresores
hoja	hojas	albur	albures	fábrica	fábricas

Dentro de las palabras plurales, se agregan los enclíticos con los pronombres: las, les, los y nos. Los enclíticos plurales de uso común son unos 8,000. (Ver pags. 58-60 del libro de consulta). Algunos ejemplos son:

acarícial**as**, acaríciales, acarícial**os**, acariciarles, acariciánd**onos**.
acomódal**as**, acomódal**es**, acomódal**os**, acomódan**os**, acomodánd**onos**.
aguántal**as**, aguántal**es**, aguántal**os**, aguántan**os**, aguantarl**os**, aguántel**os**.

Existen gentilicios —palabras que indican el origen o lugar de una persona— **que tienen la terminación -es**, que siempre se escribirá con **s**, nunca con **ez** o **ex**. A los gentilicios con terminación **-es**, se agregan los que terminan con **-ense**, que también se escriben con **s**. Ejemplos:

albanés	ghanés	montañés	ateni**ense**	hidalgu**ense**
angolés	genovés	neoleonés	canadi**ense**	jalisci**ense**
aragonés	holandés	neozelandés	cartagin**ense**	londin**ense**
barcelonés	inglés	portugués	coahuil**ense**	mexiqu**ense**
cordobés	irlandés	ruandés	costarric**ense**	morel**ense**
danés	islandés	sudanés	chihuahu**ense**	nicaragü**ense**
escocés	japonés	tailandés	durangu**ense**	parisi**ense**
finlandés	leonés	taiwanés	guerrer**ense**	rioplat**ense**
francés	libanés	vienés	guanajuat**ense**	sinalo**ense**

EJERCICIOS

Escribe la regla principal que resuelve como bien escribir la **s** en 110,000 palabras.

____

____

Escribe veinte palabras verbales (conjugación de verbos) que terminen con **s** (no copies los ejemplos que se han dado).

______ ______ ______ ______ ______
______ ______ ______ ______ ______
______ ______ ______ ______ ______
______ ______ ______ ______ ______

Escribe veinte palabras plurales en las que incluyas enclíticos (no copies los ejemplos que se han dado).

______ ______ ______ ______
______ ______ ______ ______
______ ______ ______ ______
______ ______ ______ ______
______ ______ ______ ______

Indica qué es un gentilicio y escribe cinco ejemplos que terminen con **-es** y cinco que terminen con **-ense**.

____
______ ______ ______ ______ ______
______ ______ ______ ______ ______

CASI SIEMPRE SE ESCRIBE S AL FINAL DE SÍLABA

Las palabras con **s** al final de sílaba **(as, es, is, os, us)**, considerándose derivaciones verbales y enclíticos, son 15,000. Se exceptúan varias que son:

Palabras que llevan **x** al final de sílaba:

- Las palabras que inician con los prefijos **ex-** y **-extra** que indican: exterioridad; hacia fuera; que ha dejado de ser. Ejemplos: **ex**diputado, **ex**temporáneo, **ex**traer, **extra**ordinario, **extra**oficial.

  Aparte del punto anterior, las siguientes palabras llevan **x** al final de sílaba: **mix**tificar, **mix**to, **mix**tura, **nix**tamal, **sex**ta(o), **tax**queña, **tex**til, **tex**to, **tex**tura y **yux**taponer.

Palabras que llevan **z** al final de sílaba:

- Las palabras que terminan con el sufijo **-azgo** llevan **z** al final de sílaba y son: almirant**azgo**, cacic**azgo**, comadr**azgo**, compadr**azgo**, hall**azgo**, har**tazgo**, lider**azgo**, mayor**azgo** y novi**azgo**.

  Y las 27 siguientes:

azteca
bizquear
brizna
cuzqueño
de**lez**nable
du**razno**
espe**luz**nar
gazmoñería
gaznate
gozne
graznar
izquierdo(a)
Iztacalco
Iztapalapa
jazmín
juzgar
lo**bez**no
llo**viz**nar
mazmorra
mezquino
mezquital
mezquite
pizpireta(o)
rebuznar
tepozteco
tiznar
vizcaino

Una vez eliminadas las pocas palabras que al final de sílaba tienen **x** o **z**, todas las demás palabras —15,000— (ver páginas 195-204 del libro de consulta) llevarán **s** al final de sílaba: **(as-, es-, is-, os-, us)**, de las que existen algunos grupos formados por los sufijos: **ismo**, **ista**, y **esco**.

El sufijo **-ismo** indica: doctrinas, sistemas, escuelas o movimientos (expresion**ismo**, capital**ismo**, cristian**ismo**); actitudes (individual**ismo**, optim**ismo**); actividades deportivas (alpin**ismo**, atlet**ismo**); y términos científicos (astigmat**ismo**). Son alrededor de 210 palabras.

El sufijo **-ista** significa: partidario de; inclinado a. Son alrededor de 250 palabras.

A continuación se ponen algunas palabras con el sufijo **-ismo**, de las cuales, a su vez, pueden llevar también el sufijo **-ista**: agiot**ismo**, agiot**ista**; agrar**ismo**, agrar**ista**; alpin**ismo**, alpin**ista**; antagon**ismo**, antagon**ista**; etc.

abstencion**ismo**
altru**ismo**
baut**ismo**
bud**ismo**
calvin**ismo**
capital**ismo**
dinam**ismo**
equilibr**ismo**
extrem**ismo**
fatal**ismo**
femin**ismo**
hedon**ismo**
humor**ismo**
imperial**ismo**
masoqu**ismo**
natur**ismo**
oportun**ismo**
progres**ismo**
real**ismo**
simbol**ismo**
social**ismo**
tur**ismo**
urban**ismo**
vanguard**ismo**

Las pocas palabras que llevan el sufijo **-esco** que indica: relación; inherente a; son las siguientes:

animal**esco**
bufon**esco**
caballer**esco**
canall**esco**
cantinfl**esco**
caricatur**esco**
carnaval**esco**
churriguer**esco**
dant**esco**
grot**esco**(a)
parent**esco**
picar**esco**(a)
pintor**esco**
simi**esco**
soldad**esco**

De las restantes palabras que llevan **s** al final de sílaba (ver pags. 199-204 del libro de consulta), existen 316 verbos con los cuales se forman 13,600 palabras verbales, además de más de mil enclíticos (escalarla, escucharlos, construirle, escribirnos, gastarme, etc.). Algunos ejemplos son:

abastecer	distraer	husmear	oscurecer	suspender
acostar	distribuir	ilustrar	plasmar	suspirar
adiestrar	escalar	instruir	posponer	sustentar
aislar	escribir	justificar	postrar	sustituir
bastar	escuchar	lastimar	rasgar	sustraer
buscar	fascinar	legislar	rasguñar	testificar
castigar	fustigar	manifestar	raspar	transpirar
contestar	gastar	mascar	satisfacer	traspasar
construir	gustar	mostrar	sistematizar	usted
describir	hospedar	ofuscar	sostener	vestir
disculpar	hostilizar	oscilar	subsistir	viscosidad

EJERCICIOS

Indica cuáles son los tres sufijos que siempre llevan **s** al final de sílaba.

____________________ ____________________ ____________________

A las siguientes palabras derívalas con las terminaciones **-ismo** e **ista**, que siempre llevan **s** al final de sílaba.

alpino ____________________ ____________________
Buda ____________________ ____________________
capital ____________________ ____________________
consumo ____________________ ____________________
derrota ____________________ ____________________
expresión ____________________ ____________________
fatal ____________________ ____________________
guión ____________________ ____________________
humor ____________________ ____________________
ideal ____________________ ____________________
impresión ____________________ ____________________
material ____________________ ____________________

nacional __________ __________

oscuro __________ __________

período __________ __________

raza __________ __________

real __________ __________

símbolo __________ __________

urbano __________ __________

vanguardia __________ __________

Escribe diez palabras que lleven el sufijo **-esco**.

Escribe veinte palabras, incluyendo derivaciones verbales, que lleven **s** al final de sílaba (no copies las que han dado).

LA S AL INICIO DE PALABRA

• **Generalmente se escribe sa, se, si, so, su, ante consonante, al inicio de palabra (sabio, secreto, simple, sobrio, súplica)**, y aunque existen palabras con **x, z** y **c**, que van ante **a, e, i, o, u**, más consonante, existen 750 palabras que empiezan con **s** y al haber en ellas 160 verbos, con sus conjugaciones y derivados: dor(a), ble (**sal**vador(a), **sal**vable) y enclíticos (**sálvame, sálvate, sálvese, salvándose, sálvala**), se forman alrededor de 9,000 palabras.

Las palabras que hay que tomar en cuenta porque empiezan con: **xe, xi; za, zo, zu; ce** y **ci**, todas ante consonante, son:

Con la letra **x** son únicamente, la palabra **xen**ón y las que inician con las palabras griegas: **xen**o (extranjero), **xer**o (seco) y **xil**o (madera).

Las palabras que inician con **za, zo, zu**, son las 55 siguientes:

zacapela	**za**lamería	**za**ncudo	**za**randear	**zo**reco(a)
zacate	**za**lea	**za**nganear	**za**rpa	**zo**rra(o)
Zacatecas	**za**mbo	**zá**ngano	**za**rpar	**zo**rrillo
zafar	**za**mbullir	**za**ngolotear	**za**rzamora	**zo**zobrar
zafarrancho	**Za**mora	**za**nja	**za**rzuela	**zu**mba
zafiro	**za**mpar	**za**njar	**zó**calo	**zu**mbar
zafra	**za**nahoria	**za**papico	**zo**diaco	**zu**mo
zaga	**za**nate	**za**patear	**zo**mbi	**zu**rcir
zagala(o)	**za**ncada	**za**pato	**zo**na	**zu**rdo(a)
zaguán	**za**ncadillear	**za**pote	**zo**pilote	**zu**rrar
zaguero	**za**nco	**za**r	**zo**quete	**zu**tano

En las palabras que inician con **ce** y **ci** es donde existe mayor confusión por el sonido suave que tiene la **c** y en donde, además, hay un buen número de palabras que es necesario saber cuáles son:

Las palabras que empiezan con **cent** que indican **cien** y **centro**, se escriben con **c**, las cuales son:

centavo	**cent**ígrado	**cént**uplo		**centr**al
centella	**cent**ilitro	**cent**uria		**centr**ífugo
centenar	**cent**ímetro			**centr**o
centenario	**cént**imo			**céntr**ico
centésimo	**cent**uplicar			**centr**alizar

Las palabras que inician con **cicl** y **circ** que indican **círculo**, se escriben con **c**, las que son:

cíclico	**cicl**ón	**circ**o	**circ**ular	**circ**unnavegar
ciclismo	**cícl**ope	**circ**ón	**circ**undar	**circ**unstancia
ciclista	**cicl**orama	**circ**uito	**circ**unferencia	**circ**unvolar
ciclomotor				

Las palabras que comienzan con **ce**, son:

cebada	**ce**dro	**ce**lebrar	**ce**lular	**ce**nso
cebar	**cé**dula	**cé**lebre	**ce**luloide	**ce**nsurar
cebiche	**cé**falo	**ce**leridad	**ce**lulosa	**ce**ntauro
cebolla	**ce**guera	**ce**leste	**ce**menterio	**ce**nteno
cebra	**ce**iba	**ce**lestina	**ce**mento	**ce**ntinela
cebú	**ce**ja	**cé**libe	**ce**mpasúchil	**ce**nturión
cecear	**ce**jo	**ce**lofán	**ce**na	**ce**nzontle
cecina	**ce**lada	**ce**losía	**ce**nagoso	**ce**ñir
cedazo	**ce**lador	**ce**los	**ce**nit	**ce**ño
ceder	**ce**ldilla	**ce**lta	**ce**niza	**ce**pa

cepillo	**cerdo**	**cernir**	**certidumbre**	**César**
cerámica	**cereal**	**ceroso**	**certificar**	**cesión**
cerbatana	**cerebelo**	**cerradura**	**cerúleo**	**césped**
cerca	**cerebro**	**cerrajero**	**cervantino**	**cesto**
cercar	**ceremonia**	**cerrar**	**cervatillo**	**cetáceo**
cercenar	**cereza**	**cerro**	**cerveza**	**cetrería**
cerciorar	**cerilla**	**certamen**	**cervical**	**cetro**
cerda	**cerillo**	**certero**	**cesar**	

Las palabras que inician con **ci**, son:

cibernética	**cigüeña**	**cinco**	**cirio**	**cisticercosis**
cicatear	**cilantro**	**cinchar**	**cirrosis**	**citar**
cicatriz	**cilindro**	**cine**	**ciruelo**	**cítara**
cicuta	**cima**	**cinismo**	**cirugía**	**cítrico**
cidra(o)	**cimarrón**	**cinta**	**ciscar**	**ciudad**
cifra	**címbalo**	**cintilar**	**cisma**	**cívico**
cifrar	**cimbrar**	**cintura**	**cismar**	**civilizar**
cigarra	**cimentar**	**cinturón**	**cisne**	**civismo**
cigarro	**cincelar**	**ciprés**	**cisterna**	**cizaña**

LAS PALABRAS QUE INICIAN CON **SA, SE, SI, SO, SU**.

Considerándose la importancia de corroborar esta norma (contra las muchas excepciones), a continuación se encuentran la mayor parte de las palabras que existen y dentro de ellas a los 160 verbos que se remarcan, de los cuales se forman cerca de 9,000 palabras. (Ver páginas 206-210 del libro de consulta.)

sábado	sagaz	samaritano	**satinar**	sede
sabana	sagrado	**sanar**	**satirizar**	**sedimentar**
saber	sajadura	sanatorio	**saturar**	**segar**
sabio	sala	**sancionar**	savia	**segmentar**
sabila	salami	sancocho	saxofón	**segregar**
sable	salario	sándalo	sayal	segueta
sablear	**saldar**	sandía	**sazonar**	**seguir**
saborear	**salivar**	**sanear**	sebo	según
sabotear	**salir**	**sangrar**	sección	segundo
sabueso	salitre	sano	seco	seguro
sacar	salmón	**santificar**	**secretar**	**seleccionar**
sacarina	salón	**santiguar**	secretaría	selva
saciar	**salpicar**	sapiencia	**secretear**	**sellar**
saco	salsa	**saquear**	secreto	sello
sacralizar	**saltar**	sarampión	sector	semáforo
sacrificar	salud	sardina	secuencia	semana
sacudir	**saludar**	sarro	**secundar**	semblante
saeta	salvaje	sartén	sed	semblanza
sáfico	**salvar**	satélite	seda	**sembrar**

semejar
semilla
seminario
semita
semitono
senado
sencillo
senda
senectud
sensación
sensar
sensatez
sensibilizar
sensual
sentar
sentenciar
sentimiento
sentir
señalar
señalizar
señorear
señuelo
separar
sepia
septiembre
sepultar
sequedad
séquito
ser
serenar
sereno
serie
seriedad
sermonear
serpentear
serrano
serrar
servicio
servir
sesear
seso
seudónimo
severo
sexenio
sexo
sexta
sicología
sida
siderurgia
siembra
sien
siervo
sigilo
siglo
signar
significar
siguiente
sílaba
silbar
silenciar
silueta
silla
sima
simbolizar
simetría
simiente
similar
simio
simpatizar
simplificar
simular
simultáneo
sinceridad
sincronizar
sindicato
síndrome
sinfonía
singularizar
sino
sinodal
sinónimo
sintetizar
síntoma
sintonizar
sinuosidad
sinvergüenza
siseo
sistematizar
sitiar
situar
sobaco
sobajar
sobar
soberanía
soberbia(o)
sobornar
sobrar
sobre
sobreponer
sobresalir
sobresaltar
sobrevenir
sobrevivir
sobrevolar
sobrino
sobrio
socavar
social
socializar
socio
sociología
socorrer
soda
soez
sofá
sofisticar
sofocar
soga
sojuzgar
sol
solana
solapar
solar
solaz
soldar
soledad
solemnizar
solera
solfear
solicitar
solidarizar
solidificar
sólido
solo
soltar
soltería
solucionar
solventar
sollozar
somático
sombrear
sombrío
someter
somnolencia
son
sonaja
sonar
sonata
sondear
soneto
sonorizar
sonoro
sonreír
sonrojar
sonrosar
sonsacar
sonsonete
soñar
soñolencia
sopear
sopesar
soplar
sopor
soportar
soporte
sorber
sordera
sorna
sorprender
sorpresa
sortear
sortija
sosegar
sótano
soterrar
soya
suavizar
subdelegar
súbdito
subdividir
subir
súbito
subjetivo
subjuzgar
sublevar
sublimar
subordinar
subrayar
subrogar
subsanar
subsecuente
subsidiar
subyacer
subyugar
succionar
suceder
sucesor
sucinto
suculento
sucumbir
sucursal
sudar
suela
sueldo
sueño
suerte
suéter
sufragar
sufragio
sufrir
sugerencia
sugerir
sugestionar
sujeción
sujetar
sumar
sumergir
sumir
sumiso
supeditar
superabundar
superar
superávit
superficie
superfluo
superior
supervalorar
supervisar
suplantar
suplicar
suplir
suponer
supositorio
supremo
suprimir
supurar
surcar
sureño
surgir
surtir
susodicho
susurrar
sutil
suturar

Escribe cuarenta palabras que inicien con **sa, se, si, so** y **su**.

LA S AL INICIO DE SÍLABA

Siempre se escribe s en el pronombre -se de los enclíticos, en las terminaciones -oso, -sidad, -isimo, y -sivo; y en casi todos los vocablos esa, eso y esu.

- **Siempre se escribe s en el pronombre -se de los enclíticos.**

Ésta es la norma más importante de la **s** al inicio de sílaba y con ella se forman más de 8,000 palabras ya que puede ir en los 4,200 verbos de uso común. Algunos ejemplos son:

áme**se**, áme**nse**, amándo**se**, amar**se**, suéñe**se**, suéñe**nse**, soñándo**se**, soñar**se**, béba**se**, béba**nse**, bebiéndo**se**, beber**se**, cóma**se**, cóma**nse**, comiéndo**se**, comer**se**, párta**se**, párta**nse**, partiéndo**se**, partir**se**, escribir**se**.

- **Siempre se escribe s en las terminaciones -oso(a) y -sidad**

Existen alrededor de 325 palabras que con el sufijo **-oso(a)** se hacen adjetivos calificativos derivados de sustantivos, e indican: plenitud. Ejemplos: de amistad, amist**oso(a)**; de armonía, armoni**oso(a)**; de jugo, jug**oso(a)**. (Ver pags. 212-213 del libro de consulta.)

De los adjetivos calificativos con la terminación **-oso(a)** se pueden formar también palabras con la terminación **-sidad** que, a su vez, llevan **s**. Ejemplos: fog**oso**, fogo**sidad**; grandi**oso**, grandio**sidad**; lumin**oso**, lumino**sidad**.

Las pocas palabras que tienen la terminación **-ozo(a)**, son las siguientes: alborozo, calabozo, esbozo, gozo, mozo, pozo, rebozo, sollozo y trozo.

En los ejemplos de palabras que está a continuación con la terminación **-oso(a)**, también pueden llevar el sufijo **-sidad**:

aceitoso	brioso	espantoso	minucioso	preciosa
acuoso	caballeroso	fachoso	monstruoso	primoroso
adiposo	calloso	fangoso	morboso	sedoso
afectuoso	canoso	fastuoso	moroso	sinuoso
alevosa(o)	capcioso	fogoso	nuboso	suntuoso
animoso(a)	carnoso	frondoso	nudoso	temblorosa
ansioso(a)	clamoso	generoso	ocioso	temeroso
aparatoso	copioso	grandioso	pastoso	valeroso
apestoso(a)	costroso	impetuoso	pavoroso	vaporoso
asqueroso	cremoso	jocoso	peligroso	vertiginoso
babosa(o)	cuantioso	laborioso	penoso	viscoso
belicoso	curioso	luminoso	pomposo	vistoso
boscoso	escabroso	majestuoso	poroso	voluptuoso

• **Siempre se escribe s en el adjetivo superlativo -ísimo.**

Algunos adjetivos superlativos que tienen la terminación **-ísimo**, son: **abrumadísimo**, **aceleradísimo**, **aplicadísimo**, **ciertísimo**, **cultísimo**, **delgadísimo**, **famosísimo**, **lejísimo**, **oscurísimo**, **purísimo**, **rarísimo**, **sabrosísimo**. (Ver pags. 51-52 del libro de consulta, donde se encuentran 70 ejemplos más).

• **Siempre se escribe s en el sufijo -sivo.**

Con s al inicio de sílaba, también se encuentra el sufijo **-sivo** que indica cualidad. Ejemplos: expre**sivo**, que expresa; pose**sivo** que posee; agre**sivo**, que agrede. Se exceptúan las palabras lascivo y nocivo que van con **civo**.

Casi todos los ejemplos son:

abrasivo	comprensivo	depresivo	lesivo	posesivo
abusivo	compulsivo	discursivo	masivo	progresivo
adhesivo	concesivo	evasivo	misivo	sorpresivo
agresivo	conclusivo	expresivo	obsesivo	sucesivo
alusivo	convulsivo	extensivo	ofensivo	suspensivo
aprensivo	corrosivo	impulsivo	pasivo	
cohesivo	cursivo	intensivo	permisivo	
compasivo	decisivo	incisivo	persuasivo	

• **Casi siempre se escriben con s los vocablos esa, eso, esu.** Esta norma tiene algunas excepciones, pero al existir 80 palabras que contienen a 30 verbos, con ellos se derivan más de 1,300 nuevas palabras.

Las palabras que llevan **eza, ezo, ezu**, son: adere**za**r, boste**za**r, cabe**za**, empe**za**r, endere**za**r, re**za**r, trope**za**r, come**zó**n, pescue**zo**, re**zo**ngar y re**zu**rcir.

Las palabras con **exa, exo**, son: an**exa**r, conv**exo(a)**, n**exo**, pl**exo** y s**exo**.

Las palabras que llevan los vocablos **esa, eso, esu**, son:

afranc**esa**r	cal**esa**	engru**esa**r	m**esa**	pr**esu**mir
agr**eso**r	c**esa**r	eny**esa**r	m**esa**da	proc**esa**r
ahu**esa**r	C**ésa**r	esp**esa**r	m**esa**r	prof**esa**r
ant**esa**la	c**esá**reo	fr**esa**	m**eso**carpio	progr**esa**r
ap**esa**dumbrar	cond**esa**	fr**esa**r	m**esó**n	regr**esa**r
apr**esa**r	conf**esa**r	gru**esa(o)**	m**esu**ra	sop**esa**r
apr**esu**rar	conf**eso**r	hamburgu**esa**	m**esu**rar	t**esó**n
art**esa**nía	congr**eso**	hu**eso**	milan**esa**	t**eso**nero
art**esa**no	cort**esa**no	hu**esu**do	ob**eso**	t**eso**rería
at**eso**rar	dec**eso**	il**eso**	patiti**eso**	t**eso**ro
ati**esa**r	deshu**esa**r	impr**eso**	p**esa(o)**	ti**eso**
atrav**esa**r	egr**esa**r	impr**eso**r	p**ésa**me	travi**esa**
aturqu**esa**r	embel**esa**r	ingr**esa**r	p**esa**r	turqu**esa**
b**esa**r	embel**eso**	inter**esa**r	pr**esa**	vampir**esa**
b**eso**	empr**esa**	mangan**eso**	pr**esa**giar	y**esa**r
b**esu**quear	empr**esa**rio	mayon**esa**	pr**esa**gio	y**eso**

EJERCICIOS

Escribe quince enclíticos con el pronombre **-se**.

__________ __________ __________ __________ __________

__________ __________ __________ __________ __________

__________ __________ __________ __________ __________

Escribe quince palabras con la terminación **-oso**.

__________ __________ __________ __________ __________

__________ __________ __________ __________ __________

__________ __________ __________ __________ __________

Escribe quince palabras con la terminación **-sidad**.

__________ __________ __________ __________ __________

__________ __________ __________ __________ __________

__________ __________ __________ __________ __________

Escribe quince superlativos con la terminación **-ísimo**.

Escribe quince palabras con la terminación **-sivo**.

¿Cuáles son las dos palabras que llevan **-civo**?

_______________ y _______________

Escribe veinte verbos o derivaciones verbales que lleven **esa, eso** o **esu**.

Escribe veinte palabras —no verbos— que lleven **esa, eso** o **esu**.

OTRAS REGLAS PARA EL USO DE LA S

- **Las palabras con el vocablo vers se escriben con s**, las cuales son:

adversidad	anverso	conversar	diversidad	diverso
adverso	aversión	conversión	diversificar	inversión
aniversario	controversia	converso	diversión	malversar

perversidad	reconversión	universal	versículo	verso
perversión	subversión	universo	versificar	
perverso	tergiversar	versar	versión	

• **Casi siempre se escribe s en el vocablo vis que por lo general proviene de ver**. Se excluyen: avizor, bizantino, bizarro y vizconde.

avisable	divisa	imprevisión	provisión	televisión
avisador	divisar	improvisar	provisionar	visible
avisado	divisibilidad	multivisión	revisión	visión
avisar	divisible	previsible	subdivisión	visita
aviso	división	previsor	supervisión	visón

• **Se escribe con s, la palabra casa y sus derivados.**

casa	casamentero	casateniente	casete	casita
casable	casamiento	caserío	casetera	casorio
casadero	casar	casero(a)	casilla	casucha
casado	casara	caserón	casillero	encasillar
casamentar	casaría	caseta	casino	

• **Después de ab y ob, se escribe s**, menos obcecar.

absolución	absorción	absurdo	obsequiante	observar
absoluta	abstracto		obsequiar	observatorio
absoluto	abstraer		obsequio	obsidiana
absorbente	absuelto		observancia	obsoleto

• **Se escribe s en la palabra sono (sonido), y en sus variantes.**

altisonancia	asonante	consonántico	disonante
altisonante	asonar	consonantizar	
altísono	consonancia	consonar	
asonancia	consonante	disonancia	

• **Se escribe s en la palabra pasar y sus derivados:**

acompasar	pasable	pasaporte	pasatiempo	paso
antepasado	pasaje	pasar	pase	pasodoble
compasar	pasamanería	pasarela	paseante	propasar
marcapaso	pasante	pasaría	pasear	traspasar

• **Se escribe s en las palabras que terminan con -sura**, salvo dulzura: Las pocas que existen son: basu**ra**, censura, clausura, hermosura, lisura, mesura, tersura y usura.

EJERCICIOS

Escribe diez palabras que lleven **vers**.

__________ __________ __________ __________ __________

__________ __________ __________ __________ __________

Escribe diez palabras que lleven **vis**.

__________ __________ __________ __________ __________

__________ __________ __________ __________ __________

¿Cuáles son las cuatro palabras que llevan **viz** o **biz**.

__________ __________ __________ __________

Escribe diez derivados de **casa** y diez palabras que lleven **sono**.

__________ __________ __________ __________ __________

__________ __________ __________ __________ __________

__________ __________ __________ __________ __________

__________ __________ __________ __________ __________

Escribe cinco palabras que inicien con **abs** y cinco, con **obs**.

__________ __________ __________ __________ __________

__________ __________ __________ __________ __________

Escribe diez palabras derivadas de **pasar** y ocho con **sura**.

__________ __________ __________ __________ __________

__________ __________ __________ __________ __________

__________ __________ __________ __________ __________

__________ __________ __________

¿Cuál es la palabra que termina con **-zura**? ______________

(De las alrededor de 145,000 palabras que llevan **s**, existen más o menos 500 palabras no contenidas en reglas. Ver páginas 217-219 del libro de consulta).

LA LETRA X

Las palabras que tienen **x** son apenas alrededor de 160, las que con sus variantes llegan a la cantidad de 450, y la mayor parte de ellas (230) inician con **ex**, básicamente con los prefijos **ex-**, **extra-** y algunas con **exa-** (o **hexa-**); otros grupos se componen con palabras griegas como: **oxi** (ácido), **xeno** (extranjero, extraño), **xero** (seco) y **xilo** (madera).

SIEMPRE SE ESCRIBE **X** EN EL PREFIJO **EX-** (Se pronuncia ecs)

El prefijo **ex-** indica: fuera de (exterioridad; hacia afuera) y por extensión tiene el significado: que ha dejado de ser, de estar o de tener. Ejemplos: **exánime**, con el alma de fuera, sin alma; **exnovio**, que ya no es novio; **excautivo**, que ha dejado de estar en cautiverio; Otros ejemplos son:

exalumno	**ex**combatiente	**ex**ministro	**ex**presidente
exalcalde	**ex**comunión	**ex**orbitante	**ex**presión
excarcelar	**ex**culpar	**ex**pedir	**ex**preso
excéntrico	**ex**diputado	**ex**portar	**ex**propiar
exclaustrar	**ex**esposo	**ex**presar	**ex**temporáneo

Las palabras siguientes al iniciar con **-ex**, casi todas tienen también el sentido de **ex**terioridad, hacia fuera, más allá de. Ejemplos: **ex**traer (llevar hacia fuera), **ex**peler (llevar al **ex**terior), **ex**halar (echar hacia fuera), **ex**tender (alargar, llevar más allá de lo normal).

exaltar	**ex**creción	**ex**iguo	**ex**pectativa	**ex**plorar
examen	**ex**cretar	**ex**iliar	**ex**pectorar	**ex**plotar
exangüe	**ex**cursión	**ex**imir	**ex**pedición	**ex**poner
excavar	**ex**cusar	**ex**istir	**ex**pediente	**ex**posición
exceder	**ex**edente	**éx**ito	**ex**pedito	**ex**positor
exceso	**ex**égesis	**ex**ocrino(a)	**ex**pendio	**ex**primir
excelso	**ex**égeta	**éx**odo	**ex**pensas	**ex**pulsar
excelencia	**ex**entar	**ex**ógeno	**ex**perimentar	**ex**quisito
excepción	**ex**equible	**ex**onerar	**ex**perto	**ex**tasiar
exceptuar	**ex**foliar	**ex**orable	**ex**periencia	**éx**tasis
exceso	**ex**halación	**ex**orcismo	**ex**piar	**ex**tático
excipiente	**ex**haustivo	**ex**ordio	**ex**pirar	**ex**tenuar
excitar	**ex**hibir	**ex**ótico	**ex**planada(o)	**ex**terior
excluir	**ex**hortar	**ex**pandir	**ex**playar	**ex**ternar
exclusivo	**ex**humar	**ex**pansivo	**ex**plicar	**ex**terno
excoriar	**ex**igir	**ex**pectación	**ex**plícito	**ex**terminar

extinguir	**ex**tracción	**ex**tranjero	**ex**tremidad	**ex**uberante
extirpar	**ex**tradición	**ex**traño	**ex**tractar	**ex**udar
extorsionar	**ex**traditar	**ex**trañar	**ex**tremaunción	**ex**voto

La palabra **extra**, utilizada como prefijo, es una palabra con existencia propia. Ejemplos: Un artículo extra (un artículo adicional); hacer un esfuerzo extra (hacer un esfuerzo fuera de los ya hechos).

Extra, usado como prefijo, al igual que **ex-** indica: fuera de; más allá de. Ejemplos: **extra**ordinario (fuera de lo ordinario), **extra**limitarse (estar fuera de los límites), **extro**vertirse (vertirse hacia fuera), **extra**vío (estar fuera de la vía, del camino). Otras palabras con **extra** son:

extraescolar	**extra**natural	**extra**terrenal	**extra**viar
extrajudicial	**extra**oficial	**extra**territorial	**extra**viado
extramarital	**extra**polar	**extra**uterino	**extro**vertir
extramuros	**extra**sensorial	**extra**vagante	

Las palabras siguientes y sus variantes, siempre van con x.

- **EXA** o **HEXA**, **SEX** (seis): **hexa**edro, **exa**gonal, **exá**gono, **hexa**grama, **exá**metro, **hexá**podo y **hexa**sílabo; **sex**ta, **sex**tilla, **sex**enio y **sex**enal.

- **NEXO** (unión): a**nex**ar, a**nex**ión, a**nexo**, inco**nex**ión, co**nex**ión, co**nex**ivo, co**nexo**, desco**nex**ión.

- **OXI** (ácido): anti**ox**idante, des**ox**idar, hidr**óx**ido, **ox**idable, **ox**idación, **oxi**dante, **ox**idar, **óx**ido, **oxi**genación, **oxí**geno, per**óx**ido.

- **SEXO**: a**sex**ual, bi**sex**ual, hetero**sex**ual, homo**sex**ual, **sex**ista, **sexo**logía, **se**xólogo, **sex**ualidad.

- **TÓXICO** (que envenena): a**tóxico**, autoin**toxica**ción, desin**toxica**ción, desin**toxica**r, in**toxica**ción, **toxic**idad, **toxico**logía, **toxicó**mano, **toxico**manía, **toxico**maniaco, **tox**ina.

- **XENO** (extranjero): **xeno**fobia, **xeno**filia, **xenó**fobo, **xeno**grafía, **xeno**manía.

- **XERO** (seco): **xero**copia, **xero**copiar, **xeró**filo, **xero**ftalmia, **xero**grafía, **xe**rografiar, **xeró**grafo.

- **XILO** (madera): **xiló**fago, **xiló**fono, **xilo**grafía, **xilo**gráfico, **xiló**grafo, **xi**loprotector, **xiló**rgano.

OTRAS PALABRAS QUE LLEVAN X, SON:

anorexia	convexo	látex	nixtamal	taxi
aproximar	crucifixión	laxante	ónix	taxidermia
asfixiar	dislexia	laxo	ortodoxo	taxímetro
auxiliar	dúplex	lexema	plexo	taxqueña
axila	elíxir	léxico	praxis	télex
axioma	fax	luxar	pretexto	textil
box	fénix	maxilar	profilaxis	texto
claxón	flexible	máximo(e)	próximo	textura
clímax	fluxión	mixtificar	reflexionar	tórax
cóccix/coxis	galaxia	mixto	relax	xenón
complexión	heterodoxo	mixtura	saxofón	yuxtaposición

Las palabras México, Oaxaca y **X**alapa, y sus derivados, que son de origen prehispánico, la **x** se pronuncia como **j**.

EJERCICIOS

La mayor parte de las palabras que se escriben con **x** llevan los prefijos **ex-** y **-extra**, ¿cuáles son sus significados? ______________________________

____

En el espacio a la derecha, escribe la palabra de acuerdo con el significado correspondiente.

que ya no es ministro ______________________

que no está a tiempo ______________________

que ya no es esposa ______________________

que está fuera de orbita ______________________

que no tiene culpa ______________________

que trae hacia afuera ______________________

más allá de lo natural ______________________

más allá o fuera de lo escolar______________________

vertir hacia fuera, al exterior ______________________

que está fuera del camino ______________________

¿Qué significa **exa, hexa y sex**? __________. Escribe cinco palabras:

__________ __________ __________ __________ __________

La palabra **nexo** indica ______________. Escribe cinco derivados:

__________ __________ __________ __________ __________

La palabra griega **oxi** indica ______________. Escribe cinco derivados:

__________ __________ __________ __________ __________

La palabra **sexo** y sus variantes se escriben con **x**, da cinco ejemplos:

__________ __________ __________ __________ __________

La palabra **tóxico** quiere decir: ______________. Escribe cinco palabras que lleven integrado **tóxico**.

__________ __________ __________ __________ __________

La palabra **xeno** quiere decir: ______________

Da tres ejemplos __________ __________ __________

La palabra **xero** quiere decir: ______________

Da tres ejemplos __________ __________ __________

La palabra **xilo** quiere decir: ______________

Da tres ejemplos __________ __________ __________

Escribe treinta ejemplos que lleven **x** intermedia o al final de palabra.

__________ __________ __________ __________ __________

__________ __________ __________ __________ __________

__________ __________ __________ __________ __________

__________ __________ __________ __________ __________

__________ __________ __________ __________ __________

__________ __________ __________ __________ __________

LA POLIFACÉTICA LETRA C

En el alfabeto del idioma español la letra **c** es la más polifacética y cambiante a otras letras y, por tanto, es la letra que más se debe analizar y estudiar por lo siguiente:

• LA C Y SU CORRELACIÓN CON LA K

La **c** tiene sonido fuerte de **k** en tres casos:

1) Ante las vocales **a, o, u**: **ca**sa, **co**razón, **cu**chara.
2) Ante las consonantes **l** y **r**: a**cl**amar, **cl**ase, pul**cr**o, a**cr**ílico.
3) Al final de sílaba: a**c**né, a**c**tivo, a**c**triz, afe**c**tuoso.

• LA C Y SU CORRELACIÓN CON LA QU

Toda palabra que en su última sílaba lleve **ca** o **co** y al derivarse deba conservar su sonido fuerte, pero la vocal **a, o**, cambie a vocal **i, e**, la **c** cambia a **qu**; a su vez, las palabras que tienen **que** o **qui** y al derivarse la palabra la vocal **e, i**, cambie a vocal **a, o**, la **que** o **qui** cambia a **ca** o **co.** Ejemplos:

de lo**co**: lo**que**ro	de cer**qui**ta: cer**ca**
de ar**co**: ar**que**ro	de boti**qui**ín: boti**ca**
de azte**ca**: azte**qui**smo	de ter**que**dad: ter**co**

• LA C Y SU CORRELACIÓN CON LA H

La unión de la **c** con la **h** forman la **ch**. Las palabras que llevan **ch** no representan dificultad para bien escribirlas ya que la **ch** tiene un sonido muy característico que no se confunde con otro. Ejemplos: le**ch**e, ron**ch**a, sal**ch**i**ch**a, ta**ch**e, tru**ch**a, bu**ch**e, **ch**amarra, **ch**ula, a**ch**icopalar, etc.

• LA C Y SU CORRELACIÓN CON LA Z

La **c** ante vocales **e, i**, tiene sonido suave, pero si la palabra que contiene este vocablo (tor**ce**r, ha**ce**r, frun**ci**r, co**ce**r) al derivarse deba conservar su sonido suave pero está ante vocal **a, o**, entonces la **c** se convierte en **z** (tuer**zo**, hi**zo**, frun**za**n, cue**zo**). Esta regla es la misma, pero a la inversa, respecto a la letra **z**, porque: En las palabras que la lleven, se escribe **z** ante las vocales **a, o, u**, ante consonante y al final de sílaba, y se escribe **c** ante las vocales **e, i**. Ejemplos:

cruz, cruzada, cruzado, cruzamiento, cruzar, cruzas, cruzar, cruzamos, cruzaría, cruzabas.

cruce, crucífera, crucero, cruces, cruceta, crucial, crucificar, crucifican, crucificamos, crucifijo, crucigrama, encrucijada, crucecita.

• CUANDO LA C CAMBIA AL SONIDO SUAVE-FUERTE DE ZC

Existen 131 verbos —en -ecer (106), en -acer (6), en -ocer (3) y en -ucir (16)—, los cuales, al conjugarse, la **c** de **ce** o **ci** de sonido suave, adquiere un sonido suave-fuerte al convertirse en **zc** ante **a, o**. Ejemplos:

crecer: crezca(o), crezcas, crezcamos, crezcan.
nacer: nazca(o), nazcas, nazcamos, nazcan.
conocer: conozca(o), conozcas, conozcamos, conozcan.
lucir: luzca(o), luzcas, luzcamos, luzcan.

• CUANDO LA C CAMBIA A J

Existen 13 verbos irregulares compuestos del verbo **-ducir** —auto**inducir**, **aducir**, **conducir**, copro**ducir**, **deducir**, **inducir**, intro**ducir**, **producir**, recon**ducir**, **reducir**, repro**ducir**, **seducir** y tra**ducir**— que en el pasado del indicativo y subjuntivo la **c** cambia a **j**. Ejemplo, verbo producir: produje, produjiste, produjo, produjimos, produjeron; produjera o produjese, produjeras o produjeses, produjéramos o produjésemos, produjeran o produjesen.

En virtud de todo lo anterior, para entender el correcto uso de la letra **c** según corresponda, es necesario que primero se estudie a la letra **k** y a la **qu**.

LA LETRA K
Y SU CORRELACIÓN CON LA C

Es muy importante señalar que la letra K no existe en el idioma español (no, como letra; sí, como sonido) y su función se limita a los dos casos siguientes:

1) La letra **k**, básicamente, es para escribir las palabras extranjeras que llevan esta letra. (De igual manera sucede con la letra **w** que es sólo para nombrar palabras de origen extranjero.)

Algunos ejemplos de palabras extranjeras con **k**, son:

¡Eureka! *(griega)*	Kentucky *(inglesa)*	Kuwait *(persa)*
Kafka *(checa)*	Kéops *(egipcia)*	sake *(japonesa)*
Káiser *(alemana)*	kimono *(japonesa)*	tanka *(japonesa)*
Karate *(japonesa)*	kindergarden *(alemana)*	whisky *(anglosajona)*

Cuando una palabra extranjera que contiene la letra **k** se ha españolizado, la **k** cambia a **qu** ante las vocales **e, i,** y a la letra **c** ante las vocales fuertes **a, o**, como se muestra en los siguientes ejemplos:

bi**k**ini/bi**qu**ini	tele**k**inesis/tele**qu**inesis
kermés/**qu**ermés	pó**k**er/pó**qu**er/pó**c**ar
kiosco/**qu**iosco	vod**k**a/vod**c**a

La palabra griega **kilo** que significa mil y que es usada como prefijo, también se puede escribir con **qu**, aunque es más usual escribirla con la letra **k**, como se muestra a continuación:

kilocaloría/**quilo**caloría	**kilo**metraje/**quilo**metraje
kilociclo/**quilo**ciclo	**kilo**métrico/**quilo**métrico
kilogramo/**quilo**gramo	**kiló**metro/**quiló**metro
kilolitro/**quilo**litro	**kilo**vatio/**quilo**vatio

En cuanto a las abreviaturas de las palabras con el prefijo **kilo,** se seguirán usando con la letra **k**. Ejemplos: **km**: kilómetro; **km**^{2}: kilómetro cuadrado; **kg**: kilogramo; **kv**: kilovoltio.

2) La segunda función y la más importante que tiene la **k**, es su sonido fuerte que le otorga a la **c** y a la letra compuesta **qu**, en los dos casos siguientes:

- La **c** tiene sonido de **k** ante las vocales **a, o, u: ca, co, cu (“ka, ko, ku”)**, ante **l** y **r**; y al final de sílaba. Ejemplos:

cabello, **cable**, **calificar**, **colocar**, embarcar; **colmar**, **colegial**, **comer**, **loco**, didáctico; **cuello**, **cuatro**, **cuchara**, **cubrir**, discurso; **clavel**, folclor, **crecer**, **crema**; **electoral**, **actual**, **acción**.

- La **qu** tiene sonido de **k** cuando va —única y exclusivamente— ante las vocales **e, i: que, qui ("ke, ki")**. Ejemplos:

querer, **quemar**, **quebrado**, bloquear, **pequeño**, banqueta, **querencia**. **quieto**, **quincena**, **quijote**, resquicio, requisito, tranquilo, branquia.

EJERCICIOS

¿Existe la letra **k** en palabras del idioma español? __________

¿Cuáles son las dos funciones que tiene la letra **k**?

1. ____
2. ____

Escribe diez palabras de origen extranjero que lleven **k**.

__________ __________ __________ __________ __________

__________ __________ __________ __________ __________

Cuando una palabra extranjera que lleva **k** se ha expañolizado, la **k** ante las vocales **e, i**, cambia a la letra ________ y cuando la **k** va ante la vocal **a**, cambia a la letra ________ .

La palabra griega kilo indica ________ y al tener doble ortografía se puede escribir con la letra ________ y con la letra ________ .

En los espacios siguientes escribe la palabra con el significado que se pide.

mil gramos	____________	mil vatios	____________
mil litros	____________	mil calorías	____________
mil metros	____________	mil ciclos	____________

Indica las abreviaturas de:

quilómetro cuadrado	____________	kilogramo	____________
kilómetro	____________	quilovoltio	____________

LA LETRA QU
Y SU CORRELACIÓN CON LA C

La letra **qu**, al igual que la **ch** (che) y la **ll** (doble l), es una letra compuesta (**q** + **u**), pero a diferencia de la ch y ll que pueden escribirse separadamente, la **q** no puede escribirse sola; siempre se escribirá con la **u** para quedar **qu**, y solamente puede escribirse ante las vocales **e, i,** para entonces escribirse **que** y **qui**, y siempre con sonido fuerte de **k** ("ke" y "ki"). Se exceptúan dos palabras que provienen del latín culto: quántun y quórum, que tienen la pronunciación "cuántum y cuórum".

LAS DOS NORMAS PARA ESCRIBIR QU

- Siempre se escribe **qu** ante la vocal **e** o **i** —**que, qui**— en todas las palabras con sonido fuerte de **k** ("ke" o "ki"). Ejemplos:

ad**qui**rir	chi**que**ro	fa**qui**r	obse**qui**o	re**qui**sito
al**qui**lar	colo**qui**al	fran**qui**cia	or**que**sta	se**que**dad
ana**que**l	co**que**ta	jerar**quí**a	pa**que**te	ta**qui**lla
ban**que**ta	des**qui**ciar	lí**qui**do	pe**que**ño	terrá**que**o
bar**qui**llo	empa**que**	ma**que**ta	**que**do	trá**que**a
blo**que**ar	e**qui**librio	má**qui**na	**que**so	val**qui**ria
che**que**	eti**que**ta	ní**que**l	ra**que**ta	yan**qui**

- La letra **qu** siempre cambia a **c** ante las vocales **a, o**, cuando al derivarse la palabra que tiene la **qu**, esta deba seguir conservando su sonido fuerte (de **k**) y viceversa, como se muestra a continuación.

de abani**que**o, abani**ca**r	de muñe**ca**, muñe**que**ro
de a**quí**, a**cá**	de párro**co**, parro**qui**a
de ban**que**ro, ban**co**	de bar**co**, bar**que**ro
de ar**que**ría, ar**co**	de bos**co**so, bos**que**

De igual forma sucede con los 250 verbos que terminan en **-car** (ver pags. 120-121 del libro de consulta), los que al conjugarse y cambiar la **a** por **e**, entonces **ca** cambia a **que** para seguir conservando su sonido fuerte (de K). Ejemplos: de be**car**, be**que**n, be**que**mos; de colo**car**, colo**que**s, colo**que**n; de abar**car**, abar**que**, abar**que**s; de ras**car**, ras**que**mos, ras**que**n, etc.

EJERCICIOS

A los siguientes verbos cámbialos a tres derivaciones verbales en donde la **c** cambie a **qu**. Ejemplo: explicar: expli**qué**, expli**ques**, expli**que**mos, etc.

abarcar __________ __________ __________
brincar __________ __________ __________
colocar __________ __________ __________
dedicar __________ __________ __________
explicar __________ __________ __________
fincar __________ __________ __________
gratificar __________ __________ __________
inculcar __________ __________ __________
justificar __________ __________ __________
modificar __________ __________ __________
opacar __________ __________ __________
platicar __________ __________ __________
refrescar __________ __________ __________
tocar __________ __________ __________
ubicar __________ __________ __________

De las siguientes palabras, las que lleven **que** o **qui** derívalas para que lleven **ca** o **co** y viceversa. Ejemplos: de acapul**que**ño, Acapul**co**; de cer**ca**, cer**qui**ta.

achaque	__________	blanco	__________
circo	__________	choque	__________
banquero	__________	bisquear	__________
botiquín	__________	caduquez	__________
flaquear	__________	parco	__________
porquería	__________	atacar	__________
terco	__________	búsqueda	__________
aquí	__________	roncar	__________
loquero	__________	seco	__________
monarquía	__________	aztequismo	__________

LA LETRA C

Las palabras que llevan **c** son alrededor de 6,400 (sin considerar derivaciones verbales) y la mayor parte —3,800—, no representan problema para su escritura, porque 3,250 tienen sonido fuerte (de K) y 550 están unidas a la **h** para formar el sonido inconfundible de la **ch**. Donde existe algo de confusión es en el resto de las 2,600 palabras porque en 2,200 casos la **c** va ante **e, i** (**ce, ci**) y este sonido suave se confunde con la **se** y la **si**; en las otras 400 palabras, éstas se forman con **cc, sc, zc** y **xc**.

La letra c tiene tres sonidos: sonido fuerte, sonido suave y sonido suave-fuerte.

EL SONIDO FUERTE DE LA C

- **La c siempre tiene sonido fuerte (de k) ante las vocales a, o, u; ante l y r; y al final de sílaba.** Ejemplos:

C ante **a** = **Ca** (sonido de ka) : **cara, barca, capricho, camino, carga.**
C ante **o** = **Co** (sonido de ko) : **corazón, colegio, colina, didáctico, loco.**
C ante **u** = **Cu** (sonido de ku) : **acuífero, discurso, cúspide, cultura, culto.**
C + **l** o **r** (sonido de k) : **aclamar, acrílico, clímax, clase, pulcro, cromo.**
C **al final de sílaba** (sonido de k) : **acné, activo, actriz, afectuoso, acción.**

Cambio de la letra **c** a **qu**, y de **qu** a **c**

Tal y como se acaba de ver en el capítulo anterior de la **qu**, cuando una palabra contenga el sonido fuerte de **ca** o **co** (**"ka"**, **"ko"**) —**barca, Acapulco, atrancar**— y al derivarse cambie la **a** o la **o** a vocal **e** o **i**, debiendo conservar el sonido fuerte de **k**, entonces la **c** cambia a **qu**: **barquero, acapulqueño, atranque.**

EJERCICIOS

Indica cuándo la **c** siempre tiene sonido fuerte (de **k**). ____________

____

Escribe diez palabras que lleven **ca**, diez que lleven **co** y diez que lleven **cu**.

________ ________ ________ ________ ________

________ ________ ________ ________ ________

Escribe diez palabras en las que la **c** vaya ante **l** o **r**.

Escribe diez palabras en las que la **c** vaya al final de sílaba.

EL SONIDO SUAVE DE LA C

La **c** tiene sonido suave ante las vocales **e, i,** para formar **ce** y **ci** (**Cecilia**), las que, por el actual seseo, se pronuncian como "se" y "si" ("Sesilia") y de aquí la confusión al escribirlas.

Las palabras que llevan **ce** o **ci**, sin considerar derivaciones verbales, son alrededor de 2,200, siendo 300 con **ce** y con **ci** 1,900. Dentro de estas últimas, 1,650 palabras tienen los vocablos **cia, cie, cio**, y de éstos, 1,200 son con la terminación o sufijo **-ción**; por tanto, es la norma número uno a estudiarse.

LAS TERMINACIONES -CIÓN, -SIÓN y -XIÓN

Estas tres terminaciones presentan confusión porque se pronuncian de manera parecida; pero es fácil, en un 93%, saber su correcta escritura. Las palabras que existen con **-ción** son 1,200; con **-sión**, 150; y con **-xión** sólo existen 11 palabras de uso común.

EJERCICIO

Las once palabras de uso común que terminan con **-xión**, escríbelas cuatro veces con el fin de no volverlas a confundir con **-ción** y **-sión**.

anexión (anexar, unir)	conexión (conectar, enlace)	desconexión (desconectar)	inconexión (sin conexión)
___	___	___	___
___	___	___	___
___	___	___	___
___	___	___	___

flexión (acción de doblar)	inflexión (doblar o inclinar)	irreflexión (sin pensarse)	reflexión (reflejar; tener juicio)
___	___	___	___
___	___	___	___
___	___	___	___
___	___	___	___

fluxión (Acumulación de humores en el cuerpo)	complexión (Constitución física)	crucifixión (acción de crucificar)
___	___	___
___	___	___
___	___	___
___	___	___

LAS PALABRAS CON LA TERMINACIÓN -CIÓN

De las 1,200 palabras que existen con la terminación **-ción,** con la siguiente sencilla regla se resuelve su correcta escritura en 1,040 palabras:

• **Siempre se escribe -ción cuando le anteceden las letras a, c** o **p (-ación, -cción o -pción).** Se exceptúan seis palabras: **compasión**, **evasión**, **invasión**, **ocasión**, **pasión** y **persuasión.**

El total de palabras que tienen **-ación** son 940 (ver pags. 237-240 del libro de consulta). Los 62 verbos que terminan en **-ficar** (verlos en la pag. 186 de este libro) y los 270 verbos con terminación **-izar** (verlos en la pags. 116-117 del libro de consulta), pueden derivarse con la terminación **-ación**. Ejemplos: ampli**ficar**, amplifi**cación**; certi**ficar**, certifi**cación**; grati**ficar**, gratifi**cación**; actual**izar**, actualiz**ación**; agil**izar**, agiliz**ación**; local**izar**, localiz**ación**.

Otros ejemplos de palabras que terminan con **-ación**, son:

admiración	elevación	imaginación	ocupación	salvación
circulación	facturación	inflación	orientación	superación
colocación	formación	jubilación	población	titulación
declaración	generación	marcación	preparación	tramitación
dedicación	grabación	motivación	ración	ubicación
educación	habitación	narración	reparación	vacación
elaboración	ilustración	numeración	respiración	variación

• **Siempre después de c se escribe c y, por tanto, la terminación -ción que llevan las siguientes 85 palabras**, dentro de las que se destacan las compuestas con el verbo ducir.

abstracción	deducción	insurrección	refacción
acción	destrucción	interjección	refracción
adicción	detección	intersección	reproducción
aducción	dicción	introducción	restricción
afección	dirección	inyección	resurrección
aflicción	distracción	jurisdicción	retrospección
atracción	elección	lección	satisfacción
autoinducción	erección	micción	sección
calefacción	estupefacción	obstrucción	seducción
circunspección	extracción	perfección	selección
coacción	facción	predicción	subdirección
cocción	ficción	preselección	succión
colección	fracción	producción	superproducción
conducción	fricción	protección	tracción
confección	imperfección	proyección	traducción
constricción	inacción	putrefacción	transacción
construcción	incorrección	reacción	transducción
contracción	inducción	recolección	tumefacción
contradicción	infección	reconstrucción	vivisección
convicción	infracción	redacción	
coproducción	inspección	reducción	
corrección	instrucción	reelección	

• **Siempre después de p se escribe -ción. Los ejemplos que existen son las siguientes 17 palabras:**

acepción
adopción
anticoncepción
circunscripción
concepción
corrupción
decepción
descripción
erupción
excepción
inscripción
interrupción
opción
percepción
prescripción
recepción
suscripción

La segunda norma más importante para escribir -ción.

• **Se escriben con c, las palabras que llevan consonante + ición**, menos visión, misión, cisión, colisión y prisión, con sus variantes.

Las 60 palabras que tienen **consonante + ición**, son las siguientes:

abolición
aburrición
adición
admonición
adquisición
afición
ambición
aparición
audición
bendición
coalición
cohibición
comparición
competición
composición
condición
contraposición
contrición
definición
demolición
desaparición
descomposición
desinhibición
desnutrición
disposición
edición
erudición
exhibición
expedición
exposición
extradición
imposición
inhibición
inquisición
guarnición
inanición
medición
munición
nutrición
oposición
partición
petición
posición
perdición
predisposición
premonición
preposición
prohibición
proposición
reaparición
reedición
rendición
requisición
repartición
repetición
reposición
superstición
suposición
tradición
transición

• **Los vocablos vención, función y moción, con sus variantes, se escriben con -ción.**

convención
intervención
invención
prevención
función
defunción
disfunción
hiperfunción
hipofunción
moción
automoción
conmoción
emoción
locomoción
promoción
remoción

OTRAS PALABRAS CON -CION, SON:

adjunción
asunción
canción
conjunción
devoción
discreción
distinción
disyunción
excreción
exención
extinción
extremaunción
fruición
indiscreción
loción
mención
objeción
porción
presunción
proporción
redención
sanción
secreción
sujeción
traición
unción

LAS TERMINACIONES -TENCIÓN Y -TENSIÓN

A efecto de que se conozcan y escriban bien las palabras que terminan con **-tención** o **-tensión**, a continuación se presentan:

-tención, proviene básicamente de: tener		**-tensión.**	
abstención	**intención**	distensión	**intensión**
atención	**manutención**	**extensión**	**ostensión**
contención	**obtención**	**hipertensión**	**tensión**
detención	**retención**	hipotensión	**pretensión**

LAS TERMINACIONES -UCIÓN Y -USIÓN

Existen algunas palabras que tienen la terminación **-ución** y otras **-usión.** Considerándose la importancia de escribirlas bien ya sea con **c** o **s**, a continuación se detallan:

-ución

atribución, contribución, distribución, retribución.

consecución, persecución.

constitución, destitución, institución, restitución, sustitución.

evolución, devolución, involución, revolución, contrarrevolución.

locución, interlocución.

solución, absolución, resolución, disolución.

Otras palabras son: **ablución**, **caución**, deglución, disminución, ejecución y polución.

-usión

alusión, colusión, desilusión, ilusión.

conclusión, exclusión, oclusión, reclusión.

discusión, percusión, repercusión.

fusión, confusión, difusión, efusión, infusión, profusión, radiodifusión, teledifusión, transfusión.

contusión.

EJERCICIOS

¿Cuál es la norma que resuelve la correcta escritura de 1,040 palabras que terminan con **-ción**? Indica también las seis excepciones.

____

____

____________________ ____________________ ____________________

____________________ ____________________ ____________________

Escribe veinte palabras que terminen con:

__________ación __________ación
__________ación __________ación
__________ación __________ación
__________ación __________ación
__________ación __________ación
__________ación __________ación
__________ación __________ación
__________ación __________ación
__________ación __________ación
__________ación __________ación

Escribe veinte palabras que terminen con:

__________cción __________cción
__________cción __________cción
__________cción __________cción
__________cción __________cción
__________cción __________cción
__________cción __________cción
__________cción __________cción
__________cción __________cción
__________cción __________cción
__________cción __________cción

Escribe dieciseis palabras que terminen con:

__________pción __________pción __________pción __________pción
__________pción __________pción __________pción __________pción
__________pción __________pción __________pción __________pción
__________pción __________pción __________pción __________pción

Escribe veinte palabras que terminen con **consonante + ición.**

__________ición __________ición __________ición __________ición
__________ición __________ición __________ición __________ición
__________ición __________ición __________ición __________ición
__________ición __________ición __________ición __________ición
__________ición __________ición __________ición __________ición

Cuáles son las cinco excepciones a la norma anterior:

__________isión __________isión __________isión
__________isión __________isión

Completa las palabras que llevan las siguientes terminaciones:

________vención	________vención	________vención	________vención
________función	________función	________función	________función
________moción	________moción	________moción	________moción
________tención	________tención	________tención	________tención
________tensión	________tensión	________tensión	________tensión
________ución	________ución	________ución	________ución
________ución	________ución	________ución	________ución
________usión	________usión	________usión	________usión
________usión	________usión	________usión	________usión

LAS PALABRAS QUE TERMINAN CON -SIÓN

Las palabras que terminan con **-sión**, son sólo alrededor de 150, siendo su norma más importante la siguiente:

• **Después de l y r se escribe -sión**, salvo cuatro excepciones: absorción, disercción, inserción y porción.

Las palabras en que después de **l** o **r** se escribe **-sión**, son:

animadver**sión**	distor**sión**	extor**sión**	reinver**sión**
asper**sión**	diver**sión**	impul**sión**	repul**sión**
autopropul**sión**	emer**sión**	incur**sión**	retor**sión**
aver**sión**	emul**sión**	inmer**sión**	rever**sión**
compul**sión**	espar**sión**	inver**sión**	subver**sión**
contor**sión**	ever**sión**	perver**sión**	sumer**sión**
conver**sión**	excur**sión**	propul**sión**	tor**sión**
convul**sión**	expar**sión**	pul**sión**	ver**sión**
disper**sión**	expul**sión**	reconver**sión**	

• La mayor parte de las palabras que terminan con **-sión** se determinan a través de grupos, siendo los más importantes los que tienen las siguientes terminaciones:

misión	**visión**	**presión**	**fusión**	**-cisión**
admisión	cosmovisión	compresión	confusión	abscisión
comisión	división	depresión	difusión	circuncisión
dimisión	imprevisión	descompresión	efusión	concisión
emisión	multivisión	expresión	infusión	decisión
inadmisión	previsión	impresión	profusión	imprecisión
intromisión	provisión	opresión	radiodifusión	incisión
misión	revisión	reimpresión	teledifusión	indecisión
omisión	subdivisión	represión	transfusión	precisión
permisión	supervisión	supresión		rescisión
promisión	televisión			
readmisión				
remisión				
subcomisión				
sumisión				
transmisión				

tensión	**gresión**	**cesión**	**prensión**	**clusión**
distensión	agresión	concesión	aprensión	conclusión
extensión	egresión	procesión	comprensión	exclusión
hipertensión	ingresión	recesión	incomprensión	inclusión
hipotensión	progresión	sucesión	reprensión	oclusión
intensión	regresión			reclusión
ostensión	transgresión			
pretensión				

cusión	**pensión**	**hesión**	**censión**	**lusión**
discusión	propensión	adhesión	ascensión	alusión
percusión	suspensión	cohesión	descensión	colusión
repercusión				desilusión
				ilusión

fesión	**rosión**	**sesión**	**pasión**
confesión	corrosión	sesión	pasión
profesión	erosión	obsesión	compasión

Otras palabras que llevan -sión, son: **colisión**, **dimensión**, **eclosión**, **expansión**, **explosión**, **fisión**, **mansión**, **posesión** y **prisión**.

EJERCICIOS

¿Cuál es la norma principal para escribir **-sión** al final de palabra? Indica también las cuatro excepciones

____

________________ ________________ ________________ ________________

Completa las palabras que tienen las siguientes terminaciones:

__________lsión __________lsión __________lsión __________lsión

__________lsión __________lsión __________lsión __________lsión

__________rsión __________rsión __________rsión __________rsión

__________rsión __________rsión __________rsión __________rsión

__________misión __________misión __________misión __________misión

__________misión __________misión __________misión __________misión

__________misión __________misión __________misión __________misión

__________visión __________visión __________visión __________visión

__________visión __________visión __________visión __________visión

________presión ________presión ________presión ________presión

________presión ________presión ________presión ________presión

__________fusión __________fusión __________fusión __________fusión

__________fusión __________fusión __________fusión __________fusión

__________cisión __________cisión __________cisión __________cisión

__________cisión __________cisión __________cisión __________cisión

________gresión ________gresión ________gresión ________gresión

__________cesión __________cesión __________cesión __________cesión

________prensión ________prensión ________prensión ________prensión

________clusión ________clusión ________clusión ________clusión

__________sión __________sión __________sión __________sión

__________sión __________sión __________sión __________sión

A las normas de las palabras que terminan con -ción, se agrega:

- **Casi siempre, los vocablos cia, cie y cio, se escriben con c, independientemente de que estén al inicio, intermedio o al final de palabra.**

Existen algunas excepciones con **sia, sie** y **sio**, las que hay que tener en cuenta, con sus variantes, para evitar la confusión de escribirlas con la letra **c**.

Palabras con el vocablo **sia:**

Ana**sta**sia	Atana**sia**	epilep**sia**	idiosincra**sia**	pleite**sía**
A**sia**	autop**sia**	eutana**sia**	igle**sia**	poe**sía**
afrodi**siá**co	biop**sia**	exta**siar**	li**siar**	Ru**sia**
ama**sia**to	celo**sía**	fanta**sía**	magne**sia**	trave**sía**
amne**sia**	controver**sia**	gimna**sia**	membre**sía**	
an**siar**	corte**sía**	hipocre**sía**	menopau**sia**	
antonoma**sia**	dema**sía**	Horten**sia**	per**sia**na	

Palabras con el vocablo **sie**: a**sie**nto, **sie**mbra, **sie**mpre, **sie**n, **sie**rra, **sie**rvo y so**sie**go.

Palabras con el vocablo **sio**: ce**sio**, Dioni**sio**, fi**sio**logía, gimna**sio**, y pota**sio**.

LAS PALABRAS QUE CONTIENEN CIA, CIE O CIO

Con esta regla existen alrededor de 450 palabras que, al contener 50 verbos, se forman otras 2,150, por derivaciones verbales. A esta cantidad se suman las 1,200 palabras que tienen la terminación **-ción**.

Dentro de esta norma resaltan las 200 palabras que llevan los sufijos **-encia, -ancia**, con los que se hacen adjetivos (ver pags. 253-256 del libro de consulta). Algunos ejemplos son:

abstin**encia**	ambi**cio**so	aten**encia**	**cia**nuro
abund**ancia**	ambul**ancia**	audi**encia**	**cie**lo
acari**ciar**	anun**ciar**	auspi**ciar**	**cie**mpiés
acomodati**cio**	apari**encia**	avari**ciar**	**cié**naga
acu**cio**so	apre**ciar**	benefi**ciar**	**cie**no
adolesc**encia**	arre**ciar**	Bonifa**cio**	**cie**nto
aflu**encia**	arrendati**cio**	burocr**acia**	**cie**rre
agen**ciar**	artifi**cio**	calvi**cie**	**cie**rvo
agra**ciar**	asever**ancia**	cansan**cio**	circunst**ancia**
ajusti**ciar**	aso**ciar**	car**encia**	codi**ciar**
altiplani**cie**	astring**encia**	cer**cio**rar	coher**encia**

comerciar
comparecencia
complacencia
concierto
concurrencia
conferenciar
confidencia
Confucio
congraciar
consecuencia
consonancia
constancia
contingencia
convalecencia
conveniencia
correspondencia
creencia
decadencia
deferencia
delicia
democracia
denunciar
depreciar
despacio
desquicio
diferencia
diferenciar
dirigencia
disidencia
distanciar
divorciar
docencia
edificio

eficacia
egipcio
elocuencia
emergencia
enjuiciar
enlaciar
ensuciar
enunciado
enviciar
espaciar
estridencia
evidenciar
excelencia
experiencia
exuberancia
farmacia
fiduciario
fluorescencia
fragancia
ganancia
gerencia
hacía
herencia
hospicio
Ignacio
impronunciar
incidencia
incienso
indigencia
influenciar
inherencia
inmunodeficiencia
impacientar

insistencia
instancia
intransigencia
judicial
jurisprudencia
laciar
lactancia
licenciar
maleficio
malicia
mencionar
milicia
minucia
naciente
necio
negociar
noticiar
nupcias
obstetricia
oficiar
opulencia
ortodoncia
palacio
pendenciero
perjuicio
persistencia
pertenencia
petulancia
planicie
ponencia
potenciar
preciosa
prefacio

prejuiciar
prepotencia
presenciar
procedencia
propiciar
providencia
querencia
ranciar
recurrencia
referencia
reminiscencia
repugnancia
resonancia
reticencia
rociar
saciar
sancionar
sentenciar
silenciar
socio
somnolencia
subsistencia
sugerencia
suspicacia
terciar
tolerancia
transigencia
vaciar
vehemencia
viciar
violencia
vitalicio
vivencia

EJERCICIOS

De las palabras que se escriben con **cia**, **cie** y **cio**, independientemente de que vayan al inicio, intermedio o al final de palabra, escribe las excepciones que se escriben con **sia**, **sie** y **sio**.

Palabras con **sia**: ______ ______ ______

______ ______ ______ ______

______ ______ ______ ______

Palabras con sie:

Palabras con **sio**:

De la lista de palabras con **cia, cie** y **cio**, escribe quince palabras que terminen en **-encia** y quince que terminen en **-ancia**.

encia	encia	encia	encia	encia
encia	encia	encia	encia	encia
encia	encia	encia	encia	encia
ancia	ancia	ancia	ancia	ancia
ancia	ancia	ancia	ancia	ancia
ancia	ancia	ancia	ancia	ancia

De la lista de palabras con **cia, cie** y **cio**, escribe veinte palabras que **terminen** en dichos vocablos, excluyéndose -encia y -ancia.

Escribe veinte palabras que **empiecen** con **cia, cie** o **cio**, o que vayan **intermedio** de palabra.

CC, SC, XC y ZC

• **Siempre, después de c, s, x y z se escribe c, y con ello se forma cc, sc, xc y zc.**

Nota importante: Salvo la **cc**, no existen en el idioma español palabras que lleven juntas ss, **zz** o **xx**; en caso de que exista alguna, es una palabra extranjera o inventada, como dossier (francesa), pizza (italiana), express (inglesa), y oxxo (inventada).

• **Siempre, después de c se escribe c para formar cc.** Las palabras que llevan **cc** no tienen problema para bien escribirse porque la primera **c** tiene sonido fuerte (de k) y la segunda **c** es de sonido suave al ir ante las vocales **e, i.**

Las palabras que llevan **cc**, aparte de las 85 que se forman con **-cción** que están en la pag. 168, son las que se presentan a continuación:

acceder	accionista	correccional	occidente
accesible	aleccionar	diccionario	occipital
acceso	coaccionar	equinoccio	occiso
accesorio	cóccix	fraccionamiento	perfeccionar
accidental	coleccionar	fraccionar	seleccionar
accidentar	coleccionista	inaccesible	succionar
accidente	confeccionar	infeccioso	
accionar	confeccionista	occidental	

EJERCICIO

Escribe veinte palabras que lleven **cc**; incluye palabras que terminen con **-cción.**

____________ ____________ ____________ ____________ ____________

____________ ____________ ____________ ____________ ____________

____________ ____________ ____________ ____________ ____________

____________ ____________ ____________ ____________ ____________

• **Siempre, después de s se escribe c, para formarse sc.** De las alrededor de 300 palabras que llevan **sc**, en casi la mitad no existe problema para bien escribirse porque la **c** tiene sonido fuerte al ir ante **a, o, u, r** o **l**, las cuales, quitándose derivados, son las siguientes, dentro de las que destacan las que terminan con el sufijo **-esco(a)** que indica: relativo a:

asterisco
asco
ascua
atascar
auscultar
boscaje
boscoso
brusco
bufonesco
buscapié
buscar
buscón
caballeresco
calidoscopio
cantinflesco
caricaturesco
carnavalesco
cascabel
cascabelear
cascada
cascajo
cascanueces
cascar
cáscara
cascarrabias
casco
chamuscar
charamusca
charrasca
chascarrillo
chasco
churrigueresco
chusco
cinemascope
circunscribir
ciscar
confiscar
conscripto
dantesco
descapitalizar
descollar
descontar
descontón
describir
descuartizar
discapacidad
disco
discografía
discontinuo
discordancia
discordia
discoteca
discreción
discrepancia
discrepar
discreto
disculpar
discurrir
discurso
discutir
emboscar
enfrascar
fiasco
fiscal
fisco
frasco
gresca
grotesco
hojarasca
horóscopo
hosco
inmiscuir
lambiscón
mascada
mascar
máscara
masculino
mascullar
menoscabar
microscopio
mosca
moscatel
muscular
odalisca
ofuscar
oscurantismo
oscuridad
oscuro
parentesco
pesca
pescante
pescuezo
picaresca(o)
pintoresco
prescribir
prescripción
prisco
risco
rosca
sánscrito
soldadesco
suscripción
verdusco
viscosidad

De las palabras restantes con **sc**, la **c** tiene sonido suave al ir ante **e**, **i**, y son las siguientes:

absceso
abscisa
adolescencia
antifascismo
arborescencia
ascendencia
ascender
ascenso
asceta
condescender
condiscípulo
consciencia
descendencia
descender
descentralizar
discernir
disciplinar
discípulo
doscientos
efervescencia
escena
escenificar
escenografía
escepticismo
escéptico
evanescencia
evanescer
fascículo
fascinar
fascismo
florescencia
fluorescencia
fosforescencia
imprescindible
jalisciense
lascivo
luminiscencia
miscelánea
obsceno
oscilar
piscina
piscívoro(a)
plebiscito
prescindir
putrescente
susceptible
suscitar
víscera

En cuanto a las palabras que llevan **sc**, para saber con certeza cuándo se escribe **s** y evitar el error de poner **z** o **x**, existe lo siguiente:

- Las palabras que llevan **zc** son, básicamente, por derivaciones verbales de los 131 verbos terminados en: **-ecer** (106) (mer**ecer**: merezco(a), merezcan, merezcamos); **-acer** (6) (n**acer**: nazco(a), nazcan, nazcamos); **-ocer** (3) (con**ocer**: conozco(a), conozcan, conozcamos); y en **-ucir** (16) (l**ucir**: luzco(a), luzcan, luzcamos).

- Sí se pueden confundir algunas palabras que empiezan con **esc** con las que comienzan con **exc**. En esta posible confusión de escribir una u otra, se eliminan las que llevan el prefijo **ex**, las cuales son: **excautivo, exclaustro, excombatiente, excomunión** y **exculpar.**

De igual forma, no existe problema para escribir palabras que empiezan con **esca** ya que sólo existe una, con sus variantes, que lleva **exca** y es: **exca**var, y sus derivaciones: **exca**vación, **exca**vado, **exca**vador.

Las palabras que llevan **esca-** al inicio de palabra son:

escabechar
escabeche
escala
escalar
escaldar
escalera
escalinata
escalofriante
escalofrío
escalón
escama
escamar
escamotear
escampar
escandalizar
escándalo
escandinavo
escaño
escapar
escaparate
escapulario
escarabajo
escaramuza
escarbar
escarceo
escarcha
escarlata
escarmenar
escarmentar
escarnecer
escarnio
escarpar
escasear
escatimar
escavar

De forma similar a lo anterior, tampoco existe problema con algunas palabras que tienen mucho uso y que llevan **sc**, las cuales son:

escena
escenario
escénico
escenificar
escenografía
escoba
escoger
escolar
escolaridad
escolta
escombrar
esconder
escondite
escopeta
escorpión
escote
escribir
escritor
escritorio
escritura
escuadra
escuchar
escudo
escuela
escuincle
esculcar
esculpir
escultor
escultural
escupir
escurrir

EJERCICIOS

Escribe diez palabras que **terminen** con **-esco(a).**

_______esco _______esca _______esco _______esca _______esco

_______esco _______esca _______esco _______esca _______esco

Escribe quince palabras en las que después de **sc** lleven **a, o, u, r** o **l**; excluye las que terminan con -esco(a).

_______ _______ _______ _______ _______

_______ _______ _______ _______ _______

_______ _______ _______ _______ _______

Escribe quince palabras en las que después de **sc** vaya **e** o **i**.

_______ _______ _______ _______ _______

_______ _______ _______ _______ _______

_______ _______ _______ _______ _______

Escribe quince palabras que **inicien** con:

esca_______ esca_______ esca_______ esca_______ esca_______

esca_______ esca_______ esca_______ esca_______ esca_______

esca_______ esca_______ esca_______ esca_______ esca_______

- **Siempre después de x se escribe c.**

Las palabras que llevan **xc** se caracterizan porque les antecede una **e** para formar **exc** que siempre está al inicio de palabra, la mayoría de ellas con el prefijo **ex-**.

Las palabras que llevan **exc**, son las siguientes, y a efecto de que las recuerdes y escribas bien, repítelas en cada espacio.

excavar	_______	exceptuar	_______
excedente	_______	exceso	_______
exceder	_______	excesivo	_______
excelencia	_______	excipiente	_______
excelente	_______	excitar	_______
excelso	_______	exclaustro	_______
excéntrico	_______	excluir	_______
excepción	_______	exclusivo(a)	_______
exclusión	_______	excursión	_______

exclusividad	______________	excursionista	______________
excoriar	______________	excusa	______________
excoriación	______________	excusable	______________
excreción	______________	excusado(a)	______________
excremento	______________	excusar	______________

EL SONIDO SUAVE-FUERTE DE LA C AL CAMBIAR A ZC

El cambio que tiene la **c** al sonido suave-fuerte de **zc**, obedece a los 131 verbos que terminan en: 106 en **-ecer** (se excluye el verbo mecer); los 13 verbos compuestos con **ducir**; 6, con **-acer** representados por **nacer** y **renacer**, **placer** y compl**acer**, **yacer** y suby**acer** (se excluye hacer); 3 en **-ocer** con los verbos con**ocer**, descon**ocer**, recon**ocer**; y 3 con: **lucir**, des**lucir** y re**lucir**. Todos estos verbos al conjugarse, la **c** se convierte en **zc** de la siguiente forma:

Verbo	*Presente del indicativo 1ª persona*	*Presente del subjuntivo*	*Imperativo*
amane**cer**	yo amane**zc**o	yo/él amane**zc**a tú amane**zc**as nos. amane**zc**amos uds./ellos amane**zc**an	amane**zc**a él amane**zc**amos nos. amane**zc**an uds./ellos
nacer	yo na**zc**o	yo/él na**zc**a tú na**zc**as nos. na**zc**amos uds./ellos na**zc**an	na**zc**a él na**zc**amos nos. na**zc**an uds./ellos
pro**ducir**	yo produ**zc**o	yo/él produ**zc**a tú produ**zc**as nos. produ**zc**amos uds./ellos produ**zc**an	produ**zc**a él produ**zc**amos nos. produ**zc**an uds./ellos

Algunos ejemplos de verbos en **-ecer**, son: adolecer, adormecer, anochecer, convalecer, envejecer, embellecer, endurecer, padecer, parecer, permanecer, rejuvenecer, restablecer, robustecer (ver pags. 130-131 del libro de consulta), y los verbos en **-ducir**: aducir, conducir, deducir, producir, etc.

Existen los verbos: mezclar, pellizcar y pizcar, en cuya estructura ya contienen **zc** que conservarán en todas sus conjugaciones.

A los verbos anteriores se agregan las siguientes palabras que contienen también **zc**: almizcle, bizco (o bisco), blancuzco, blanduzco, Cuzco, mezcal, mezcalero, mezclilla, mezcolanza, negrizco y negruzco.

Los verbos con terminación en **-ecer, -ocer** y **-ucir**, a su vez, la mayor parte de ellos pueden llevar la terminación **-cimiento** que también va con **c**. Ejemplos:

abaste**cimiento**	desfalle**cimiento**	esclare**cimiento**	pade**cimiento**
aconte**cimiento**	embelle**cimiento**	estable**cimiento**	rena**cimiento**
agrade**cimiento**	engrande**cimiento**	lu**cimiento**	resplande**cimiento**
cono**cimiento**	enrique**cimiento**	mere**cimiento**	robuste**cimiento**
cre**cimiento**	enveje**cimiento**	ofre**cimiento**	ya**cimiento**

EJERCICIOS

De los 131 verbos que terminan en **-ecer, -acer, ocer** y **-ucir** y que al conjugarse la **c** cambia a **zc**, encontrarás 30 ejemplos a los cuales deberás poner una terminación verbal que lleve **zc**. Ejemplo: nacer: nazco, nazca, nazcas, nazcamos, nazcan, etc.

desvanecer	______________	apetecer	______________
empobrecer	______________	amanecer	______________
establecer	______________	carecer	______________
conocer	______________	crecer	______________
enternecer	______________	oscurecer	______________
obedecer	______________	embellecer	______________
fallecer	______________	enrojecer	______________
envejecer	______________	fortalecer	______________
enrojecer	______________	placer	______________
enrarecer	______________	renacer	______________
lucir	______________	reconocer	______________
endurecer	______________	relucir	______________
enfurecer	______________	palidecer	______________
aparecer	______________	robustecer	______________
adormecer	______________	parecer	______________

Escribe las siguientes palabras añadiendo **-cimiento** y **cido**. Ejemplo: rejuvenecer: rejuvene**cimiento**, rejuvene**cido**.

adormecer		
carecer		
crecer		
embellecer		
enaltecer		
endurecer		
enfurecer		
enrarecer		
enrojecer		
entumecer		
envejecer		
ofrecer		
florecer		
guarecer		
merecer		

LOS VERBOS DUCIR Y HACER

Existen dos verbos muy importantes que contienen **c** en su estructura simple y al componerse con prefijos o derivarse con sufijos o desinencias verbales, siguen conservando la letra **c**; estos verbos son **ducir** y **hacer**.

EL VERBO LATINO DUCIR (ducere, en latín), aunque nunca se usó en español, indica: guiar. Pero si bien es cierto que no se usa como verbo simple, sí se usa mucho con trece prefijos y con ello se tienen trece verbos compuestos, con los que, al conjugarse, se tiene de vocabulario más de 550 palabras a través de las terminaciones verbales, además de las palabras que se derivan y componen.

A continuación se encuentran los 13 verbos que se componen con prefijos y el verbo latino **ducir**, lo que es importante observar porque, son de los verbos más irregulares que existen ya que la **c** se convierte en **zc**, en **cc** en **ct** y en **j**, como se muestra a continuación:

Verbo compuesto	Cambio de **c** a **cc**	Cambio de **c** a **ct**	Cambio de **c** a **zc** y **j**
aducir	aduc**c**ión	adu**ct**o(r)	adu**z**can
autoinducir	autoinduc**c**ión	autoindu**ct**o(r)	autoindu**j**o
conducir	conduc**c**ión	condu**ct**o(r)	condu**z**co

Verbo compuesto	Cambio de **c** a **cc**	Cambio de **c** a **ct**	Cambio de **c** a **zc** y **j**
coproducir	coproducción	coproducto(r)	coprodujo
deducir	deducción	deductor	deduzcamos
inducir	inducción	inductor	indujeron
introducir	introducción	introductor	introduzcas
producir	producción	producto(r)	produzco
reconducir	reconducción	reconductor	reconduzcan
reducir	reducción	reducto(r)	reduje
reproducir	reproducción	reproductor	reprodujo
seducir	seducción	seductor	seduzco
traducir	traducción	traductor	traduje

Otras palabras que se derivan o componen, son: acue**ducto**, autopro**ducción**, con**ducencia**, con**ducta**, con**ducti**vilidad, con**ductible**, con**ductismo**, con**ductista**, con**ducti**vidad, con**ductivo**, contrapro**ducente**, **ducto**, **dúctil**, **ductivo**, **ductor**, gaso**ducto**, impro**ductivo**, oleo**ducto**, ovi**ducto**, re**ducto**, salvocon**ducto** y via**ducto**, entre otras.

LA PALABRA HACER es la más rica del idioma español pues con significación de **hacer** se correlacionan más de 4,000 palabras, sobre todo, por las derivaciones verbales de los más de 71 verbos que contienen la misma raíz y por enclíticos.

El verbo **hacer** del latín **facer, facere**, contiene, entre otras, las terminaciones **-facción, -facto, -fección, -fecto, -ficar, -ficación y -fico.** Esto es digno de tomarse en cuenta porque todas las palabras que se compongan o deriven, tendrán, invariablemente, la raíz **hacer** y, por tanto, su significación. Veremos así, y ante todo entenderemos etimológicamente, el significado u origen de muchas palabras que tantas veces hemos dicho o visto y sólo someramente las hemos comprendido.

PALABRAS QUE SE DERIVAN DEL VERBO HACER:

FACCIÓN: cale**facción**, **facción**, licue**facción**, putre**facción**, re**facción**, re**faccionar**, re**faccionaria**, satis**facción**, tume**facción**.

FACTO

bene**factor**	**factibilidad**	**factoría**	manu**facturación**
bene**factoría**	**facto**	**factura**	putre**facto**
cale**factor**	**factor**	**facturación**	tume**facto**
cale**factorio**	**factoración**	**facturar**	
estupe**facto**	**factoraje**	manu**factura**	
factible	**factorar**	manu**facturar**	

FECCIÓN: afección, confección, imperfección, infección, perfección, perfeccionamiento, perfeccionar.

FICAR / FICACIÓN

En la lista de verbos que a continuación se detalla, **ficar** se correlaciona, a su vez, con **-ción,** la que siempre se escribe con **c**, ya que en todos los casos la terminación es **-ación**. Ejemplos: de ampli**ficar**, amplific**ación**; de boni**ficar**, bonific**ación**; de cali**ficar**, cali**ficación**, etc. Los verbos terminados en **ficar** indican **hacer**. Ejemplos: dulci**ficar**: hacer dulce; paci**ficar**: hacer paz; gasi**ficar**: hacer gas; grati**ficar**: hacer grato; certi**ficar**: hacer cierto; etc.

autentificar	**descalcificar**	**fortificar**	**osificar**	**significar**
beatificar	**descalificar**	**fructificar**	**personificar**	**simplificar**
calcificar	**dismitificar**	**glorificar**	**petrificar**	**solidificar**
certificar	**dignificar**	**identificar**	**planificar**	**testificar**
clarificar	**diversificar**	**intensificar**	**purificar**	**tipificar**
clasificar	**dosificar**	**justificar**	**ramificar**	**unificar**
codificar	**ejemplificar**	**magnificar**	**ratificar**	**verificar**
crucificar	**electrificar**	**mitificar**	**rectificar**	**versificar**
cuantificar	**escenificar**	**modificar**	**reedificar**	**vivificar**
damnificar	**especificar**	**mortificar**	**sacrificar**	**zonificar**
deificar	**falsificar**	**notificar**	**santificar**	

FECT(O)

a**fect**able	a**fect**uosidad	e**fect**o	per**fect**ible
a**fect**ación	a**fect**uoso	e**fect**uar	per**fect**o
a**fect**ar	de**fect**o	imper**fect**o	pre**fect**o
a**fect**ividad	de**fect**uoso	in**fect**ar	pre**fect**ura
a**fect**o	e**fect**ivo	per**fect**ibilidad	re**fect**orio

FICO(A)

anticientí**fico**	edi**fica**nte	malé**fico**	vivi**fica**ción
bené**fico**	edi**fica**ción	morti**fica**ción	vivi**fica**dor
cali**fica**ción	honorí**fico**	pací**fico**	vivi**fica**nte
calorí**fico**	horrorí**fico**	signi**fica**do	
cientí**fico**	magní**fico**	terrí**fico**	

Otras palabras que se derivan o componen, son: hecho, cohecho, contrahecho, deshacer, hacienda, hacendario, hacendado, hacendoso, hechura, bienhecho, malhechor, perfección y perfeccionar, entre otras.

EJERCICIOS

A los siguientes verbos irregulares derivados del verbo **ducir**, conjúgalos haciendo que la **c** se convierta en **zc** y en **j**.

aducir ____________ ____________

autoinducir ____________ ____________

conducir ____________ ____________

coproducir ____________ ____________

deducir ____________ ____________

inducir ____________ ____________

introducir ____________ ____________

producir ____________ ____________

reconducir ____________ ____________

reducir ____________ ____________

reproducir ____________ ____________

seducir ____________ ____________

traducir ____________ ____________

A las siguientes expresiones dales significado con un verbo que termine en **-ficar**.

hacer amplio ____________ hacer fuerte ____________

hacer bueno ____________ hacer gas ____________

hacer hermoso (cali) ____________ hacer grato ____________

hacer digno ____________ hacer mito ____________

hacer diverso ____________ hacer hueso ____________

hacer dosis ____________ hacer piedra ____________

hacer dulce ____________ hacer planes ____________

hacer ejemplar ____________ hacer puro ____________

hacer electricidad ____________ hacer sagrado ____________

hacer falso ____________ hacer vivir ____________

LOS VERBOS EN LOS QUE LA **C** SE CONVIERTE EN **Z** AL CAMBIAR LA TERMINACIÓN **CE, CI** A **ZA, ZO.**

Los verbos que en la última sílaba tienen **c** con sonido suave (**ce, ci**) cambian a **z** cuando al conjugarse vayan ante **a, o, u**, y deban seguir conservando su sonido suave.

La explicación de lo anterior es: La letra **c** ante **a, o, u,** tiene sonido fuerte de **k** (**"ka, ko, ku"**) y no cambia a **s** en lugar de **z** porque la letra **s** nunca cambia a ninguna otra letra. Así, por ejemplo, con el verbo ejer**c**er, al conjugarse y cambiar la **c+e** (ce) a **c+a** (ca) diría "ejerca" y por ello es que la **c** cambia a **z** que tiene sonido suave, para entonces decir: ejer**za**.

En cualquier caso sólo recuérdese lo siguiente:

c + **a, o, u,** tiene sonido fuerte de **k**: **ca**sa, **co**razón, **cu**chara.
c + **e, i,** con sonido fuerte de **k**, la **c** cambia a **qu**: **que**po, muñe**qui**ta.
c + **e, i,** tiene sonido suave: **ce**leste, **ci**ma.
c + **a, o,** con sonido suave, la **c** cambia a **z**: de hacer, hi**zo**.

Los 19 verbos en los que la c cambia a z, son:

Verbos: cocer, descocer, escocer, torcer, destorcer y retorcer

Presente del indicativo: yo cue**zo** (tú cue**ce**s, él cue**ce**, ustedes cue**ce**n, ellos cue**ce**n).
Presente del subjuntivo: yo cue**za**, tú cue**za**s, él cue**za**, nosotros co**za**mos, ustedes cue**za**n, ellos cue**za**n.
Imperativo: (cue**ce** tú), cue**za** él, co**za**mos nosotros, cue**za**n ustedes, cue**za**n ellos.

Verbos: convencer, ejercer, mecer, vencer, esparcir, fruncir, resarcir, rezurcir y zurcir.

Presente del indicativo: yo ven**zo** (tú vences, él vence, uds. vencen, etc.)
Presente del subjuntivo: yo ven**za**, tú ven**za**s, él ven**za**, nosotros ven**za**mos, ustedes ven**za**n, ellos ven**za**n.
Imperativo: ven**za** él, ven**za**mos nosotros, ven**za**n ustedes, ven**za**n ellos.

Verbos: hacer, deshacer, rehacer y satisfacer.

Pasado del indicativo: (yo hice), él hi**zo**, (tú hiciste, nos. hicimos, etc.)
Imperativo: ha**z** tú. El verbo satisfacer: satisface tú.

EJERCICIO

De los siguientes verbos pon dos derivaciones verbales haciendo que la **c** se convierta en **z**. Ejemplo: de vencer: venzo, venzas, venza, venzamos, venzan.

zurcir	____________	____________
resarcir	____________	____________
rezurcir	____________	____________
fruncir	____________	____________
mecer	____________	____________
ejercer	____________	____________
convencer	____________	____________
torcer	____________	____________
retorcer	____________	____________
destorcer	____________	____________
esparcir	____________	____________
cocer	____________	____________
vencer	____________	____________
hacer	____________	____________
rehacer	____________	____________
descocer	____________	____________
escocer	____________	____________
deshacer	____________	____________

OTRAS REGLAS PARA EL USO DE LA C

En las siguientes listas de palabras se recuadran los verbos, ya que todas sus derivaciones verbales llevarán el vocablo correspondiente.

- **Siempre se escribe con c el vocablo cep, independientemente de estar al inicio o intermedio de palabra.**

acepción	anticonceptivo	concepto	imperceptible
aceptabilidad	biceps	conceptual	inaceptable
aceptable	cepa	conceptualismo	perceptible
aceptación	cepillar	conceptualista	perceptivo
aceptadamente	cepillo	conceptuar	perceptiva
aceptar	cepo	decepción	precepto
anticoncepción	concepción	forceps	susceptible

- Se escribe con **c cicl(o) y circ(un)**, que indican círculo.

bicicleta	encíclica	circo	circunferir
cíclico	enciclopedia	circón	circunflejo
ciclismo	hemiciclo	circuito	circunnavegar
ciclista	motocicleta	circulación	circunscribir
ciclo	motociclismo	circulante	circunscrito
ciclomotor		circular	circunstancia
ciclón		circulatorio	circunvalar
ciclonal		círculo	circunvenir
cíclope		circundar	circunvolar
ciclorama		circunferencia	microcircuito

- **Se escribe c en el vocablo cent con significación de cien.**

bicentenario	centenario	centilitro	centuria
centavo	centesimal	centímetro	porcentaje
centella	centésimo	céntimo	porcentual
centena	centígrado	centuplicar	tricentenario
centenar	centigramo	céntuplo	

- **Las palabras con las terminaciones cilla(o) de las que algunas son diminutivas y otras tienen sentido despectivo, se escriben con c, además de los verbos que terminan en -cillar.** Excepciones: silla y casilla.

algodoncillo	arcillar	bastoncillo	calzoncillo
amancillar	avecilla	bodegoncillo	carboncillo
arcilla	balconcillo	cabecilla	catrecillo

florecilla	**morcilla**	**pocillo**	**torrecilla**
mancillar	morcillar	**raicilla**	**trencilla**
manecilla	**panecillo**	sencilla(o)	

• **Se escriben con c los verbos que terminan en -cinar,** menos asesinar.

abocinar	bocinar	cocinar	medicinar
alucinar	calcinar	empecinar	patrocinar
avecinar	cecinar	hacinar	

• **La palabra centro, sus compuestos y variantes, se escriben con c.**

centrado	**centralizador**	concentrable	**concentración**
central	**centralizar**	**epicentro**	**centr**ífugo
centralidad	concentrar	**excéntrico**	**centr**ismo
céntrico	concéntrico	geocéntrico	**centro**
centralista	egocéntrico	**hipocentro**	**Centro**américa
centrifugar	**centrar**	**centri**fugación	**centro**campista

• **La palabra céfalo (cabeza), sus compuestos y derivaciones, se escriben con c: acéfalo, bicéfalo, cefalitis, encéfalo,** hidrocefalia, **macrocéfalo.**

• **La terminación cida** —que indica matar— **se escribe con c:** fratricida, **germicida, homicida, insecticida, magnicida, pesticida.**

• **Se escriben con c las palabras que llevan el sufijo -áceo:** cetáceo, **gallináceo,** grisáceo, **herbáceo, liláceo,** moráceo, violáceo.

EJERCICIOS

Escribe diez palabras que lleven **cep**.

__________ __________ __________ __________ __________

__________ __________ __________ __________ __________

¿Qué indican los vocablos **cicl(o)** y **circ(un)**?____________

Escribe diez palabras que lleven **cicl(o)** y diez que lleven **circ(un).**

__________ __________ __________ __________ __________

__________ __________ __________ __________ __________

__________ __________ __________ __________ __________

__________ __________ __________ __________ __________

¿Qué indica el vocablo **cent?**________________

Escribe diez palabras que lleven **cent.**

__________ __________ __________ __________ __________

__________ __________ __________ __________ __________

Escribe diez palabras que terminen en **-cilla, -cillo.**

__________ __________ __________ __________ __________

__________ __________ __________ __________ __________

Escribe diez verbos que terminen en **-cinar.**

__________ __________ __________ __________ __________

__________ __________ __________ __________ __________

Escribe diez palabras que indiquen **centro.**

__________ __________ __________ __________ __________

__________ __________ __________ __________ __________

Escribe cinco variantes de **céfalo** (cabeza).

__________ __________ __________ __________ __________

Escribe cinco palabras que terminen en **-áceo.**

__________ __________ __________ __________ __________

(De las palabras restantes que llevan **ce** o **ci** —alrededor de 280— y que no están contenidas en reglas, se encuentran en las páginas 266-267 del libro de consulta).

LA C Y LA S EN LOS DIMINUTIVOS

Las palabras de uso común que se emplean como diminutivos son alrededor de 3,000 y las terminaciones que los caracterizan son **-ita(o)** y **cito(a)**, salvo en alrededor de 150 palabras que se escribe **sito(a)** cuando la palabra que se hace diminutivo termina con -s, sa y so (ver pags. 268-272 del libro de consulta).

La mayor parte de los diminutivos no tienen confusión para su escritura porque para determinarlos sólo se agrega **-ito** o **-ita**. Ejemplos:

ahulado	**ahuladito**	bebe	**bebito**	jugo	**juguito**
ahora	**ahorita**	cántaro	**cantarito**	pluma	**plumita**
ancho	**anchito**	consuelo	**consuelito**	goma	**gomita**
azul	**azulito**	figura	**figurita**	escoba	**escobita**
basura	**basurita**	gacela	**gacelita**	cara	**carita**
blanco	**blanquita**	jarro	**jarrito**	ojo	**ojito**

- **Los diminutivos que llevan -cito(a) —alrededor de mil—, se forman principalmente con las palabras que terminan con -n** y **-r; y con -z, za** y **zo**, porque al ir la **z** ante **e** o **i** se convierte en **c**.

Algunos ejemplos son:

abulón	**abuloncito**	actor	**actorcito**	abrazo	**abracito**
balón	**baloncito**	calor	**calorcito**	actriz	**actricita**
canción	**cancioncita**	chofer	**chofercito**	buzo	**bucito**
capitán	**capitancito**	doctor	**doctorcito**	cabeza	**cabecita**
cartón	**cartoncito**	error	**errorcito**	danza	**dancita**
chupón	**chuponcito**	favor	**favorcito**	fuerza	**fuercita**
corazón	**corazoncito**	hogar	**hogarcito**	hechizo	**hechicito**
escalón	**escaloncito**	jugador	**jugadorcito**	lápiz	**lapicito**
jabón	**jaboncito**	lector	**lectorcito**	maíz	**maicito**
ratón	**ratoncito**	mejor	**mejorcito**	mozo	**mocito**
refrán	**refrancito**	olor	**olorcito**	nariz	**naricita**
renglón	**rengloncito**	peor	**peorcito**	panza	**pancita**
salmón	**salmoncito**	rencor	**rencorcito**	raza	**racita**
salón	**saloncito**	sudor	**sudorcito**	sollozo	**sollocito**
zaguan	**zaguancito**	tambor	**tamborcito**	trenza	**trencita**

Existen otras pocas palabras que no terminan con **-n, -s, -z, -za** y **-zo**, que al hacerse diminutivos es con **-ecito(a)**. Algunos ejemplos son:

aire	**airecito**	copia	**copiecita**	sable	**sablecito**
ave	**avecita**	quieto	**quietecito**	viejo	**viejecito**
bebé	**bebecito**	red	**redecita**	verde	**verdecito**
coche	**cochecito**	flor	**florecita**		

Existen otras pocas palabras que terminan con **-se** a las que, al hacerse diminutivos, sólo se les agrega **-cito(a)**. Casi todas las que existen, son:

base	**basecita**	fase	**fasecita**	pose	**posecita**
clase	**clasecita**	pase	**pasecito**		

Otras palabras, muy pocas, aceptan más la terminación **-cito** que **-sito(a)**, y son: grueso (gruesito) grue**secito(a)**; res (resita), re**secita**; tos (tosita) tose**cita**; mes (mesito), me**secito**.

• **Se escribe -sito(a) cuando la palabra que se hace diminutivo termina con -s, sa y so**. Las palabras que existen son alrededor de 150, siendo los más importantes las siguientes:

adiós	**adiosito**	**cremoso**	**cremosito**	**oso**	**osito**
anís	**anisito**	**cosa**	**cosita**	**país**	**paisito**
apestoso	**apestosito**	**curioso**	**curiosito**	**paso**	**pasito**
aplauso	**aplausito**	**curso**	**cursito**	**payaso**	**payasito**
aprisa	**aprisita**	**después**	**despuesito**	**pelusa**	**pelusita**
atrás	**atrasito**	**Dios**	**Diosito**	**picoso**	**picosito**
baboso	**babosito**	**empresa**	**empresita**	**princesa**	**princesita**
balsa	**balsita**	**espesa**	**espesita**	**prisa**	**prisita**
beso	**besito**	**esposa**	**esposita**	**pulso**	**pulsito**
blusa	**blusita**	**famoso**	**famosito**	**risa**	**risita**
bolsa	**bolsita**	**farsa**	**farsita**	**rosa**	**rosita**
brasa	**brasita**	**foso**	**fosito**	**sabroso**	**sabrosito**
brisa	**brisita**	**gasa**	**gasita**	**salsa**	**salsita**
camisa	**camisita**	**grasa**	**grasita**	**sedoso**	**sedosito**
canoso	**canosito**	**jugoso**	**jugosito**	**sonrisa**	**sonrisita**
cariñoso	**cariñosito**	**liso**	**lisito**	**sorpresa**	**sorpresita**
casa	**casita**	**manso**	**mansito**	**tasa**	**tasita**
chicloso	**chiclosito**	**mariposa**	**mariposita**	**vaso**	**vasito**
chismoso	**chismosito**	**masa**	**masita**	**verso**	**versito**
chistoso	**chistosito**	**mesa**	**mesita**	**viscoso**	**viscosito**

EJERCICIOS

¿Cuál es la norma para escribir **-cito(a)** en los diminutivos? Escribe diez ejemplos.

¿Cuál es la norma para escribir **-sito(a)** en los diminutivos? Escribe diez ejemplos.

Convierte las siguientes palabras en diminutivos.

camisa		feria	
deudor		pieza	
aire		chicloso	
ave		cuerpo	
tenaz		flor	
ciego		tapiz	
rizo		fraile	
atrás		curioso	
duende		llave	
primor		moza	
latón		manso	
pinza		parque	
quieto		fiesta	
pase		jugoso	
raíz		salsa	

LA LETRA Z

Las palabras que llevan **z**, con derivaciones verbales, son alrededor de 20,500 y se concentran en cuatro grandes grupos:

1. Se escriben con **z** los vocablos **iza** y **za** derivados de verbos. Existen 270 verbos con **-izar** y 70 con **-zar**, de los que, con sus derivaciones verbales, los sufijos **-dor(a)**, **ble** y enclíticos, se forman 20,000 palabras.
2. Se escribe **z** al final de palabra —existen 250— cuando son adjetivos, sustantivos y patronímicos.
3. Las palabras —100— con el sufijo **-azo** que indica, principalmente, golpe y, en algunas, aumento, se escriben con **z**.
4. Las palabras —70— con el sufijo **-izo**, se escriben con **z**.

• **La z siempre tiene sonido suave y se escribe como z y como c. Se escribe z ante las vocales a, o, u, y al final de sílaba o de palabra; y se escribe c ante las vocales e, i.**

Las pocas excepciones que existen son: enzima, Ezequiel, neozelandés, razia, **Z**enón, **Z**eus, **Z**enobia, **z**eta, **z**ig**z**ag, **z**ipi**z**ape y ¡**z**is, zas!, palabras que, normalmente, son de origen extranjero. Dos palabras que tienen doble ortografía son: zinc/cinc; y ázimo/ácimo.

Esta norma es para todos los casos ya sea en plurales (arro**z**, arro**c**es), diminutivos (ta**z**a, ta**c**ita. Ver pag. 270 del libro de consulta), despectivos (aprendi**z**, aprendi**c**illo), palabras derivadas (atro**z**, atro**c**idad; belle**z**a, embelle**c**er) y en la derivación de los 340 verbos que terminan en **-zar** (ver pags. 116-119 del libro de consulta), en los que, al conjugarse, la **z** cambia a **c** ante **e**, en el pasado del indicativo en la 1ª persona del singular (almor**z**ar: yo almor**cé**), en el presente del indicativo (yo/él almuer**ce**, tú almuer**ce**s, nosotros almor**ce**mos, ustedes/ellos almuer**ce**n), y en el imperativo (almuer**ce** él, almor**ce**mos nosotros, almuer**ce**n ustedes/ellos).

A continuación se encuentran algunos ejemplos. (Verlos todos en las páginas 274-280 del libro de consulta).

La z ante a, o, u, al final de sílaba y de palabra	La z que cambia a c ante e, i
almuerzo, almorzar.	almuercito, almuercillo, almuerce, almuerces, almorcemos, etc.
alzar, alzador, alza, realzar, alzada(o), alzadamente, alzamiento, alzadito(a), etc.	alce, alces, alcen, alcemos, alcista, alcita, realce, realces, realcemos, etc.
audaz.	audaces, audacia.
brazo, abrazadera, abrazador, abrazar, abrazo, antebrazo, brazada, brazalete, brazos, abrazas, abrazan, abrazamos.	abracito, braceada, braceador, bracear, braceo, bracero, braceas, bracear, braceamos, abracemos, abracé, abracen, bracito, etc.
cabeza, cabezada, cabezal, cabezazo, cabezón, cabezota. cabezudo, encabezado, encabezar, rompecabezas, cabizbajo, descabezar, descabezado, etc.	cabeceador, cabecear, cabeceo, cabecera, cabecilla, cabeceas, cabecean, cabeceamos, cabeceaba, cabecearía, etc.
calzar, calzada, calzado, calza, calzador, calzón, calzoncillo, descalzar, descalzo, calzas, calzan, calzamos, descalzamos.	calce, calceta, calcetería, calcetero, calcetín, calcita, calcilla, calcen, calcemos. calcé, descalcen, descalcemos.
capaz, incapaz.	capaces, capacidad, capacitar, capacitación, discapacidad, capacito, capacitamos, capacitan.
ceniza, cenizal, cenizo, cenizas.	cenicero, Cenicienta.
cerveza, cervezas, cervezota.	cerveceo, cervecería, cervecero, cervecita, cervecilla.
chorizo, chorizos, chorizote.	choricería, choricero.
cicatriz, cicatrizal, cicatrizante, cicatrizar, cicatriza, cicatrizan.	cicatrices, cicatricial, cicatrice, cicatricen, cicatricemos, etc.
cruz, cruzada, cruzado, Veracruz, cruzamiento, cruzar, cruzas, cruzan, cruzamos, cruzaban, cruzábamos, cruzaría, cruzaré, cruzamiento, cruzable, cruzaba.	cruce, cruceiro, crucero, cruces, cruceta, crucial, crucificar, crucifican, crucificamos, crucificaría, crucifijo, crucifixión, crucigrama, encrucijada, crucecita, crucecilla, crucífera, etc.
diez, diezotes, diezmo, diezmar.	décimo, decena, diecisiete, dieciocho, diecinueve, dieciseisavo.

dulzor, dulzura, endulzar. endulzante, endulzable, endulzaría, endulzaba, endulzábamos, etc.	agridulce, dulce, dulcemente, dulcera, dulcificar, Dulcinea, dulcificante, aguadulce, endulce, endulcemos, dulcificaría, etc.
dureza, durezas, endurezcas, endurezco, endurezcamos.	endurecer, endurecido, endureces, endurecen, endurecemos, etc.
feliz.	felices, felicidad, felicitar, infelicidad, felicitamos, etc.
feroz.	feroces, ferocidad, ferocísimo.
finanza, finanzas.	financiero, financiar, financiador, financiado, financiable, financiaré.
fortaleza, fortalezas, fortalezco.	fortalecer, fortalecido, fortaleces, fortalecedor, fortalecemos, etc.
grandeza, grandezas, engrandezcamos, engrandezco.	engrandecer, engrandecido, engrandecedor, engrandecemos, etc.
haz, hizo, deshizo, rehizo.	hacedor, hacendado, hacendoso, hacer, haciente, hiciera, deshacer, hacemos, hiciste, rehacer, etc.
lápiz, lapizote.	lápices, lapicero, lapicito, lapicillo.
luz, tragaluz, aluzar, aluzamos, aluzaban, aluzaría, aluzas, aluzaban, aluzábamos.	alucinado, alucinador, lucecilla, alucinamiento, alucinante, lucidor, alucinar, alucinatorio, alucinamos, alucinan, alucinógeno, dilucidar, deslucido, deslucir, lucesita, luces, lucero, lúcido, luciente, luciérnaga, lucidor, lucir, lucidez, traslúcido, luces, lucen, lucimos.
maíz, mazorca, mazorcas.	maíces, maicena, maicito, maicillo.
mozo(a), aeromoza, mozalbete, remozar, remozaría, remozaba.	mocedad, mocito, mocillo, remocen, remocemos, remocé, etc.
nariz, narizón, narizudo, narizota.	naricita, naricilla, narices.
panza, panzón, panzota.	pancita, pancilla.
paz, pazguato.	apacentador, apacentar, apacible, apaciblemente, apaciguador, apaciguar, impacientar, paciencia, paciente, pacificar, pacífico, pacifican, apaciguan.

plaza, plazas, plazota, plazuela, emplazar, emplazo, emplazamos.	placero, placita, placilla, emplace, emplaceré, emplacemos.
precoz.	precocidad, precoces.
raíz, enraizar, raizota, enraizaba, enraizábamos.	raíces, raicilla, raicita, enraicemos, enraicen, enraicé.
rapaz, rapazote.	rapaces, rapacidad, rapacería, rapacito, rapacillo.
razón, razonable, razonamiento, razonar, razono, razonamos, razonan, irrazonable, razonaría.	irracional, irracionalidad, raciocinio, racional, racionalidad, racionalización, racionalizar.
tapiz, entapizado, tapizar, tapizo, tapizamos, tapizan.	tapicería, tapicero, tapice, tapicen, tapicemos, tapicé.
vejez, viejez, envejezca, envejezcan, envejezcamos.	envejecer, envejecido, envejecedor. viejecito, viejecillo, envejeceré, etc.
veloz.	velocidad, velocímetro, veloces, velocista.
veraz.	veraces, veracidad.
voraz.	voraces, voracidad.
voz, altavoz, portavoz, vozarrón.	voceador, vocerío, voces, vocecilla, vociferar, vociferación, vociferas, vociferamos, vociferan, vocecita.
zonzo, zonzos.	zoncera, zoncito, zoncillo.

EJERCICIOS

La regla principal de la **z** es que se escribe **z** ante: ____________________
____ y se escribe **c** ante ________.

De las siguientes palabras escribe una derivada de tal manera que la **z** cambie a **c**, y viceversa. Ejemplos: atroz, atrocidad; crucero, cruz.

raza	____________________	feliz	____________________
choricería	____________________	bracero	____________________
realce	____________________	nariz	____________________
chocita	____________________	calzar	____________________
audacia	____________________	dulzura	____________________

danza	________________	paz	________________
fortaleza	________________	cabecilla	________________
deslucir	________________	lápiz	________________
luz	________________	enceguecer	________________
envejecer	________________	cruce	________________
romanza	________________	ferocidad	________________
encrudecer	________________	hiciera	________________
bricita	________________	maicena	________________
buzo	________________	sagacidad	________________
aprendices	________________	empezar	________________

- **Siempre va z en el vocablo iza que proviene de los verbos en -izar.**

Los 270 verbos que terminan en -izar se forman de palabras que en su estructura no tienen s, básicamente en su última sílaba. Ejemplos: de alfabeto, alfabet**izar**; de civil, civil**izar**; de valor, valor**izar**; de humano, human**izar**. Se exceptúan dos palabras que en su última sílaba tienen **s**; de adonis, adonizar; y de síntesis, sintetizar. Los diez verbos: agris**ar**, alis**ar**, decomis**ar**, divis**ar**, guis**ar**, improvis**ar**, precis**ar**, requis**ar**, revis**ar** y supervis**ar**, que terminan en **-isar**, provienen de palabras que en su última sílaba tienen **s**: gris, liso, decomiso, divisa, guiso, improviso, preciso, requiso y visa.

Los 270 verbos en **-izar** pueden llevar la terminación **-ación**: actual**izar**, actualización; capital**izar**, capitalización; computar**izar**, computarización; etc. Además, como todos los verbos, pueden tener las terminaciones o sufijos: **ble, dor(a)** y la formación de enclíticos con los pronombres **me, te, se, la, las, le, les, lo, los** y **nos.** Ejemplos:

Computarizable, analizable, autorizable; computarizador(a), analizador(a), erizador(a); analízate, analízame, analízala(s), analízale(s), analízalo(s), analízanos, analizándome, analizándote, analizándola(s), etc. Algunos más llevan las terminaciones **ante** y **aje**: alunizante, aterrorizante; acuati**zaje**, mestizaje.

Todo lo anterior da la característica principal de las palabras que llevan **z**, ya que de las 20,500 palabras existentes, alrededor de 16,000 llevan el vocablo **iza**. (Ver pags. 116-117 del libro de consulta.)

Recuérdese que las palabras que llevan **z**, se escribe **z** ante **a, o, u** y **c** ante las vocales **e, i**, por lo que en estos verbos, cuando la **z** vaya ante **e, i**, se convertirá en **c**. Ejemplo, verbo alzar: yo al**cé**, yo al**ce**, tú al**ces**, él al**ce**, nosotros al**cemos**, ustedes al**cen**, ellos al**cen**.

Algunos verbos con la terminación -izar, son:

agilizar	escolarizar	idealizar	naturalizar
agudizar	estabilizar	indemnizar	organizar
amenizar	eternizar	independizar	personalizar
americanizar	familiarizar	industrializar	popularizar
amortizar	fertilizar	legalizar	racionalizar
canalizar	formalizar	localizar	realizar
centralizar	garantizar	mecanizar	simbolizar
democratizar	generalizar	memorizar	totalizar
deslizar	higienizar	mentalizar	universalizar
dramatizar	horrorizar	modernizar	vitalizar

Otras palabras que llevan el vocablo **iza** que también llevan **z**, son:

bizantino	cizañar	ojeriza	póliza	tizana
bizarro	cueriza	paliza	porqueriza	triza
caballeriza	hortaliza	palizada	quizá(s)	
cabreriza	longaniza	pastizal	Suiza	
cizaña	nodriza	pizarra	tiza	

Como complemento de la norma anterior es la siguiente regla:

- **Siempre se escribe z en el vocablo za que proviene de los verbos en -zar.**

Los 70 verbos que terminan con **-zar** provenientes de palabras que en su última sílaba no tienen **s** —la mayoría ya tienen **z**—, se escriben con **z**. Ejemplos: de abrazo, abrazar; de dulzor, endulzar; de cruz, cruzar.

Al igual que todos los verbos, los terminados en **-zar** pueden llevar los sufijos -ble, -dor(a), ado(a) y la formación de enclíticos. De abrazar: abrazable, abrazador(a); abrazado(a); abrázame, abrázate, abrázala(s), abrázale(s), abrázalo(s), abrázanos, abrazándote, abrazándonos, abrázatela, abrázamelos, etc. y con ello se forman alrededor de 4,000 palabras.

Los verbos con la terminación **-zar**, son:

abalanzar	amordazar	danzar	empezar	entrelazar
acorazar	apelmazar	descabezar	emplazar	enzarzar
adelgazar	aplazar	descalzar	encabezar	esbozar
aderezar	avanzar	descortezar	encauzar	esforzar
afianzar	avergonzar	desmenuzar	enderezar	esperanzar
aguzar	azuzar	despedazar	engarzar	forzar
alborozar	balanzar	desplazar	enjaezar	gozar
alcanzar	bostezar	destazar	enlazar	inalcanzar
almorzar	calzar	destrozar	enlodazar	lanzar
alzar	cazar	disfrazar	enlozar	lazar
amenazar	comenzar	embarazar	ensalzar	punzar

realzar	rechazar	remozar	rozar	trenzar
rebozar	reemplazar	retozar	sollozar	tropezar
recomenzar	reforzar	rezar	trazar	trozar

EJERCICIOS

Los verbos que terminan en **-izar** y **-zar** ¿cómo se sabe que se escriben con **z**? ____

____

Los verbos que terminan con **-sar** ¿cómo se sabe que se escriben con **s**? ____

____ Escribe ocho ejemplos.

__________ __________ __________ __________

__________ __________ __________ __________

Escribe veinte palabras que lleven el vocablo **iza**.

__________ __________ __________ __________ __________

__________ __________ __________ __________ __________

__________ __________ __________ __________ __________

__________ __________ __________ __________ __________

Escribe veinte palabras que lleven el vocablo **za**.

__________ __________ __________ __________ __________

__________ __________ __________ __________ __________

__________ __________ __________ __________ __________

__________ __________ __________ __________ __________

Las palabras con Z al final de palabra

- **Siempre se escribe z al final de palabra en adjetivos, sustantivos o nombres y en patronímicos.** (Siempre se escribe **s** al final de palabra en conjugaciones [amarás], en plurales [lápices], en enclíticos [amarles] y en algunos gentilicios [inglés, francés]).

La mayoría de los casi 250 ejemplos que terminan con **z** son palabras abstractas que llevan **-ez(a)**, además de **-az, -iz, -oz, -uz**.

El sufijo **-ez(a)** indica: que es o tiene, «lo que indica la palabra». Ejemplos: insipidez, que es sin sabor: vejez, que es viejo; palidez, que algo o alguien está pálido; dureza, que es duro; certeza, que es cierto. Ejemplos con -az, -iz, -oz, son: audaz, que tiene audacia; eficaz, que tiene eficacia; tenaz, que tiene tenacidad; atroz, que tiene atrocidad; feliz, que tiene felicidad.

Otros ejemplos son:

acidez	dejadez	estrechez(a)	idiotez	rapidez
agudez(a)	delgadez	fachez	languidez	sencillez
altivez	delicadez(a)	frigidez	lucidez	solidez
asperez(a)	desnudez	finez(a)	madurez	timidez
brillantez	esbeltez(a)	gravidez	niñez	validez
cachondez	escasez	honradez	putridez	vivez(a)

Otras palabras con **-eza**, son:

alteza	destreza	gentileza	naturaleza	pureza
bajeza	extrañeza	grandeza	nobleza	riqueza
belleza	fiereza	ligereza	pereza	sutileza
certeza	fortaleza	llaneza	proeza	tristeza

Existen otras pocas palabras que también tienen la terminación **-eza**; éstas son sustantivos concretos: **cabeza, cereza, cerveza, corteza, maleza** y **pieza**.

Las palabras abstractas que tienen la terminación **-az, -iz, -oz**, son:

altavoz	fugaz	montaraz	precoz	suspicaz
cariz	incapaz	mordaz	procaz	veloz
capaz	ineficaz	motriz	rapaz	veraz
directriz	infeliz	perspicaz	sagaz	vivaz
falaz	locuaz	pertinaz	secuaz	voraz
feroz	matiz	portavoz	solaz	

Otras palabras que terminan con **-az, -ez, -iz, -oz, -uz**, son:

actriz	avestruz	coz	haz	lápiz
ajedrez	barniz	cruz	hez	lombriz
alcatraz	cáliz	diez	hoz	maíz
antifaz	capataz	disfraz	institutriz	matraz
aprendiz	cicatriz	emperatriz	jerez	matriz
arroz	codorniz	faz	juez	meretriz

nariz	perdiz	tamiz	torcaz
nuez	pez	tapiz	tragaluz
paz	raíz	tez	voz

• **Se escribe z al final de palabra en algunos patronímicos** (apellido derivado del nombre de una persona). Los más representativos son:

Álvaro	Álvarez	Ramiro	Ramírez	Martín	Martínez
Muño	Muñoz/Muñiz	Enrique	Enríquez	Rodrigo	Rodríguez
Benito	Benítez	Marco	Márquez	Velazco	Velázquez
Fernando	Fernández	Jimeno	Jiménez	Domingo	Domínguez
Gonzalo	González	Hernando	Hernández		

EJERCICIOS

Las palabras que llevan el sufijo **-ez(a)**, se caracterizan por ser principalmente palabras ¿concretas o abstractas?________________

En los siguientes espacios escribe el significado de la palabra. Ejemplo: lucidez, que es lúcido; rudeza, inherente a lo rudo.

calidez	________________	pureza	________________
nobleza	________________	honradez	________________
doblez	________________	certeza	________________
marchitez	________________	audaz	________________
nitidez	________________	capaz	________________
redondez	________________	voraz	________________
vejez	________________	mordaz	________________
viudez	________________	eficaz	________________
rapidez	________________	feroz	________________
presteza	________________	directriz	________________

Anota el patronímico de los siguientes nombres de personas.

de Benito	________________	de Rodrigo	________________
de Gonzalo	________________	de Alvaro	________________
de Hernando	________________	de Enrique	________________
de Marco	________________	de Ramiro	________________
de Velazco	________________	de Martín	________________

Las palabras que llevan z al final de sílaba.

Existen algunas palabras que llevan **az, ez, iz, oz, uz,** al final de sílaba. Repítelas tres veces cada una, a fin de que te familiarices con ellas.

azteca	______	______	______
durazno	______	______	______
gaznate	______	______	______
graznar	______	______	______
mazmorra	______	______	______
deleznable	______	______	______
mezquino(a)	______	______	______
mezquita	______	______	______
mezquital	______	______	______
mezquite	______	______	______
bizquear	______	______	______
brizna	______	______	______
izquierda(o)	______	______	______
lloviznar	______	______	______
pizpereta	______	______	______
tiznar	______	______	______
gozne	______	______	______
tepozteco	______	______	______
Cuzco	______	______	______
espeluznar	______	______	______
juzgar	______	______	______
rebuznar	______	______	______

- **Siempre se escribe con z el sufijo -azo que indica principalmente golpe, y otras veces aumento.** Algunos ejemplos son:

abanicazo	catorrazo	cuerpazo	librazo	sablazo
aletazo	chispazo	derechazo	manazo	telefonazo
banderazo	codazo	espinazo	pelotazo	trancazo
botellazo	costalazo	garrotazo	perrazo	zapatazo
cabezazo	cubetazo	golazo	porrazo	zurdazo

Otras palabras, también con **z**, que llevan el vocablo **azo**, son:

Amazonas	bagazo	epazote	quemazón	sazonar
azor	bazofia	lazo	rechazo	trazo
azorar	caparazón	pedazo	reemplazo	vistazo
azotar	cazón	pelmazo	regazo	
azotea	corazón	picazón	retazo	

• **La terminación -izo que por lo general proviene de verbos, se escribe con z.** Los ejemplos más usuales, son:

advenedizo	bebedizo	enfermizo	manchadizo	plegadizo
antojadizo	cambiadizo	enojadizo	mestizo	quebradizo
arrastradizo	clavadizo	erizo	movedizo	resbaladizo
arrimadizo	coladizo	escurridizo	olvidadizo	venedizo
arrojadizo	colgadizo	huidizo	pasadizo	
asustadizo	corredizo	llovedizo	pegadizo	
bautizo	encontradizo	macizo	perdedizo	

Otras palabras con el vocablo **-izo** que también se escriben con **z**, son:

avizor	castizo	cobrizo	horizonte	primerizo
cacarizo	chorizo	fronterizo	mellizo	rizo
carrizo	cobertizo	granizo	postizo	rojizo

• **Se escribe con z la terminación -anza que indica cualidad.** Ejemplos: adivin**anza**, que se adivina; confi**anza**, que se confía; bon**anza**, que es bueno. Las palabras de uso común son:

acechanza	comparanza	finanza	panza
alabanza	concordanza	garbanza(o)	pujanza
alianza	crianza	holganza	romanza
andanza	danza	labranza	semblanza
añoranza	desconfianza	lanza	semejanza
aseguranza	desesperanza	lontananza	tardanza
aventuranza	destemplanza	maestranza	templanza
balanza	duranza	matanza	ultranza
bienaventuranza	enseñanza	mescolanza	usanza
chanza	esperanza	mudanza	venganza
cobranza	fianza	ordenanza	venturanza

• **La terminación -zuela(o), se escribe con z**, menos suela que viene de suelo.

anzuelo	cazuela	pozuela	Venezuela
bestezuela	ladronzuelo	portezuela	zarzuela
bribonzuelo	plazuela	puertezuela	

• La terminación **-azgo**, se escribe con **z**. Los de mayor uso, son: almiran**tazgo**, cacic**azgo**, comadr**azgo**, compadr**azgo**, hall**azgo**, hart**azgo**, lider**azgo**, mayor**azgo** y novi**azgo**.

EJERCICIOS

Complementa las palabras con el sufijo **-azo** que indica golpe o aumento.

__________azo __________azo __________azo __________azo __________azo
__________azo __________azo __________azo __________azo __________azo
__________azo __________azo __________azo __________azo __________azo

Completa las siguientes palabras con la terminación **-izo.**

__________izo __________izo __________izo __________izo __________izo
__________izo __________izo __________izo __________izo __________izo
__________izo __________izo __________izo __________izo __________izo

Completa las siguientes palabras con la terminación **-anza.**

__________anza __________anza __________anza __________anza __________anza
__________anza __________anza __________anza __________anza __________anza
__________anza __________anza __________anza __________anza __________anza

Completa las siguientes palabras con la terminación **-zuela(o).**

__________zuelo __________zuela __________zuela __________zuela
__________zuelo __________zuela __________zuela __________zuela
__________zuelo __________zuela __________zuela

(De las alrededor de 17,500 que existen con **z**, 150 no están contenidas en normas. Verlas en las pags. 288-289 del libro de consulta).

HOMÓFONOS CON LAS LETRAS C, S, X y Z

Coloca los homófonos de la derecha en el espacio correspondiente a su significado.

- __________ : Quemar con brasas.
  __________ : Ceñir con los brazos.
- __________ : Agriarse alguna cosa.
  __________ : Dar a ciertas cosas el aspecto de la seda.
- __________ : El que adolece o padece de algo.
  __________ : Quien está en la adolescencia, entre la niñez y la juventud.
- __________ : Primera carta de la baraja. El uno de un dado.
  __________ : Del verbo haber.
  __________ : Del verbo hacer. Manojo de varas o leños.
- __________ : Femenino de asar.
  __________ : Azadón, instrumento para cavar.
- __________ : Cocer un manjar a fuego directo.
  __________ : Casualidad; caso fortuito.
  __________ : Flor del naranjo, limonero, toronjo o cidro.
- __________ : Subida; paso a un grado superior.
  __________ : Acción de asentir.
- __________ : Plural de as; del verbo asar y de asir.
  __________ : Plural de haz; del verbo hacer.
- __________ : Continente asiático.
  __________ : Preposición que indica rumbo.
- __________ : Asentar algo sobre una base.
  __________ : Tienda donde se venden muebles y objetos varios. Cierto mercado oriental.

adolecente
adolescente

abrasar
abrazar

acedar
asedar

asada
azada

as
has
haz

ases
haces

ascenso
asenso

asar
azar
azahar

basar
bazar

Asia
hacia

- __________ : Órgano del cuerpo humano situado a la izquierda del vientre.
  __________ : Pieza cóncava que sirve para contener, principalmente, líquidos.
- __________ : Del verbo besar.
  __________ : Plural de vez.
- __________ : Persona que trabaja con los brazos.
  __________ : Utensilio contenedor de lumbre o de brasas.
- __________ : Carbón encendido.
  __________ : Medida marina de longitud que equivale a 1.67 metros.
- __________ : Contraer matrimonio.
  __________ : Matar o atrapar animales en una cacería.
- __________ : Del verbo casar; suceso, lance.
  __________ : Utensilio de cocina; del verbo cazar.
- __________ : Casa grande o señorial antigua.
  __________ : Pez de más de dos metros de largo con dientes agudos y cortantes.
- __________ : Lecho de un río.
  __________ : Del verbo causar.
- __________ : Alimento con el que se ceba a los animales; carne puesta en el anzuelo para que la muerda un pez; del verbo cebar.
  __________ : Grasa de ciertos animales.
- __________ : Tercera letra del alfabeto.
  __________ : Pronombre de tercera persona utilizable en los verbos (amarse, amase, amese, amándose).
  __________ : De los verbos ser y saber.
- __________ : Acto de ceder o donar.
  __________ : Junta, conferencia.

casar
cazar

bracero
brasero

brasa
braza

cauce
cause

casón
cazón

caso
cazo

ce
se
sé

cesión
sesión

bazo
vaso

cebo
sebo

beses
veces

- __________ : Del verbo ceder.
  __________ : Fibra que produce el gusano de seda.
- __________ : Del verbo ceder.
  __________ : Silla. Aplícase a la que ocupa el Papa: Santa Sede; lugar.
- __________ : Verbo: perder la vista; ofuscarse el entendimiento por alguna pasión.
  __________ : Verbo: cortar hierbas con una hoz.
- __________ : Del verbo cenar.
  __________ : Río de Francia.
- __________ : Del verbo cenar.
  __________ : Concavidad o hueco; concavidad del pecho de las personas; regazo; función trigonométrica.
- __________ : Ciertos hoyos cavados en el suelo; linaje.
  __________ : Del verbo saber.
- __________ : Hija de Saturno y diosa de la agricultura.
  __________ : Plural de ser.
- __________ : Metal; nombre de un asteroide.
  __________ : Que tiene seriedad.
- __________ : Del verbo cesar.
  __________ : Médula del cerebro; juicio, madurez.
- __________ : Canasto.
  __________ : Lo que sigue de quinto.
- __________ : Número; apócope de ciento.
  __________ : Parte de la cabeza entre la oreja y la ceja.
- __________ : Conjunto de cien unidades.
  __________ : Del verbo sentir.
- __________ : Del verbo cerrar.
  __________ : Sucesión de montañas o de colinas; instrumento cortante.

cepa
sepa

Ceres
seres

cerio
serio

ciento
siento

cierra
sierra

ceda
seda

cede
sede

cegar
segar

cena
Sena

ceno
seno

ceso
seso

cesto
sexto

cien
sien

- __________ : Venado.
  __________ : Hombre sin libertad, esclavizado.
- __________ : La parte más alta de una montaña, de una colina o de algún lugar.
  __________ : Concavidad profunda y oscura.
- __________ : Vela gruesa de cera.
  __________ : Hombre oriundo de Siria; la más brillante de las estrellas.
- __________ : Del verbo citar; indicarse lugar y fecha para una entrevista; dicho o texto de otra persona.
  __________ : Situado.
- __________ : Preparar comida por medio del fuego.
  __________ : Verbo: dar puntadas a una tela.
- __________ : Ayuntamiento que administra los negocios públicos de una municipalidad.
  __________ : Reunión de ciertas personas. Aconsejar.
- __________ : El que tiene conciencia de lo que hace.
  __________ : Del verbo consentir.
- __________ : Acción de retorcerse.
  __________ : Actitud forzada, movimiento convulsivo.
- __________ : Enclítico: se lo dí.
  __________ : Enclítico: lo dice.
- __________ : Del verbo encimar; estar en un lugar o puesto superior.
  __________ : Sustancia catalizadora de los procesos del metabolismo. (La enzima **tialina** que está en la saliva, transforma en azúcar el almidón de los alimentos.)
- __________ : Verbo: cubrir un suelo con losas unidas y ordenadas.
  __________ : Verbo: cubrir con loza o esmalte vítreo.

consciente
consiente

contorción
contorsión

cima
sima

cirio
sirio

díselo
dícelo

encima
enzima

enlosar
enlozar

ciervo
siervo

cita
sita

cocer
coser

concejo
consejo

• __________ : Perteneciente o relativo a la escultura.
__________ : Que algo ha dejado de ser cultural, que ya no tiene cultura.

• __________ : Observar con cautela.
__________ : Purgar un delito.

• __________ : Verbo: expeler el aire aspirado.
__________ : Verbo: acabarse un periodo de tiempo. Acabarse la vida.

• __________ : Una de las partes de la mecánica.
__________ : Persona que está en éxtasis.

• __________ : Linaje, tronco de una familia.
__________ : Del verbo extirpar, arrancar de cuajo.

• __________ : Plural de fin.
__________ : Que tiene fineza, que es fino.

• __________ : Propósito o determinación de hacer algo.
__________ : Intensidad.

• __________ : Arrojar un lazo a las bestias o a objetos para sujetarlos.
__________ : Aflojar, suavizar.

• __________ : Desfallecimiento, cansancio, falto de fuerzas.
__________ : Cualidad de laxo, flojo, relajado.

• __________ : Femenino de liso.
__________ : Pez.

• __________ : Baldosa, lápida.
__________ : Barro o arcilla cocida.

• __________ : Harina mezclada con un líquido para que se conserve sólida; cantidad de materia que tiene un cuerpo.
__________ : Arma, instrumento.

• __________ : Del verbo mecer.
__________ : Plural de mes; del verbo mesar.

masa
maza

meces
meses

escultural
excultural

espiar
expiar

espirar
expirar

estática
extática

lasitud
laxitud

lisa
liza

losa
loza

estirpe
extirpe

fines
finez

intención
intensión

lazar
laxar

- __________ : Recipiente de cristal lleno de agua que se utiliza para tener uno o varios peces.

  __________ : Transporte público que con este nombre se le conoce porque antaño cobraba un peso.

- __________ : Del verbo posar.

  __________ : Hoyo que se hace en el suelo para extraer agua.

- __________ : Del verbo rebosar.

  __________ : Cierto chal usado por las mexicanas.

- __________ : Del verbo rezar.

  __________ : Plural de res.

- __________ : Lo acabado de hacer o de suceder.

  __________ : Del verbo resentir.

- __________ : Lo que tiene color de rosa.

  __________ : Participio del verbo rozar.

- __________ : Cierta clase de hongos comestibles.

  __________ : Última letra del alfabeto español.

- __________ : Nativo de Suecia.

  __________ : Calzado de madera.

- __________ : Verbos sumar y sumir; aplícase a lo más elevado y sobresaliente.

  __________ : Jugo de frutos y plantas.

- __________ : Del verbo tasar, poner precio.

  __________ : Vasija para contener líquidos.

- __________ : Del verbo ver.

  __________ : El que dice siempre la verdad.

- __________ : Del verbo ver.

  __________ : Ocasión.

sueco
zueco

sumo
zumo

tasa
taza

pecera
pesera

poso
pozo

reboso
rebozo

reces
reses

verás
veraz

ves
vez

reciente
resiente

rosado
rozado

seta
zeta

LA CONFUSIÓN DE ESCRIBIR UNA PALABRA CON G O J

Las letras **j** y **g** ante **a, o, u,** no tienen problema para escribirse: la **j** tiene sonido fuerte; la **g** tiene sonido suave.

Sonido fuerte: **ja, jo, ju.**			Sonido suave: **ga, go, gu.**		
abe**ja**	a**jo**	a**ju**ste	al**ga**	a**go**sto	a**gu**a
ale**ja**r	fri**jo**l	**jú**bilo	**ga**to	car**go**	i**gu**al
jarabe	**jo**ya	**ju**go	pa**ga**r	fan**go**	i**gu**ana
jamón	vie**jo**	en**ju**to	**ga**cela	**go**zar	**gu**acal
man**ja**r	**jo**roba	brú**ju**la	**ga**la	**go**rra	**gu**ante

Sin embargo, la **j** y la **g**, ante las vocales **e, i,** ambas tienen sonido fuerte de **j**: **je**fe, **ge**sto, **ji**rafa, **gi**ra, y de aquí la confusión de escribirlas con **j** o con **g**.

En términos generales, para escribir **j** o **g**, según corresponda, se debe tener en cuenta lo siguiente:

La **j**

- La **j** siempre va ante vocal, nunca ante consonante: ca**ja**, roda**je**, co**jí**n, o**jo**, **ju**lio.
- La **j** siempre inicia con sílaba, salvo una palabra: reloj.
- La **j** siempre tiene su sonido fuerte de **j: ja, je, ji, jo, ju.**
- La **j** nunca cambia a otra letra —ni siquiera a **g**—, por tanto, la **j** se conservará en las palabras que se deriven: ca**ja**, ca**ji**ta, ca**jo**ta, ca**je**ro, etc.

La **g**

- La **g** también va ante vocal; pero también va ante consonante **(l, r)** y con esto, siempre se escribirá **g** ante consonante: a**gl**omerar **gr**acia, **gr**is, **gl**obo, ale**gr**ía, **gl**oria.
- En consecuencia, siempre se escribe **g** al final de sílaba: **amígdala, signo, zigzag.**
- La **g** tiene dos sonidos: sonido suave ante **a, o, u: gato, gozo, gusto**; y sonido fuerte de **j** ante **e, i**: ángel, álgebra, Egipto, elegir.
- En 36 verbos que terminan en -ger y -gir (menos crujir y tejer) la **g** cambia a **j**: proteger: prote**jo(a)**, prote**ja**s, prote**ja**n, prote**ja**mos, proté**ja**se, proté**ja**la(s); dirigir: diri**jo(a)**, diri**ja**s, diri**ja**n, diri**ja**mos, dirí**ja**se, dirí**ja**nos, dirí**ja**lo.

Considerándose las pocas palabras y normas que la **j** tiene para bien escribirse, es conveniente estudiarlas en primer lugar, y ya aprendidas, por eliminación, todas las demás se escribirán con **g**.

LA LETRA J

Las palabras que llevan **j**, sin contar derivaciones verbales, plurales y enclíticos, son alrededor de 665, y de ellas, 380 no representan dificultad para escribirse porque tienen **ja, jo, ju**, cuyo sonido fuerte las diferencia de **ga, go, gu** (jardín, joven, jugo/gato, goce, guasa).

De las 285 palabras que llevan **je, ji**, la mayor parte —210— no tienen problema para bien escribirse ya que siempre van, en: 110 que terminan con **-aje**; 50 que se derivan de otras que llevan **ja** y **jo**; 18 verbos que terminan en **-jear**; 20 palabras que inician con **aje-** y **eje** (menos agenda y agencia); 10 en que va **j** después de **ad-** y **ob-**; 6 que terminan con **-plejía** y **-pléjico**.

LAS 6 NORMAS PARA ESCRIBIR J ANTE E, I.

• **Siempre se escribe j en las palabras que terminan con -aje.** De las 110 que existen (ver pag. 300 del libro de consulta) e aquí algunos ejemplos:

abordaje	comadraje	fichaje	metraje	ramaje
almacenaje	concertaje	forraje	octanaje	reportaje
amperaje	corretaje	gaje	paisaje	ropaje
aprendizaje	coyotaje	guaje	pandillaje	salvaje
arribaje	desencaje	herraje	paralaje	suaje
bagaje	desmontaje	hospedaje	pastizaje	tiraje
billetaje	drenaje	lenguaje	peregrinaje	traje
boscaje	encaje	linaje	personaje	ultraje
camuflaje	ensamblaje	marcaje	pillaje	vendaje
celaje	espionaje	masaje	porcentaje	villaje
ciclaje	estiaje	mensaje	potaje	voltaje

• **Siempre que una palabra lleve j en la última sílaba, la conserva en sus derivados que principalmente terminan en -jero(a), -jería.** Los ejemplos son:

alforja : alforjero, alforjería.
alhaja : alhajero, alhajería.
azulejo : azulejero, azulejería.
bajo : bajeza, bajío, bajista, contrabajista.
bruja(o) : brujería.
burbuja : burbujear, burbujeo.
caja : cajera(o), cajita.
calleja : callejero, callejear, callejeo.
cangrejo : cangrejero(a).
cerrojo : cerrajero, cerrajería.
clavija : clavijero.
cojo : cojera, cojez.

complejo	: complejidad.	oreja	: **orejera.**
consejo	: **consejero(a), consejería.**	reloj	: **relojero, relojería.**
espejo	: **espejismo.**	rojo	: **enrrojecer, rojizo.**
fijar	: **fijeza.**	toronja	: **toronjil.**
flojo	: **flojera, flojear.**	perplejo	: **perplejidad.**
granja	: **granjero, granjería.**	viejo	: **avejentar, envejecer, ropavejero, vejestorio, vejez, viejez.**
hoja	: **hojear, hojita.**		
lejos	: **lejitos, lejísimos.**		
ojo	: **anteojera, ojera, ojeriza.**		

Otras palabras son: **agujero, extranjero, extranjería, mensajero, mensajería, tablajero, tablajería** y **viajero.**

• **Siempre van con j los 18 verbos terminados en -jear**, los cuales son:

burbujear	**cerrajear**	**flojear**	**hojear**	**ojear**
callejear	**chantajear**	**forcejear**	**homenajear**	**trajear**
canjear	**cojear**	**gorjear**	**lisonjear**	
carcajear	**espejear**	**granjear**	**masajear**	

• **Se escribe j en las palabras que inician con aje, eje** (menos agenda, agencia y agente), y son las siguientes:

ajedrez	**eje**	**ejemplar**	**ejercicio**
ajedrecista	**ejecución**	**ejemplificar**	**ejercitar**
ajenjo	**ejecutador(a)**	**ejemplificación**	**ejército**
ajeno	**ejecutar**	**ejemplificante**	
ajetrear	**ejecutivo**	**ejemplificador(a)**	
ajetreo	**ejemplo**	**ejercer**	

• **Se escribe j después de ad y ob**. Las pocas palabras que hay son:

adjetivar	**objeción**	**objetivación**
adjetival	**objetar**	**objetivar**
adjetivo	**objeto**	**objetivo**
adjuntar	**objetival**	

• **Siempre se escribe con j** el vocablo técnico **plejía** y su variante **-pléjico.** Las pocas que existen son: **apoplejía, apopléjico, hemiplejía, hemipléjico, paraplejía, parapléjico.**

EJERCICIOS

En los espacios a la derecha escribe la palabra que corresponda con la terminación **-aje**.

periodo de aprender ____________________
que se realiza arbitrio ____________________
acción de patinar ____________________
conjunto de plumas ____________________
conjunto de ramas ____________________
acto de reciclar ____________________
acto de virar ____________________
acto de sabotear ____________________
movimiento de las olas ____________________
acto de engranar ____________________
acto de marcar ____________________
acto de espiar ____________________

De las siguientes palabras escribe dos derivados que lleven **je** o **ji**.

reloj ______________ ______________
viejo ______________ ______________
cerrojo ______________ ______________
ojo ______________ ______________
consejo ______________ ______________
alhaja ______________ ______________
azulejo ______________ ______________
lejos ______________ ______________
rojo ______________ ______________
alforja ______________ ______________

Escribe los 18 verbos que terminan en **-jear**.

__________ __________ __________ __________ __________
__________ __________ __________ __________ __________

______ ______ ______ ______ ______

______ ______ ______

Escribe quince palabras que inicien con **aje-** y **eje-**.

______ ______ ______ ______ ______

______ ______ ______ ______ ______

______ ______ ______ ______ ______

¿Cuáles son las tres palabras que inician con **age-**.

______ ______ ______

Escribe cuatro palabras que inicien con **adj**.

______ ______ ______ ______

Escribe cuatro palabras que inicien con **obj**.

______ ______ ______ ______

Escribe las tres palabras que terminan en **-plejía** y las tres que terminan en **-pléjico**. ______ ______ ______

______ ______ ______

EN LOS 36 VERBOS CON -GER O -GIR, LA **G** CAMBIA A **J**

• Los verbos que en su última sílaba tienen **ger** o **gir** (excepto tejer y crujir), al conjugarse, las vocales **e**, **i**, cambian a las vocales **a**, **o**, y con ello la **g** cambia a **j**. La razón de lo anterior obedece a que **ge** y **gi**, que tienen sonido fuerte de **j**, deben seguir conservando este sonido y si conservaran la **g** cambiaría a sonido suave de **ga** y **go**.

Los tiempos, modos y personas donde cambia la **g** por **j**, son:

Presente del indicativo: yo diri**jo**.

Presente del subjuntivo: yo/él esco**ja**, tú esco**jas**, nosotros esco**jamos**, ustedes/ellos esco**jan**.

Imperativo: sur**ja** él, sur**jamos** nosotros, sur**jan** ustedes/ellos.

Los nueve verbos que terminan en **ger** en los que la **g** cambia a **j**, son: aco**ger**, co**ger**, conver**ger**, desenco**ger**, emer**ger**, enco**ger**, esco**ger**, prote**ger** y reco**ger**. Se exceptúa tejer.

Los 27 verbos terminados en **-gir**, menos crujir, son:

afligir	dirigir	fungir	restringir	transigir
astringir	divergir	infligir	resurgir	ungir
compungir	elegir	infringir	rugir	urgir
constringir	eregir	mugir	sumergir	
convergir	exigir	reelegir	surgir	
corregir	fingir	regir	teledirigir	

• En los trece verbos compuestos del verbo **ducir** (**aducir**, autoin**ducir**, con**ducir**, copro**ducir**, de**ducir**, in**ducir**, intro**ducir**, pro**ducir**, recon**ducir**, re**ducir**, repro**ducir**, se**ducir** y tra**ducir**), la **c** se convierte en **j** en las siguientes derivaciones verbales.

Pasado del indicativo: yo produ**je**, tú dedu**ji**ste, él condu**jo**, nosotros tradu**ji**mos, ustedes/ellos indu**je**ron.

Pasado del subjuntivo: yo/él produ**je**ra o produ**je**se, tú tradu**je**ras o tradu**je**ses, nosotros produ**jé**ramos o produ**jé**semos, ustedes/ellos sedu**je**ran o sedu**je**sen.

Futuro del subjuntivo: yo/él adu**je**re, tú redu**je**res, nosotros condu**jé**remos, ustedes/ellos produ**je**ren.

• Los verbos **decir** y **traer**, con sus derivados, al conjugarse llevan **g** y **j**. Los vervos que se derivan son: ben**decir**, contra**decir**, mal**decir**, pre**decir**; abs**traer**, **atraer**, con**traer**, ex**traer**, mal**traer**, re**traer** y retro**traer**, y adquieren **g** o **j** de la siguiente forma:

Verbo decir.

Presente del indicativo: yo di**go**.

Presente del subjuntivo: yo/él di**ga**, tú di**gas**, nosotros di**gamos**, ustedes/ellos di**gan**.

Imperativo: di**ga** él, di**gamos** nosotros, di**gan** ustedes/ellos.

Pretérito o pasado del indicativo: yo di**je**, tú di**ji**ste, él di**jo**, nosotros di**ji**mos, ustedes/ellos di**je**ron.

Pretérito o pasado del subjuntivo: yo/él di**je**ra o di**je**se, tú di**je**ras o di**je**ses, nosotros di**jé**ramos o di**jé**semos, ustedes/ellos di**je**ran o di**je**sen.

Futuro del subjuntivo: yo/él **dijere**, tú **dijeres**, nosotros **dijéremos**, ustedes/ellos **dijeren**.

Con lo anterior visto, sólo existen 55 palabras con **je** o **ji** que podríanse confundir con **ge** o **gi**, las cuales son:

berenjena	injerir	jersey	jirón	tarjeta
cojín	injertar	(o yersey)	jitomate	tejer
comején	interjección	jeta	lejía	tijera
conjetura	jefe	jíbaro	mejilla	trajinar
conserje	jengibre	jícama	mejillones	trajinera
crujir	jeque	jícara	mojigato	troje
descuajeringar	jerarca	jicote	molcajete	vajilla
dije	jerez	jilguero	monje	vejiga
ejido	jerga	jilote	mujer	
enajenar	jerigonza	jinete	perejil	
forajido	jeringa	jiote	prójimo	
hereje	jeroglífico	jirafa	sujetar	

EJERCICIOS

De los siguientes verbos escribe dos derivaciones verbales en las que la **g** cambie a **j**.

acoger ____________________ ____________________

coger ____________________ ____________________

converger ____________________ ____________________

desencoger ____________________ ____________________

emerger ____________________ ____________________

encoger ____________________ ____________________

escoger ____________________ ____________________

proteger ____________________ ____________________

recoger ____________________ ____________________

afligir ____________________ ____________________

corregir ____________________ ____________________

dirigir ____________________ ____________________

elegir ____________________ ____________________

exigir ____________________ ____________________

fingir ____________________ ____________________

fungir ____________ ____________

regir ____________ ____________

resurgir ____________ ____________

rugir ____________ ____________

sumergir ____________ ____________

surgir ____________ ____________

transigir ____________ ____________

urgir ____________ ____________

convergir ____________ ____________

De los siguientes verbos escribe dos derivaciones verbales en las que adquieran la **g** y dos derivaciones verbales en las que adquieran la **j**.

decir ________ ________ ________ ________

ben**decir** ________ ________ ________ ________

contra**decir** ________ ________ ________ ________

mal**decir** ________ ________ ________ ________

pre**decir** ________ ________ ________ ________

traer ________ ________ ________ ________

a**traer** ________ ________ ________ ________

con**traer** ________ ________ ________ ________

ex**traer** ________ ________ ________ ________

mal**traer** ________ ________ ________ ________

re**traer** ________ ________ ________ ________

retro**traer** ________ ________ ________ ________

Escribe veinte palabras que lleven **je** o **ji** y que no estén contenidas en normas.

________ ________ ________ ________ ________

________ ________ ________ ________ ________

________ ________ ________ ________ ________

________ ________ ________ ________ ________

LA LETRA G

La letra g tiene dos sonidos, uno suave y otro fuerte, el de j.

La g siempre tiene sonido suave ante a, o, u; ante r o l; y al final de sílaba.

La g + a, o, u (ga, go, gu) tiene sonido suave y no hay confusión para escribirse como **j + a, o, u,** porque ésta tiene sonido fuerte. Ejemplos:

agachar	espiga	juerga	organizar	tortuga
bodega	fogata	lugar	pechuga	vulgar
agosto	estómago	hallazgo	negocio	solariego
bigote	fuego	jugo	ombligo	trigo
agua	figurar	igual	preguntar	triángulo
canguro	gustar	lengua	regular	vanguardia

• **Siempre se escribe g ante r y l**. Aparte de **r** y **l** **(gr, gl)**, hay dos palabras en las que la **g** va ante **s**: gangster y tungsteno, y dos palabras que llevan **gn**, aunque éstas tienen doble ortografía: gnomo/nomo y gnóstico/nóstico. Algunos ejemplos son:

agraciar	egresar	lograr	ogro	sagrado
bisagra	grabar	mugre	progresar	tigre
aglomerar	glorieta	juglar	políglota	tinglado
conglutinar	hemoglobina	manglar	reglar	troglodita

• **Siempre se escribe g al final de sílaba** y en 4 ejemplos al final de palabra —iceberg, zigzag, ying y yang—, menos reloj y su variante contrarreloj. Algunos ejemplos son:

amígdala	dignidad	impregnar	magnético	resignar
benigno	fragmentar	insignia	pigmento	significar
consignar	ignorar	magnífico	pugnar	segmento

EJERCICIOS

Sin copiar los ejemplos anteriores, escribe diez palabras que lleven **ga**, diez que lleven **go** y diez que lleven **gu**.

_______________ _______________ _______________ _______________ _______________

Igualmente, escribe diez palabras que lleven **gr** y diez que lleven **gl**.

Escribe diez palabras que lleven **g** al final de sílaba.

• **Los verbos caer, hacer, poner, salir, tener, valer, venir y sus compuestos, al conjugarse adquieren la g**, en los siguientes tiempos y personas:

Presente del indicativo: yo **valgo**.

Presente del subjuntivo: yo/él **valga**, tú **valgas**, nosotros **valgamos**, ustedes/ellos **valgan**.

Imperativo: **valga** él, **valgamos** nosotros, **valgan** ustedes/ellos.

Los verbos que se componen de los siguientes verbos simples, son:

caer : decaer, recaer.

hacer : deshacer, rehacer, satisfacer.

poner : anteponer, componer, contraponer, deponer, descomponer, disponer, imponer, interponer, oponer, posponer, predisponer, presuponer, proponer, reponer, sobreponer, suponer, yuxtaponer.

salir : sobresalir.

tener : abstener, atener, contener, detener, entretener, mantener, obtener, retener, sostener.

valer : equivaler, prevaler.

venir : contravenir, convenir, desavenir, devenir, intervenir, prevenir, reconvenir, sobrevenir.

LAS PALABRAS CON GUE O GUI EN LAS QUE LA U ES MUDA

La **g** + **e, i (ge, gi)**, tiene sonido fuerte de **j (je, ji)**; sin embargo, existen palabras que llevando **ge** o **gi** deben pronunciarse con sonido suave de **g**, y para que se entienda que estas palabras se deben pronunciar como **g** y no como **j**, se pone una **u** muda entre la **g** y la **e (gue)**, o entre la **g** y la **i (gui)**.

Las palabras que llevan **gue** o **gui** en las que la **u** es muda, son:

a**gue**rrido	churri**gue**resco	**gui**llotina	lar**gue**za	reple**gue**
a**gui**jón	den**gue**	**gui**ñapo	lati**gue**ar	san**gui**juela
á**gui**la	desplie**gue**	**gui**ñar	li**gue**ro	san**guí**neo
a**gui**naldo	distin**gui**r	**gui**ñol	madri**gue**ra	se**gue**ta
alber**gue**	dro**gue**ría	**gui**ón	ma**gue**y	se**gui**r
al**gui**en	embra**gue**	**gui**rnalda	man**gue**ra	si**gui**ente
ami**gue**ro	embria**gue**z	**gui**sar	meren**gue**	tian**gui**s
bode**gue**ro	er**gui**r	**gui**tarra	mona**gui**llo	tri**gue**ño
borre**gue**ro	espa**gue**ti	hi**gue**ra	nal**gue**ar	tri**gue**ro
bra**gue**ta	extin**gui**r	ho**gue**ra	prolo**gui**sta	va**gue**ar
bur**gue**sía	fo**gue**ar	hormi**gue**ar	re**gue**ro	va**gue**dad
car**gue**ro	**gue**rra	jil**gue**ro	re**gui**lete	vá**gui**do
ce**gue**ra	**gui**ar	ju**gue**te	relampa**gue**ar	vi**gue**ta
chis**gue**te	**gui**jarro	lan**gui**dez	ren**gue**ar	za**gue**ro

Los 150 verbos que terminan en -gar, si al conjugarse la g va ante e, entonces se le interpone una u muda para que la g siga teniendo sonido suave. Los tiempos, modos y personas en los que **ga** cambia a **gue**, son:

Pasado del indicativo: yo pa**gué**.

Presente del subjuntivo: yo/él pa**gue**, tú pa**gues**, nosotros pa**guemos**, ustedes/ellos pa**guen**.

Imperativo: pa**gue** él, pa**guemos** nosotros, pa**guen** ustedes/ellos.

Los 150 verbos que al conjugarse **ga** cambia a **gue**, están en las pags. 124-125 del libro de consulta. Algunos ejemplos son:

abogar	conjugar	fatigar	ligar	navegar	rasgar
alargar	dialogar	indagar	llegar	pagar	sesgar
bregar	encargar	irrigar	madrugar	pegar	tragar
cargar	entregar	juzgar	mitigar	prodigar	vagar

EJERCICIOS

De los siguientes verbos escribe una derivación que lleve **g**.

caer	______________	imponer	______________
hacer	______________	suponer	______________
poner	______________	sobresalir	______________
salir	______________	posponer	______________
tener	______________	detener	______________
valer	______________	mantener	______________
venir	______________	obtener	______________
convenir	______________	prevenir	______________
detener	______________	equivaler	______________
oponer	______________	deshacer	______________
recaer	______________	interponer	______________
satisfacer	______________	disponer	______________

Escribe diez palabras que lleven **gue** y diez que lleven **gui**.

__________ __________ __________ __________ __________

__________ __________ __________ __________ __________

__________ __________ __________ __________ __________

__________ __________ __________ __________ __________

De los siguientes verbos escribe tres derivaciones que lleven **gue**.

cargar	______________	______________	______________
otorgar	______________	______________	______________
bregar	______________	______________	______________
albergar	______________	______________	______________
delegar	______________	______________	______________
apagar	______________	______________	______________
doblegar	______________	______________	______________
indagar	______________	______________	______________

pagar ________________ ________________ ________________

prolongar ________________ ________________ ________________

• **Los seis verbos terminados en -guir** —conseguir, perseguir, proseguir, seguir, distinguir y extinguir— **que tienen sonido suave por la u muda, al conjugarse y cambiar la "i" por "a, o", gui se convierte en ga o go, que tiene sonido natural suave** y, por ello, ya no se pone **u** muda para diferenciar **ge** y **gi** (que tiene sonido fuerte de **j**).

Los tiempos, modos y personas, donde la terminación **-guir** cambia a **ga** o **go**, son:

Presente del indicativo: yo si**go**.

Presente del subjuntivo: yo/él si**ga**, tú si**ga**s, nosotros si**ga**mos, ustedes/ellos si**ga**n.

Imperativo: si**ga** él, si**ga**mos nosotros, si**ga**n ustedes/ellos.

• **Si una palabra lleva gue o gui con u que no es muda, esto es, que deba pronunciarse, entonces debe llevar diéresis: güe, güi.**

Las palabras que llevan **güe, güi**, en que la **u** se pronuncia, son:

agüero	chiquigüite	lengüetada	paragüería	sinvergüenza
antigüedad	degüello	lengüetazo	paragüero	trilingüe
argüir	desagüe	lingüista	pedigüeño	ungüentario
argüitivo	exigüidad	lingüística	pingüe	ungüento
bilingüe	güero	monolingüe	pingüino	vergüenza
cigüeña(o)	güipil	nicaragüense	piragüero	yegüería
contigüidad	halagüeño	nicaragüeño	piragüista	zarigüeya

• **Existen doce verbos que terminan en -guar** los que, al conjugarse, **gua** se hace **güe** (con diéresis) al cambiar la vocal **a** por **e** teniendo que seguir pronunciándose la **u**. Los verbos son: **aguar**, amorti**guar**, anti**guar**, apaci**guar**, atesti**guar**, atre**guar**, averi**guar**, desa**guar**, deslen**guar**, fra**guar**, men**guar** y santi**guar**; y los modos, tiempos y personas, los siguientes:

Pasado del indicativo: yo averi**güé**.

Presente del subjuntivo: yo/él averi**güe**, tú averi**güe**s, nosotros averi**güe**mos, ustedes/ellos averi**güe**n.

Imperativo: averi**güe** él, averi**güe**mos nosotros, averi**güe**n ustedes/ellos.

EJERCICIOS

De los siguientes verbos escribe tres conjugaciones haciendo que la terminación **-guir** cambie a **ga** o **go**

conseguir ______________ ______________ ______________
perseguir ______________ ______________ ______________
proseguir ______________ ______________ ______________
seguir ______________ ______________ ______________
distinguir ______________ ______________ ______________
extinguir ______________ ______________ ______________

Si una palabra lleva **gue** o **gui** indica que la **u** es muda, ¿qué signo se debe poner a la letra **u** para que tenga sonido? ______________

Escribe diez palabras que lleven diéresis.

__________ __________ __________ __________ __________
__________ __________ __________ __________ __________

De los siguientes verbos escribe tres derivaciones que lleven **güe**.

amortiguar	apaciguar	atestiguar	atreguar	averiguar

desaguar	deslenguar	fraguar	menguar	santiguar

EL SONIDO FUERTE DE LA G ANTE LAS VOCALES E, I

La **g + e, i (ge, gi)**, siempre tienen sonido de **j**, y es aquí donde existe la confusión de escribir **ge, gi** o **je, ji**. Ejemplos: agencia, ajenjo, gemir, jerarca; gitano, jitomate, girar, jirafa, higiene, ejido.

Las palabras que llevan **ge** o **gi** son alrededor de 500 (sin considerar derivaciones, enclíticos y plurales) y casi todas están contenidas en las palabras que llevan **ge** o **gi** más vocal, y las que tienen **ge** o **gi** ante **l**, **m**, **n**; ante **s**; ante **b**, **v**, **d**; y ante **r**, **t**.

- **Por lo general se escribe g en las palabras que llevan ge o gi más otra vocal, y sus derivados con la terminación -ico.** Excepciones: los 20 verbos que terminan en **jear** —hojear, homena**jear**, etc.—, here**jía**, **jiote**, **lejía**, apo**plejía**, hemi**plejía** y para**plejía**. Las palabras con ge o gi + vocal, son:

abigeo	demagógico	hemorragia	nostalgia	regio
adagio	efigie	hemorrágico	nostálgico(a)	regiomontano
agio	elegía	higiene	orgía	región
agiotista	elogiar	higiénico(a)	orgiástico	religión
alergia	elogio	higienizar	plagiar	religiosidad
alérgico	energía	legión	plagiario	religioso
cirugía	enérgico	legionario	plagio	sacrilegio
colegial	estrategia	liturgia	presagiar	siderurgia
colegiar	estratégico	litúrgico	presagio	siderúrgico(a)
colegiatura	florilegio	magia	prestigio	sortilegio
colegio	géiser	mágico	privilegio	sufragio
contagiar	geocéntrico	metalurgia	prodigio	vestigio
contagio	geofísica	metalúrgico	refugiar	vigía
demagogia	geometría	naufragio	refugio	

A lo anterior, se agregan las 53 palabras compuestas con **logía** que tienen **gi** más vocal, a las que se aúnan sus variantes con la terminación **-gico(a)**. Excepciones: apopléjico, hemipléjico y parapléjico. Algunos ejemplos son:

antropología	cronología	antropológico	ideológico
arqueología	geología	arqueológico	mitológico
biología	ginecología	biológico	odontológico
climatología	ideología	climatológico	patológico
odontología	sicología	cronológico	sicológico
mitología	tecnología	geológico	tecnológico
patología	zoología	ginecológico	zoológico

- **Se escribe ge o gi ante l**, menos: jilguero, jilote y perejil. Las que existen, son:

ágil	angelical	congelar	frágil	vergel
agilidad	angelizar	evangelio	fragilidad	vigilancia
agilizar	arcángel	evangelizar	gelatina	vigilante
ángel	Argel	flagelante	gélido	vigilar
Ángela	argelino	flagelar	púgil	vigilia
Angélica	congelante	flagelo	sigilo	

• **Casi siempre se escribe ge o gi ante n y m (gen, gem, gin, gim).** Excepciones: berenjena, cojín, comejen, enajenar, jengibre, prójimo, trajinar y trajinera. Las palabras que existen son:

aborigen
agencia
agenda
agente
angina
Argentina
astringencia
autógeno
cancerígeno
colágeno
compaginar
congénere
congeniar
congénito
contingencia
contingente
convergencia
degenerar
detergente
diligencia
dirigencia
divergencia
emergencia
engendrar
estratagema
exigencia
exógeno
fotogénico
gema
gemebundo
gemela(o)
géminis
gemir
gendarme
generación
general
generalizar
generar
género
generosidad
génesis
genética
genio
genital
gente
gentil
gentilicio
gentío
genuino
gimnasia
gimnasta
gimotear
hegemonía
heterogéneo
hidrógeno
homogéneo
imaginar
indígena
indigencia
indulgencia
ingeniar
ingeniero
ingenuo
insurgente
inteligencia
intransigente
legendario
margen
marginar
misógino
nitrógeno
octogenario
oleaginoso
origen
original
originar
oxígeno
página
primigenio
primogénito
progenitor
refulgente
regencia
regenerar
regente
régimen
regimiento
sargento
tangente
transigencia
urgencia
vertiginoso
vigencia
virgen
vorágine

• **Siempre se escribe ge o gi ante s.** Las palabras que existen son:

analgesia
analgésico
congestión
congestionar
congestivo
descongestionar
digestión
digestivo
exégesis
gestación
gestar
gesticular
gestión
gestionar
gesto
gestor
gestudo
gis
indigestar
indigestión
ingestión
legislación
legislador
legislar
legislativo
legislatura
magisterial
magisterio
magistral
registrar
registro
silogismo
sugestión
sugestionar
sugestivo

• **Se escribe ge o gi ante b, v, d.** Excepciones: ejido, forajido y jíbaro. Las palabras que existen son:

álgebra
algidez
álgido
frigidez
frugívoro
ilegible
incorregible
inteligible
jengibre
legible
longevidad
longevo
rígido
rigidez
tangible
tergiversar
tragedia

EJERCICIOS

La letra **g** ¿ante que vocales tiene sonido fuerte? Ante la ____ y la ____

Por lo general se escribe **g** en las palabras que llevan **ge** o **gi** más vocal. Indica cuáles son las excepciones: Los verbos que terminan en ________. Pon cinco ejemplos de estos verbos, y los seis que llevan **ji** + vocal.

__________ __________ __________ __________ __________

________________ ________________ ________________

________________ ________________ ________________

Escribe veinte palabras que lleven **ge** o **gi** más vocal.

__________ __________ __________ __________ __________

__________ __________ __________ __________ __________

__________ __________ __________ __________ __________

__________ __________ __________ __________ __________

Escribe una palabra que termine con **logía** o **lógico** y que equivalga a la frase anotada.

estudio de la vida (bio) ____________________

inherente a la geología ____________________

estudio de la mente (sico) ____________________

estudio o tratado de los sismos ____________________

inherente a la teología ____________________

estudio o tratado sobre Dios ____________________

estudio de los animales (zoo) ____________________

inherente a la ideología ____________________

estudio de los climas ____________________

inherente a la mitología ____________________

Escribe quince palabras que lleven **gel** y **gil**, y las tres que llevan **jil**.

__________ __________ __________ __________ __________

__________ __________ __________ __________ __________

__________ __________ __________ __________ __________

________________ ________________ ________________

Escribe quince ejemplos en los que vayan **ge** o **gi** ante **n** o **m**.

_____ _____ _____ _____ _____

_____ _____ _____ _____ _____

_____ _____ _____ _____ _____

Escribe las ocho palabras que llevan **jin, jen** y **jem.**

_____ _____ _____ _____

_____ _____ _____ _____

Escribe diez palabras que lleven **ges** o **gis**.

_____ _____ _____ _____ _____

_____ _____ _____ _____ _____

Escribe quince palabras que lleven **ge** o **gi** ante **b, v** o **d.**

_____ _____ _____ _____ _____

_____ _____ _____ _____ _____

_____ _____ _____ _____ _____

• **Se escribe ge o gi ante t**, menos: adjetivo, objetivo, objeto, conjeturar, jeta, jitomate, molcajete, sujetar y tarjeta. Las palabras que existen son:

agitar
cogitabundo
cogitar
cogitativo
digitación
digital
dígito
energetizar
exégeta
falangeta
faringitis
fugitivo
gitanear
gitano
ilegítimo
legítima(o)
legitimar
longitud
prestidigitación
Sagitario
vegetable
vegetación
vegetal
vegetar
vegetariano

• **Se escribe ge o gi ante r (ger y gir).** Aparte de la siguiente lista, existen 36 verbos con estas terminaciones (prote**ger**, diri**gir**. Ver pags. 218-219 de este libro). Excepciones: crujir, injerir, injertar, jerarquía, jerez, jerga, jerigonza, jeringa, jeroglífico, jersey, jirafa, jirón, mujer, tejer y tijera.

aligerar
digerir
erigir
exagerar
geranio
gerencia
geriatra
germano
germen
germicida
germinar
gerundio
gira(o)
girar
girasol
giratorio
ingerir
ligero
refrigerador
refrigerante
refrigerar
refrigerio
sobregiro
sugerencia
sugerir

EJERCICIOS

Escribe quince palabras que lleven **ge** o **gi** ante **t**.

__________ __________ __________ __________ __________

__________ __________ __________ __________ __________

__________ __________ __________ __________ __________

Escribe las nueve palabras que llevan **jet** y **jit**.

__________ __________ __________ __________ __________

__________ __________ __________ __________

Escribe diez verbos que terminen con **ger** o **gir**.

__________ __________ __________ __________ __________

__________ __________ __________ __________ __________

Escribe diez palabras (no verbos) que lleven **ge** o **gi** ante **r**.

__________ __________ __________ __________ __________

__________ __________ __________ __________ __________

Escribe las diez palabras que llevan **jer** y **jir**.

__________ __________ __________ __________ __________

__________ __________ __________ __________ __________

HOMÓFONOS con J y con G

• __________ : Del verbo girar. Ir de lugar en lugar y regresar al punto de partida. __________ : Pedazo de tela que ha sido desgarrado.	**ingerir** **injerir**
• __________ : Verbo: introducir por la boca la comida, bebida o medicamentos. __________ : Verbo: entremeterse, introducirse en una dependencia o negocio.	**gira** **jira**

LA LETRA H

La letra **h** tiene como característica principal el no tener ningún sonido; sin embargo, unida después de la letra **c**, da como resultado la letra compuesta **ch** que tiene un sonido peculiar y único, el cual tienen alrededor de 400 palabras de las mil que existen con **h**. (Ver pags. 319-328 del libro de consulta.)

Algunos ejemplos son:

ar**ch**ivar	**ch**apulín	cor**ch**o	guara**ch**e	mu**ch**o
bro**ch**a	**ch**arlatán	de**ch**ado	hila**ch**a	plan**ch**ar
ca**ch**ar	**ch**arro	derro**ch**ar	hor**ch**ata	ran**ch**ero
chabacano	**ch**ayote	empa**ch**o	le**ch**e	ta**ch**ar
chamarra	**ch**eque	en**ch**ufar	mar**ch**ar	tru**ch**a

De las 600 palabras que tienen la **h** muda —sin contar derivaciones verbales— se encuentra como particularidad la formación de grupos básicamente integrados con raíces griegas y latinas. De las palabras que llevan **h**, la mayor parte de ellas —450— la llevan al inicio de palabra, y de las 150 palabras que la tienen interiormente, en la mitad de los casos es porque a una palabra que originalmente iniciaba con **h** se le ha antepuesto un prefijo. Ejemplos: hueco, **a**huecar; hacer, **re**hacer; heredar, **des**heredar; humar, **in**humar; humano, **infra**humano; historia, **pre**historia, etc.

LAS NORMAS DE LA H

• **Todos los verbos que al inicio o internamente lleven h**, la seguirán conservando en todas sus derivaciones verbales, en la formación de otros verbos a través de prefijos, y en enclíticos.

Los verbos que llevan **h**, son los que a continuación se detallan; en algunos casos, está separado el prefijo del verbo para que se vea por qué, en ocasiones, la **h** queda en medio de la palabra:

adherir	a-hular	des-hechizar	des-hipotecar	haber
a-hijar	a-humar	des-heredar	des-hojar	habilitar
ahogar	a-huyentar	des-herrar	des-hollinar	hablar
a-hondar	alcahuetear	des-hidratar	des-huesar	halagar
a-horcar	alcoholizar	des-hilachar	des-humanizar	hallar
a-horrar	anhelar	des-hilar	en-mohecer	hambrear
a-huecar	des-hebillar	des-hilvanar	exhortar	haraganear
a-huevar	des-hebrar	des-hinchar	ex-humar	hartar

hastiar
hechizar
heder
helar
henchir
heredar
herir
hermanar
hermosear
hervir
hibernar
hidratar
higienizar
hilar
hilvanar
hincar
hinchar
hipar
hipnotizar
hipotecar
hispanizar
hojalatear
hojear
holgar
holgazanear
hollar
homenajear
homogeneizar
homologar
honorar
honrar
horadar
hormiguear
hornear
horripilar
horrorizar
hospedar
hospitalizar
hostigar
hostilizar
humanar
humanizar
humar
humear
humectar
humedecer
humillar
hundir
hurgar
hurtar
husmear
in-habilitar
in-halar
in-hibir
in-humar
re-habilitar
re-huir
rehusar
zaherir

Observar los verbos **hibir, hacer** y **habitar**, cómo se componen con otros verbos al añadirse prefijos, y cómo se forman otras palabras que se derivan. En todos los casos siempre se conserva la **h**.

hibir: co**hibir**, co**hibi**do(a), co**hibi**ción; ex**hibir**, ex**hibi**ción, ex**hibi**cionismo, ex**hibi**cionista, ex**hibi**dor; desin**hibir**, desin**hibi**ción, desin**hibi**dor; in**hibir**, in**hibi**ción, in**hibi**dor, in**hibi**do; pro**hibir**, pro**hibi**do, pro**hibi**ción, pro**hibi**dor, pro**hibi**ble.

hacer: des**h**acer, **h**echo, des**h**echo, co**h**echo, contra**h**echo, fe**h**aciente, **h**aciendo, **h**ago, **h**acedor, **h**acienda, **h**acendario, **h**acendado, **h**acendoso, **h**echura, **h**aces, re**h**acer, re**h**echo, bien**h**echo, mal**h**echor, **h**acemos, **h**aría, etc.

habitar: **habit**ación, **habit**able, **habit**aría, **habit**aríamos, **habit**ador, **habit**arla, co**habit**ar, co**habit**arse, des**habit**ar, des**habit**arla, **habit**ante, etc.

EJERCICIOS

Sin copiar los ejemplos anteriores, escribe diez palabras que lleven **ch**.

__________ __________ __________ __________ __________
__________ __________ __________ __________ __________

¿Por qué, en ocasiones, la **h** queda intermedio de palabra?

____

Escribe diez palabras en las que la **h** esté intermedio de palabra.

__________ __________ __________ __________ __________
__________ __________ __________ __________ __________

Escribe cuatro derivaciones de los verbos siguientes:

ahogar ____________ ____________ ____________ ____________
halagar ____________ ____________ ____________ ____________
ahular ____________ ____________ ____________ ____________
alcoholizar ____________ ____________ ____________ ____________
anhelar ____________ ____________ ____________ ____________
hartar ____________ ____________ ____________ ____________
heredar ____________ ____________ ____________ ____________
hinchar ____________ ____________ ____________ ____________
prohibir ____________ ____________ ____________ ____________
rehusar ____________ ____________ ____________ ____________

Escribe en los espacios siguientes: diez palabras que lleven **hibir**; diez palabras derivadas del verbo **hacer** y diez derivadas del verbo **habitar**.

____________ ____________ ____________ ____________ ____________
____________ ____________ ____________ ____________ ____________
____________ ____________ ____________ ____________ ____________
____________ ____________ ____________ ____________ ____________
____________ ____________ ____________ ____________ ____________
____________ ____________ ____________ ____________ ____________

• **Las palabras que inician con um, y sus variantes, llevan h,** menos umbra (sombra, de donde se compone **pen**umbra: casi sombra) y umbilical.

Con **hum**, aparte de **hú**mero, se forman los siguientes siete grupos:

a**hum**ar	des**hum**anizar	**hum**or	**hum**ildad
a**hum**ado	**hum**anamente	**hum**orismo	**hum**ilde
humar	**hum**anidad	**hum**orada	**hum**ildemente
humareda	**hum**anismo	**hum**orista	
humear	**hum**anista	**hum**orístico	
humo	**hum**anitario		**hum**illación
humoso	**hum**anar		**hum**illante
	humano	**hum**ectante	**hum**illar
ex**hum**ación	**hum**anizar	**hum**ectar	
ex**hum**ar	infra**hum**ano	**hum**edad	
in**hum**ación	in**hum**ano	**hum**edecer	
in**hum**ar	infra**hum**ano	**hú**medo	
humus	sobre**hum**ano		

• Las palabras con **herr** (hierro) y el vocablo latino **horr** (erizado, espantarse), se escriben con **h**.

herr: des**herr**ar, **herr**adura, **herr**aje, **herr**amienta, **herr**ar, **herr**ero, **herr**umbar.

horr: a**horr**ar*, **horr**endo, **hórr**ido, **horr**ible, **horr**ipilante, **horr**ipilar, **horro**rizar, **horr**oroso.

• **Hidro(a)** que indica agua, siempre se escribe con **h**.

an**hídr**ico	**hídr**ico	**hidro**dinámica	**hidró**lisis	**hidro**pesía
des**hidra**tar	**hidro**avión	**hidro**eléctrico	**hidro**logía	**hidro**soluble
hidratante	**hidro**carburo	**hidró**filo	**hidro**grafía	**hidro**terapia
hidratar	**hidro**cefalía	**hidro**fobia	**hidro**mancia	**hidró**xido
hidráulica	**hidro**céfalo	**hidró**geno	**hidró**metro	

• Las palabras que al inicio de palabra o de sílaba tienen los diptongos **ua**, **ue**, **ui**, **ie**, se escriben con **h**.

hua	**hue**		**hui**	**hie**
huasteca(o)	**hue**co	**hué**sped	a**hui**zote	en**hie**sto
caca**hua**te	a**hue**camiento	**hue**ste	cha**hui**stle	**hie**dra
caca**hua**tero	a**hue**car	**hue**vo	Coa**hui**la	(o yedra)
Chi**hua**hua	**hue**so	a**hue**vado	**hui**pil	**hie**l
huachinango	a**hue**sado	a**hue**var	(o güipil)	**hie**lo
huarache	des**hue**sar	**hue**va	**hui**r	des**hie**lo
Te**hua**cán	**hue**sudo	**hue**var	**hui**da	**hie**na
te**hua**	**hue**lga	**hue**vera(o)	**hui**dizo	**hie**rático
	huella	**hue**vón	re**hui**r	**hie**rba
	huérfano	a**huehue**te		(o yerba)
	huerta(o)	alca**hue**te		**hie**rbabuena
	huertero	alca**hue**tear		**hie**rofante
				hierro

El verbo oler, al conjugarse, la **o** cambia a **ue** y como es diptongo al inicio de palabra se le agrega **h: huelo**, **hueles**, **huele**, **huelen**, **huela**, **huelan**.

EJERCICIOS

Las palabras que inician con **um** y sus variantes se escriben con **h**. ¿Cuáles son las dos excepciones? ______________ y ______________

Escribe quince palabras que lleven **hum**.

---

* En el verbo ahorrar, la **a** inicial actúa como prefijo de negación, con lo cual, etimológicamente, la palabra indica: no andar erizado, espantado.

Escribe quince palabras que lleven **herr** y **horr**.

Escribe quince palabras con **hidro(a)**. ¿Qué indica este vocablo?: ______

Escribe en los espacios siguientes: cinco palabras que lleven **hua**; cinco que lleven **hue**; cinco que lleven **hui**; y cinco que lleven **hie**.

Escribe cinco derivaciones verbales del verbo oler que lleven **h**.

- Se escriben con **h** inicial las palabras compuestas con las siguientes raíces o prefijos, griegos y latinos:

hema(o) (sangre)	**hemi** (medio, mitad)	**hexa** (seis)
hemocultivo	**hemi**ciclo	**hexa**edro
hematosis	**hemi**círculo	**hexa**gonal
hemofilia	**hemi**plejía	**hexá**gono
hemofílico	**hemi**pléjico	**hexá**metro
hemoglobina	**hemi**sférico	**hexá**podo
hemorragia	**hemi**sferio(a)	**hexa**sílabo
hemorroides	**hemi**stiquio	

hepta (siete)	**hecta(o)** (cien)	**helio** (sol)	**hepat** (hígado)
heptaedro	**hect**área	**helio**céntrico	**hep**ático
heptagonal	**hecto**litro	**helio**terapia	**hepa**titis
heptágono	**hecto**gramo	**helio**tropismo	**hepa**tología
heptámetro	**hect**ómetro	**helio**tropo	

host (extranjero, enemigo)	**homo** (igual, semejante)	**hetero** (diferente)
hostería	**hom**ófono	**hetero**doxo
hostelero	**homo**géneamente	**hetero**geneidad
hostigamiento	**homo**geneidad	**hetero**géneo
hostigar	**homo**geneizar	**heter**ónimo
hostil	**homo**géneo	**hetero**sexual
hostilidad	**homo**logar	
hostilizante	**hom**ólogo	
hostilmente	**homo**sexual	

hipno (sueño)	**hiper** (arriba, exceso de)	**hipo** (abajo, por abajo de)	**hip, hipo** (caballo)
hipnosis	**hiper**acidez	**hipo**centro	**híp**ico
hipnótico	**hipér**baton	**hipo**cromía	**hip**ismo
hipnotismo	**hipér**bole	**hipo**dérmico	**hipo**campo
hipnotización	**hiper**bólico	**hip**ófisis	**hip**ódromo
hipnotizador	**hiper**crisis	**hipo**función	**hipo**grifo
hipnotizar	**hiper**crítico	**hipo**gloso	**hipo**pótamo
	hipergélido	**hipo**tecar	**hipo**tecnia
	hiperinflación	**hipo**tálamo	
	hiperintenso	**hipo**sensible	
	hipermercado	**hipo**tensión	
	hiperrítmico	**hipo**tenso	
	hipersensible	**hipo**termia	
	hipertensión	**hip**ótesis	
	hipertérmico	**hipo**téticamente	
	hipertrofia	**hipo**tético	

Otras palabras con **hip**, son: **hip**ar (hipo), **hipo**condría, **hipo**condríaco, **Hip**ócrates, **hipo**crático, **hipo**cresía, **hip**ócrita, **hipo**tenusa.

- Las palabras **historia** e **hispano**, con sus variantes, se escriben con **h**.

  historiable, historiador, historial, historiar, históricamente, histórico, historieta, prehistoria, prehistórico.

  hispánico, hispanidad, hispanizar, hispanoamericana, hispanoárabe, hispanohablante, prehispánico.

• El vocablo **hosp** que indica huésped (que **hosp**eda), va con **h**. Los ejemplos que existen son: **hosp**edaje, **hosp**edar, **hosp**edería, **hosp**icio, **hosp**ital, **hosp**italario, **hosp**italidad, **hosp**italización, **hosp**italizar.

• Se escribe **h** en las palabras que inician con **herm** y **horm**, las cuales son:

herm		**horm**	
hermafrodita	**herm**etismo	**horm**a	**horm**igueo
hermanar	**herm**osear	**horm**ero	**horm**iguero
hermandad	**herm**oseo	**horm**iga	**horm**ona
hermano	**herm**oso(a)	**horm**igón	**horm**onal
hermético	**herm**osura	**horm**iguear	

• Las siguientes interjecciones llevan **h**: ¡ah!, ¡bah!, ¡eh!, ¡hola!, ¡oh!.

EJERCICIOS

Indica qué quiere decir **hema(o)** ______________ Escribe cuatro ejemplos.

______________ ______________ ______________ ______________

Indica qué quiere decir **hemi** ______________ Escribe cuatro ejemplos.

______________ ______________ ______________ ______________

Indica qué quiere decir **hexa** ______________ Escribe cuatro ejemplos.

______________ ______________ ______________ ______________

Indica qué quiere decir **hepta** ______________ Escribe cuatro ejemplos.

______________ ______________ ______________ ______________

Indica qué quiere decir **hecta(o)** ______________ Escribe cuatro ejemplos.

______________ ______________ ______________ ______________

Indica qué quiere decir **helio** ______________ Escribe cuatro ejemplos.

______________ ______________ ______________ ______________

Indica qué quiere decir **hepat** ______________ Escribe tres ejemplos.

______________ ______________ ______________

Indica qué quiere decir **host** ______________________________

Escribe tres ejemplos __________ __________ __________

Indica qué quiere decir **homo** ______________ Da cuatro ejemplos.

__________ __________ __________ __________

Indica qué quiere decir **hetero** ______________ Escribe cuatro ejemplos.

__________ __________ __________ __________

Indica qué quiere decir **hipno** ______________ Escribe cuatro ejemplos.

__________ __________ __________ __________

Indica qué quiere decir **hiper** ______________ Escribe cuatro ejemplos.

__________ __________ __________ __________

Escribe cuatro palabras con **hipo** con significación: abajo, debajo de.

__________ __________ __________ __________

Escribe cuatro palabras con **hip(o)** con significación de caballo.

__________ __________ __________ __________

Escribe cuatro palabras derivadas de **historia** y cuatro derivadas de **hispano**.

__________ __________ __________ __________

__________ __________ __________ __________

Indica qué quiere decir **hosp** ______________ Escribe cuatro ejemplos.

__________ __________ __________ __________

Escribe cuatro palabras que inicien con **herm** y cuatro que inicien con **horm**.

__________ __________ __________ __________

__________ __________ __________ __________

• Las siguientes palabras no tienen normas en sí mismas que las contengan; sin embargo, con sus variantes, todas llevan **h** y forman los siguientes grupos:

alcohol

alcohólico
alcoholismo
alcoholización
alcoholizado
alcoholizante
alcoholizar

hábil

habilidad
habilitador
habilitar
inhábil
inhabilitar
rehabilitación
rehabilitar

halo

exhalación
exhalar
hálito
inhalable
inhalador
inhalación
inhalar

hebra

deshebrar
enhebrar
hebrable
hebrador
hebrar
hebras
hebrarse

hechicería

deshechizado(a)
deshechizar
hechicera(o)
hechizar
hechizo

héroe

heroicidad
heroico(a)
heroína
heroísmo
antihéroe

hielo

helada
helado(s)
helante
helar
hielera(s)

hierba

herbáceo
herbario
herbolaria(o)
herbívoro

herencia

coherencia
coherente
desheredar
heredad
heredero(a)
hereditario
incoherencia
inherencia

higiene

higiénico
higienista
higienizable
higienización
higienizado
higienizador
higienizar

hijo

ahijado
ahijada
ahijar
hija(s)
hijos

hilo

deshilachado(a)
deshilar
hilacha(o)
hilachar
hilachos
hilar
hilaza

hoja

deshojar
hojalata
hojalatear
hojalatería
hojaldra(e)
hojarasca
hojeado
hojear

holgar

holgado
holgador
holganza
holgazán
holgazanear
holgazanería
holgura
huelgo(a)

hombre y hembra

hombrada
hombría
hombruno(a)
homicida
superhombre
superhembra

hondo

ahondamiento
ahondar
honda
hondonada
hondura
Honduras

honor

deshonor
deshonorable
honorabilidad
honorable
honorablemente
honorar
honorario
honorífico

honra

deshonra
deshonrado
deshonroso
honrado
honrar
honras
honroso

horca

ahorcado(a)
ahorcadura
ahorcable
ahorcador
ahorcar

horno

hornada
hornear
horneado(a)
hornero(a)
hornilla
hornitos
hornos

OTRAS PALABRAS QUE LLEVAN H, SON:

ahínco
ahíto
ahí
alhaja
alhelí
alhóndiga
almohada
azahar
bohardilla
bohemio
búho
cohete
cohorte
Cuauhtémoc
desahucio
haba
habanero
hábito
hacia
hacha
hada
hado
hafnio
halcón
halógeno
halterofilia
hamaca
hambre
hamburguesa
hampa
hangar
harapiento
harén
harina
hasta
hastío
hato
haz
hazaña
hazmerreír
hebilla
hebreo
hecatombe
hediondo
hedónico
hegemonía
helecho
helénico
hélice
helicóptero
hemeroteca
henequén
heno
heráldico
heraldo
Hércules
herejía
hernia
herpes
hervor
hetaira
hez
híbrido
Hidalgo
higo
hilaridad
hilera
hincapié
hinchazón
hindú
hinojo
hirsuto
histeria
histología
hito
histrión
hocico
hogaño
hogar
hogaza
hoguera
hollín
hombro
homenaje
honesto
hongo
honoroso
hora
horchata
horda
horizonte
horóscopo
horquilla
hortelano
hosco
hostia
hotelería
hoy
hoyo
hoyuelo
hoz
hule
hulla
huracán
huraño
hurón
hurtadillas
huso
mohíno
moho
nahual
náhuatl
nihilismo
rehén
rehilete
tahúr
vehemencia
vehículo
whisky
zanahoria

EJERCICIOS

De las palabras siguientes escribe tres derivados.

alcohol ______ ______ ______

hábil ______ ______ ______

halo ______ ______ ______

hebra ______ ______ ______

hechizo ______ ______ ______

héroe ______ ______ ______

hielo ______ ______ ______

hierba ______ ______ ______

heredar ______ ______ ______

higiene ______ ______ ______

hijo ________________ ________________ ________________

hilo ________________ ________________ ________________

hoja ________________ ________________ ________________

holgar ________________ ________________ ________________

hombre ________________ ________________ ________________

hondo ________________ ________________ ________________

honor ________________ ________________ ________________

honra ________________ ________________ ________________

horca ________________ ________________ ________________

horno ________________ ________________ ________________

De las palabras no contenidas en normas, escribe cuarenta palabras de las que tengas dificultad para escribirlas con **h**.

__________ __________ __________ __________ __________

__________ __________ __________ __________ __________

__________ __________ __________ __________ __________

__________ __________ __________ __________ __________

__________ __________ __________ __________ __________

__________ __________ __________ __________ __________

__________ __________ __________ __________ __________

__________ __________ __________ __________ __________

HOMÓFONOS con H y sin H

Coloca los homófonos de la derecha en el espacio correspondiente a su significado.

- __________ : Interjección de desdén.
  __________ : Del verbo ir.
- __________ : Del verbo hablar.
  __________ : Del verbo ablandar.
- __________ : Del verbo haber.
  __________ : Del verbo abrir.
- __________ : Del verbo hacer; plural de haz.
  __________ : Plural de as; del verbo asar.
- __________ : Preposición que indica rumbo.
  __________ : Continente asiático.
- __________ : Decir cosas que agraden; adular.
  __________ : Hacer lagos o charcos; hacer agua una embarcación.
- __________ : Del verbo hacer.
  __________ : Del verbo arar.
- __________ : Indicación de límite de espacio o tiempo.
  __________ : Cuerno; barra de madera o de metal.
- __________ : Pequeña porción de ganado; muchedumbre.
  __________ : Senda o vereda que acorta un camino.
- __________ : Manada, porción de ganado; lugar donde duermen los rebaños en la noche; grupo de gente mala.
  __________ : Del verbo atar.
- __________ : Del verbo hallar.
  __________ : Lamentos, lamentaciones; plural de ay.

hablando
ablando

¡bah!
va

haces
ases

hacia
Asia

habría
abría

haré
aré

halagar
alagar

hato
ato

hasta
asta

hatajo
atajo

halles
ayes

- __________ : Del verbo haber.
  __________ : Interjección que indica lamento.
- __________ : Suceso o acontecimiento; participio del verbo hacer.
  __________ : Del verbo echar.
- __________ : Poner herraduras; marcar con hierro candente a los animales.
  __________ : Cometer un error; vagar sin punto fijo.
- __________ : Del verbo hender o hendir.
  __________ : Gerundio del verbo ir.
- __________ : Del verbo hincar, arrodillarse.
  __________ : Antiguo habitante sudamericano que moraba en lo que hoy es Perú, Colombia, Ecuador, Chile y norte de Argentina.
- __________ : Metal empleado en la industria y en las artes que se combina con otros elementos; del verbo herrar.
  __________ : Del verbo errar.
- __________ : Verbo: pasar las hojas de un libro o de un cuaderno.
  __________ : Verbo: pasar la vista por varios puntos en busca de algo o con algún propósito.
- __________ : Interjección utilizada como saludo inicial.
  __________ : Agua que a intervalos y subiendo y bajando, arroja el mar.
- __________ : Que tiene profundidad; aplicado al sentimiento, que tiene intensidad.
  __________ : Curva a manera de semicírculo de formación natural o artificial: las ondas de las olas del mar, del cabello, de las montañas a la distancia, etc.
- __________ : Unidad de 60 minutos.
  __________ : Del verbo orar; apócope de ahora.

hiendo
yendo

hay
¡ay!

hecho
echo

herrar
errar

hojear
ojear

hinca
inca

hierro
yerro

hora
ora

¡hola!
ola

honda
onda

- __________ : Lugar donde se cuelga por el cuello a los condenados a esta pena.
  __________ : Cetáceo que llega a medir hasta diez metros de largo.
- __________ : Verbo: no admitir alguna cosa.
  __________ : Verbo: volver a usar algo.

rehusar
reusar

horca
orca

LA CONFUSIÓN DE ESCRIBIR Y GRIEGA O LL

La **y** se llama **y** griega y la **ll**, doble **l**, y la confusión que tienen para escribirse es porque ambas letras tienen el sonido de **ya, ye, yi, yo, yu**. Ejemplos: **valla, vaya; llena, yema; callo, cayo**. Confundir la **y** con la **ll** se llama yeísmo.

Para evitar dicha confusión hay que tener en cuenta lo siguiente:

- Al término de palabra sólo puede ir **y** griega —ley, Uruguay, maguey—. No existen palabras que terminen con **ll**.

- Salvo doce palabras que llevan **ll** al inicio de palabra —llagar, llamear, llamar, llana, llanura, llanta, llorar, llave, llegar, llenar, llevar y llover, con sus variantes, aparte de los verbos compuestos conllevar, desllagar, enllantar y desllantar—, las 550 palabras que existen con **ll** van intermedio de palabra y todas van entre vocales; por tanto, después de consonante se escribe **y**. Ejemplos: **cónyuge, inyectar, subyacer**.

- De las 550 palabras —sin contar derivaciones verbales— que tienen **ll**, con dos sencillas reglas se resuelve su escritura en más de 400:

  1. Siempre se escribe **ll** en las palabras que llevan **ill** más vocal y vocal más **lli**. Ejemplos: **anillo, bachiller, abrillantar; allí, aullido, bellísima**.

  2. Se escribe **ll** en las palabras que llevan vocal más **lle: ballena, galleta, relleno**.

- La **ll** nunca cambia a otra letra y no existen verbos que en su raíz no la tengan y puedan adquirirla al conjugarse; ambos elementos sí los tiene la **y** porque puede escribirse como **y** griega o **i** latina, y existen más de 60 verbos que en su raíz no tienen **y** griega y al conjugarse la adquieren. Ejemplos: **construir**, construyo; **dar**, doy; **estar**, estoy; **corroer**, corroyó; **ir**, voy, vaya; **haber**, haya, hayas, etc.

LA LETRA Y

La letra **y** tiene dos sonidos: uno de vocal y otro de consonante:

La **y** tiene sonido vocálico en la palabra y terminación yendo, y cuando actúa como conjunción: Saúl **y** Jorge; El cuaderno **y** la pluma. En los casos en que a la **y** como conjunción le siga una palabra que comience con **i** latina, en lugar de la **y** se escribe **e**: Juan **e** Isabel; Pedro **e** Inés.

De igual forma, la **y** tiene sonido vocálico de **i** latina al término de palabras en que la **i** no se acentúa: hay, hoy, voy, convoy, ley, etc.

La **y** tiene sonido de consonante al inicio o en medio de palabra, menos en la palabra yendo.

Existen tres palabras que tienen doble ortografía: yerba/hierba; yedra/hiedra; yersey/jersey.

Pero lo más importante a estudiar, son los más de 60 verbos que en su estructura no tienen la **y** griega, y que la adquieren a través de algunas de sus conjugaciones.

VERBOS QUE NO TIENEN "Y" EN SU RAÍZ Y QUE AL CONJUGARSE LA ADQUIEREN

• **Los 36 verbos que terminan en -uir, en algunos tiempos, modos y personas, la i latina cambia a y griega**. Ejemplo: verbo construir.

Presente del indicativo: yo construyo, tú construyes, él construye, ustedes/ellos construyen.

Pasado del indicativo: él construyó, ustedes/ellos construyeron.

Presente del subjuntivo: yo/él construya, tú construyas, nosotros construyamos, ustedes/ellos construyan.

Pasado del subjuntivo: yo/él construyera o construyese, tú construyeras o construyeses, nosotros construyéramos o construyésemos, ustedes/ellos construyeran o construyesen.

Futuro del subjuntivo: yo/él construyere, tú construyeres, nosotros construyéremos, ustedes/ellos construyeren.

Imperativo: construye tú, construya él, construyamos nosotros, construyan ustedes/ellos.

Los gerundios de estos verbos también llevan **y**: construyendo, concluyendo, disminuyendo, etc., además de palabras que se derivan como: construyente, concluyente, confluyente, constituyente, contribuyente, etc., y enclíticos: constrúyeme, constrúyete, constrúyela(s), constrúyele(s), constrúyelo(s), constrúyenos, constrúya...me, se, la, las, le, les, lo, los, nos; etc.

Los 36 verbos que terminan en **uir** son, además de construir:

afluir	**contribuir**	**excluir**	**instituir**	**reconstituir**
argüir	**derruir**	**fluir**	**instruir**	**reconstruir**
atribuir	**destituir**	**huir**	**intuir**	**redistribuir**
autodestruir	**destruir**	**imbuir**	**obstruir**	**rehuir**
concluir	**diluir**	**incluir**	**ocluir**	**restituir**
confluir	**disminuir**	**influir**	**prostituir**	**retribuir**
constituir	**distribuir**	**inmiscuir**	**recluir**	**sustituir**

El verbo ahuyentar que se deriva de huir, en toda su conjugación lleva y: ahuyento, ahuyenté, ahuyentaré, ahuyentaba, ahuyentaría, etc.

- **Los verbos: dar, estar, bienestar, malestar y ser, en la primera persona del indicativo llevan y:** doy, estoy, bienestoy, malestoy, soy.

- **Los verbos: creer, leer, poseer y proveer, al conjugarse llevan "y"** en los siguientes modos, tiempos y personas. Ejemplo, verbo leer:

Pasado del indicativo: él leyó, ustedes/ellos leyeron.

Pasado del subjuntivo: yo/él leyera o leyese, tú leyeras o leyeses, nosotros leyéramos o leyésemos, ustedes/ellos leyeran o leyesen.

Futuro del subjuntivo: yo/él leyere, tú leyeres, nosotros leyéremos, ustedes/ellos leyeren.

Gerundios: leyendo, creyendo, poseyendo y proveyendo.

- **En los verbos corroer y roer**, aparte de los tiempos, modos y personas de los verbos anteriores (creer, leer, poseer y proveer), **se agrega el imperativo**: corroya él, corroyamos nosotros, corroyan ustedes/ellos.

- **En los verbos oír y desoír cambia la i por y, de la siguiente forma:**

Presente del indicativo: tú oyes, él oye, ustedes/ellos oyen.

Pasado del indicativo: él oyó, ustedes/ellos oyeron.

Pasado del subjuntivo: yo/él oyera u oyese, tú oyeras u oyeses, nosotros oyéramos u oyésemos, ustedes/ellos oyeran u oyesen.

Futuro del subjuntivo: yo/él oyere, tú oyeres, nosotros oyéremos, ustedes/ellos oyeren.

Imperativo: oye tú.

Gerundio: oyendo.

• **El verbo ir al conjugarse lleva "y"** en los siguientes casos:

Presente del indicativo: yo voy.

Presente del subjuntivo: yo/él vaya, tú vayas, nosotros vayamos, ustedes/ellos vayan.

Imperativo: vaya él, vayamos nosotros, vayan ustedes/ellos.

Gerundio: yendo.

• **El verbo errar al conjugarse lleva "y"** en las siguientes formas:

Presente del indicativo: yo yerro, tú yerras, él yerra, nosotros yerramos, ustedes/ellos yerran.

Presente del subjuntivo: yo/él yerre, tú yerres, nosotros yerremos, ustedes/ellos yerren.

Imperativo: yerra tú, yerre él, yerremos nosotros, yerren ustedes/ellos.

• **El verbo haber al conjugarse lleva "y"** en los siguientes ejemplos:

Presente del subjuntivo: yo/él haya, tú hayas, nosotros hayamos, ustedes/ellos hayan.

Imperativo: haya él, hayamos nosotros, hayan ustedes/ellos.

• **Los verbos caer, decaer, recaer y raer, al conjugarse adquieren "y"** en los siguientes tiempos, modos y personas:

Pasado del indicativo: él cayó, ustedes/ellos cayeron.

Pasado del subjuntivo: yo/él cayera o cayese, tú cayeras o cayeses, nosotros cayéramos o cayésemos, ustedes/ellos cayeran o cayesen.

Futuro del subjuntivo: yo/él cayere, tú cayeres, nosotros cayéremos, ustedes/ellos cayeren.

Gerundio: cayendo.

• **El verbo traer y sus compuestos, se escriben con "y" en su gerundio y con la terminación -ente:** trayendo, trayente.

atraer, atrayendo, atrayente
contraer, contrayendo, contrayente
distraer, distrayendo, distrayente
extraer, extrayendo, extrayente
maltraer, maltrayendo, maltrayente
retraer, retrayendo, retrayente
retrotraer, retrotrayendo, retrotrayente
sustraer, sustrayendo, sustrayente

EJERCICIOS

De los 36 verbos con la terminación **-uir** escribe doce de ellos con una derivación verbal que lleve **y**.

____________ ____________ ____________ ____________

____________ ____________ ____________ ____________

____________ ____________ ____________ ____________

De los siguientes verbos escribe tres derivaciones verbales que lleven **y**.

creer ____________ ____________ ____________
leer ____________ ____________ ____________
poseer ____________ ____________ ____________
proveer ____________ ____________ ____________
corroer ____________ ____________ ____________
roer ____________ ____________ ____________
desoír ____________ ____________ ____________
oír ____________ ____________ ____________
ir ____________ ____________ ____________
errar ____________ ____________ ____________
haber ____________ ____________ ____________
caer ____________ ____________ ____________
decaer ____________ ____________ ____________
recaer ____________ ____________ ____________
raer ____________ ____________ ____________

De los siguientes verbos escribe la derivación verbal en que adquieren **y**.

dar ____________ estar ____________ ser ____________

bienestar ____________ malestar ____________

De los siguientes verbos, todos derivados del verbo traer, escríbelos con gerundio y con la terminación **-ente.**

atraer ________endo ________ente
contraer________endo ________ente
distraer ________endo ________ente
extraer ________endo ________ente
retraer ________endo ________ente
sustraer ________endo ________ente
traer ________endo ________ente

LAS NORMAS DE LA Y GRIEGA

Las palabras de uso común que tienen en su raíz o gramema la **y** griega, sin considerar derivaciones verbales, son sólo alrededor de 200 palabras, las cuales se norman de la siguiente forma:

• **Se escribe y griega al final de palabra cuando es una i latina que no se acentúa** (como sucede con: reí, caí, huí, etc.), y son las siguientes:

¡ay!	convoy	hay	maguey	rey	soy
brandy	doy	hoy	mamey	Ruy	Uruguay
buey	estoy	jagüey	Monterrey	samuray	virrey
¡caray!	fray	jersey	muy	savoy	voy
carey	grey	ley	Paraguay	siboney	whisky

• **Se escribe "y" después de consonante,** salvo cuatro verbos compuestos: **con**llevar, **des**llagar, **en**llantar y **des**llantar. Las palabras que existen son:

abyecto	desyemar	enyerbar	inyectar	subyacer
circunyacente	desyerbar	enyesado	inyector	subyugar
conyugal	disyunción	enyesar	obyecto	superyó
cónyuge	disyuntiva	inyección	subyacente	

• Se escribe **y** en los vocablos **yec** y **yer**, menos taller. Ejemplos:

yec: abyecto*, eyector, inyección*, inyectar*, obyecto*, proyectar, proyectil, proyecto, trayecto, trayectoria.

yer: anteayer, ayer, desyerbar*, enyerbar*, joyería, playera, yerba, yerbajo, yerbero(a), yermo, yerno, yerro, yerto.

---
* También están contenidas por la norma: después de consonante se escribe **y**.

• **Se escribe "y" en el vocablo ayu:** ayudar, ayunar, ayuno, ayuntamiento, desayunador, desayunar, desayuno, rayuela.

• **Las palabras que empiezan con may** —menos malla— **se escriben con y.** Las que existen son:

Maya	**mayo**	**mayoral**	**mayoreo**	**mayúsculo(a)**
mayate	**mayonesa**	**mayorazgo**	**mayoría**	
mayate	**mayor**	**mayordomo**	**mayorista**	

• **Los nombres de frutos y semillas** —salvo el mismo nombre semilla y avellana— **se escriben con "y"**, los cuales son: baya, chiricaya, guayaba, papaya, pitahaya, chayote, chilacayote, chirimoya, soya y coyol.

• **Se escriben con "y" los nombres de países o ciudades** —menos Antillas y Versalles— las cuales son: Camboya, Guayaquil, Monterrey, Paraguay, Pompeya, Troya, Uruguay, Yucatán y Yugoslavia.

• Existen algunas palabras que inician con **y** y otras con **ll** y no están contenidas en normas; se ponen a continuación para que se conozcan:

Las doce palabras, con algunas variantes, que empiezan con **ll**:

llaga	**llamar**	**llanura**	**llave**	**llevar**
llagar	llamativo(a)	llanero	llavecín	
llagante			llavero	**llover**
	llana	**llorar**		llovedizo
llamear	llanamente	llanto	**llegar**	llovizna
llama	llaneza	lloriqueo		lluvia
llamarada			**llenar**	lluviosa
llameante	**llanta**			

Las palabras que empiezan con **y**, son:

ya	yantar	yegua	yodo	Yucatán	yunque
yacaré	yarda	yelmo	yoga	yudo	yunta
yacer	yate	yema	yogur	yugo	yute
yanqui	ye	yeso	yoyo	Yugoslavia	
yaqui	yedra	yo	yuca	yugular	

PALABRAS CON "Y" NO CONTENIDAS EN NORMAS, SON:

aboyar	coyuntura	explayar	onomatopeya	rayar
alcayata	cocuyo	gruyer	papagayo	rayo
aleluya	coyote	guacamaya	pararrayos	secoya
apoyar	coyotear	guayabera	payaso(a)	sayal
arroyo	cuyo	hoyuelo	peyorar	soslayar
atalaya	coyuyo	joya	playa	tocayo
baya	desmayar	lacayo	playera	tramoya
cayado	ensayar	leguleyo	prosopopeya	tuyo(a)
claraboya	epopeya	leyenda	puya	zarigüeya

EJERCICIOS

¿Cuándo se escribe **y** al final de palabra? ______________________

____ Escribe diez ejemplos.

__________ __________ __________ __________ __________

__________ __________ __________ __________ __________

Escribe diez palabras que lleven "**y**" después de consonante.

__________ __________ __________ __________ __________

__________ __________ __________ __________ __________

Escribe quince palabras que lleven **yec** y **yer**.

__________ __________ __________ __________ __________

__________ __________ __________ __________ __________

__________ __________ __________ __________ __________

Escribe cinco palabras que lleven **ayu**, y cinco que empiecen con **may**.

__________ __________ __________ __________ __________

__________ __________ __________ __________ __________

Escribe cinco nombres de frutos y cinco de países, que lleven **y**.

__________ __________ __________ __________ __________

__________ __________ __________ __________ __________

Pon 16 palabras que inicien con **ll** | Pon 16 palabras que inicien con **y**

De las palabras con **y** griega no contenidas en normas, escribe veinte que te representen mayor dificultad su escritura.

LA DOBLE L (LL)

Para escribir debidamente a la doble **l** hay que tener en cuenta lo siguiente:

- No existe la **ll** al final de palabra. Esto es privativo de la **y** griega.
- Salvo los verbos compuestos **con**llevar, **des**llagar, **en**llantar y **des**llantar, las 550 palabras que llevan **ll** siempre van entre vocales; y sólo doce palabras con sus derivados van al inicio de palabra, como se vio anteriormente.
- La **ll** no cambia a otra letra y tampoco existen verbos sin **ll** que al conjugarse la puedan adquirir.

LAS REGLAS ORTOGRÁFICAS DE LA LL

De las 550 palabras que existen con **ll** —sin contarse derivaciones verbales—, la mayor parte están contenidas en las cuatro normas siguientes:

1. **Siempre se escribe ll en las palabras y en sus derivaciones que tienen ill más vocal y vocal más lli.** (Son 250. Ver libro de consulta, pags. 338-340) Dentro de esta norma, algunas tienen la terminación **illo**, **illa** de palabras diminutivas y despectivas.

Algunos ejemplos con **ill** + **vocal**, son:

abrillantar
algodoncillo
amartillar
Antillas
arcilla
arrodillar
atornillar
bachiller
barbilla
bastilla
billete
blanquillo
bolillo
bombilla
cabecilla
camilla
canciller
carretilla
cartilla
castillo
cepillo
colmillo
conejillo
cordillera
costilla
cuclillas
chascarrillo
chiquillo
encasillar
escotilla
estanquillo
grillo
horquilla
hurtadillas
lazarillo
manecilla
mantilla
maquillar
mascarilla
membrillo
millar
natillas
papilla
pasillo
perilla
picadillo
platillo
polilla
rabadilla
rastrillo
rodilla
semilla
servilleta
taquilla
tordillo
tortilla
trencilla
vajilla
ventanilla
zapatilla

Las palabras que llevan **vocal más lli** son:

allí
apellidar
aullido
bellísima
botellín
bullicio
bullir
caballito
deshollinar
detallista
engullir
escabullir
estallido
fallido
gallina
hollín
maullido
mellizo
mullido
pellizcar
rebullir
sarpullido
tullido
zambullir

2. **Las palabras que tienen vocal más lle se escriben con ll**, salvo tres: joyería, gruyer y leyenda, con sus derivados.

Las que existen son las siguientes:

allegar
Allende
ampolleta
ballena
ballet
belleza
best-séller
bocacalle
botellero
caballero
cabellera
calle
canallesco
cebollero
centellear
cremallera
desfallecer
detalle
embellecer
encallecer
fallecer
faramallero
folleto
fuelle
gallera(o)
galleta
molleja
mollera
muelle
pellejo
pollería
rellenar
sobrellevar
talle
taller
toallero
valle
Versalles

3. **Se escribe ll en las palabras simples y verbos en infinitivo que tienen ull + vocal**; se exceptúan: aleluya, cocuyo, cuyo, gruyer, puya y tuyo(a).

Las palabras simples y verbos en infinitivo con **ull** + vocal, son:

acullá
apabullar
arrullar
aullar
aullido*
barullo
bulla
bullicio*
bullir*
chanchullo
engullir*
enorgullecer
garambullo
grulla
hulla
magulladura
magullar
marrullería
mascullar
mullido*
murmullo
orgullecer
orgullo
patrulla
rebullir*
sarpullido*
tullido*
zambullir*

4. **Se escribe ll en las palabras que tienen ella y ello,** menos **leguleyo,** peyonar, **plebeyo, epopeya,** onomatopeya y prosopopeya.

Las palabras que llevan el vocablo **ella, ello,** son:

armella
arrellanar
atropellar
avellana(o)
bellaquería
bella(o)
bellota
botella
cabellar
cabello
camello
capellán
castellano
centellar
cuello
degüello
dentellada
descabellar
destello
doncella
empellón
estrella
estrellar
estrellato
grosella
huella
mellar
pabellón
paella
querella
resellar
resuello
sellar
vello
vellosidad

EJERCICIOS

De las 550 palabras que llevan **ll**, escribe la norma principal que abarca a 250. ____

____

Escribe cinco palabras que lleven **vocal + lli** quince con **lli + vocal.**

________ ________ ________ ________ ________
________ ________ ________ ________ ________
________ ________ ________ ________ ________
________ ________ ________ ________ ________

Escribe quince palabras que lleven **vocal + lle.**

________ ________ ________ ________ ________
________ ________ ________ ________ ________
________ ________ ________ ________ ________

¿Cuáles son las tres palabras que llevan **vocal + ye?**

____________ ____________ ____________

* Estas palabras también están contenidas por la norma: en vocal + **lli** se escribe **ll.**

Escribe quince palabras que lleven **ull + vocal.**

_____ _____ _____ _____ _____
_____ _____ _____ _____ _____
_____ _____ _____ _____ _____

Escribe diez palabras que lleven **ella** y diez que lleven **ello.**

_____ _____ _____ _____ _____
_____ _____ _____ _____ _____
_____ _____ _____ _____ _____
_____ _____ _____ _____ _____

¿Cuáles son las tres palabras que llevan eya?

_____ _____ _____

OTRAS NORMAS DE LA LL

• **Se escribe ll en las palabras que llevan ollo**, menos **apoyo, arroyo, coyote** y **hoyo.** Las que existen son:

ampollo	**criollo**	**embrollo**	**pimpollo**	**rollo**
bollo	**desarrollo**	**escollo**	**pollo**	**sollozar**
cebollón	**descollo**	**meollo**	**repollo**	**sollozo**

• **Se escribe ll en la palabra caballo** y en todos sus derivados:

caballada	caballeriza	caballeroso	encaballar
caballerango	caballero*	caballete	
caballeresco	caballerosamente	caballista	
caballería	caballerosidad	caballito	

• **Las palabras gallo y pollo, con sus derivados, se escriben con ll.**

agalla(s)	**gallardía**	**gallero**	**pimpollo**	**pollero**
empollar	**gallardo**	**gallina**	**polla**	
engallar	**gallera**	**gallináceo**	**pollería**	

---

* Antaño, cuando aún no existía el automóvil, sólo la gente rica tenía caballos y a los hombres que los poseían les decían caballeros. Actualmente, caballero es un hombre educado y de buenas maneras, sobre todo en el trato hacia la mujer.

• Se escribe **ll** en el vocablo **alla** y aunque existen otras palabras que llevan **aya**, es importante conocer unas y otras.

Las palabras que llevan **aya**, son:

alcayata	desmayar	gandaya	playa	soslayar
atalaya	ensayar	guayabera	raya	subrayar
cayado	explayar	payaso	sayal	

Las palabras que llevan **alla**, son:

acallar	avasallar	estallar	metralla	tallar
allá	batallar	fallar	morralla	tallarín
allanamiento	callar	faramalla	muralla	toalla
allanar	canalla	hallar	pantalla	valla
ametrallar	detallar	hallazgo	rondalla	vallar
amurallar	encallar	malla	talla	vasallaje
apantallar	entallar	medalla	talladura	

Otras palabras con ll no contenidas en normas

abollar	degollar	hollar	llanta	llorar
ampolla	desarrollar	llaga	llanto	medallón
argolla	descollar	llama	llanura	olla
arrollar	desollar	llamar	llave	resollar
atolladero	embrollar	llamarada	llavero	rocalloso
callosidad	escollar	llamativo	llegar	tallo
cebolla	fallo	llana	llenar	vasallo
collar	follaje	llaneza	llevar	

EJERCICIOS

Escribe diez palabras que lleven **ollo** y las cuatro que llevan **oyo.**

__________ __________ __________ __________ __________

__________ __________ __________ __________ __________

__________ __________ __________ __________

Escribe ocho palabras derivadas de la palabra **caballo.**

__________ __________ __________ __________

__________ __________ __________ __________

Completa las siguientes palabras poniéndoles **y** o **ll** según corresponda.

ampo____a	bue____	manti____a	bote____a
constru____a	____erba	mi____ar	hue____a
co____ar	arrodi____ar	____uvia	____evar
destitu____amos	ta____er	be____ísima	a____er
fa____ar	Monterre____	alelu____a	esto____
le____eron	a____í	gri____o	estre____a
____anto	va____e	cepi____o	ro____o
o____en	tra____ecto	le____enda	jo____ero
____avero	in____ectar	carti____a	en____esar
cre____eron	caba____o	pa____aso	crio____o
____egar	papi____a	ca____e	cón____uge
distribu____an	ma____o	po____ería	esto____
ta____o	au____ido	toca____o	toa____a
vo____	____over	mu____ido	desma____o
vasa____o	ga____ina	deste____o	ma____or
ca____eron	ba____ena	tu____o	____oriqueo
ga____o	deta____e	____egua	pla____a
po____o	vaji____a	se____ar	ca____ar
instru____an	____amar	Pompe____a	panta____a
atra____endo	donce____a	ma____úscula	cebo____a

HOMÓFONOS con **LL** e **Y**

De acuerdo a los homófonos que están a la derecha, colócalos en los espacios a la izquierda de acuerdo a su significado.

- __________ : Del verbo arrollar; hacer rollos; desbaratar al enemigo en campaña.

  __________ : Pequeña corriente de agua.

- __________ : Dureza formada en la piel; del verbo callar.

  __________ : Isleta o peñasco; nombre que llevaron algunos romanos ilustres —Ejemplo: Cayo Julio César—.

callo
cayo

arrollo
arroyo

• __________ : Del verbo callar. __________ : Del verbo caer.	
• __________ : Deshacer o cortar mallas. __________ : Verbo: privación del sentido; no tener fuerzas, perder ánimo.	**desmallar** **desmayar**
• __________ : Del verbo hallar. __________ : Educadora de un niño. __________ : Del verbo haber; capital de Holanda.	**calló** **cayó**
• __________ : Del verbo hallar. __________ : Del verbo haber.	**hallan** **hayan**
• __________ : Del verbo hollar; pisotear; humillar, despreciar. __________ : Concavidad u hondura en la tierra.	**halla** **aya** **Haya**
• __________ : Del verbo hollar. __________ : Del verbo oír.	**holló** **oyó**
• __________ : Carbón de piedra. __________ : Del verbo huir.	**hollo** **hoyo**
• __________ : Verbo: ponerle llantas a un automóvil. __________ : Verbo: comer.	**hulla** **huya**
• __________ : Tejido metálico, cada una de las aberturas que contiene. __________ : Habitante de la región Maya que comprendía, principalmente, Yucatán y Guatemala. Lengua hablada por los mayas.	**llantar** **yantar**
• __________ : Verbo: desmenuzar una cosa restregándola con el rallador. __________ : Verbo: hacer rayas; tachar lo manuscrito o impreso con una o varias líneas largas y/o cortas; llegar la luz del amanecer; pagar su jornal a los operarios.	**malla** **maya**
• __________ : Cerca o vallado. __________ : Fruto de ciertas plantas.	**valla** **baya** **rallar** **rayar**

LAS LETRAS M Y N

La letra **m** con su sonido labial y la letra **n** con su sonido lengual-palatal no representan dificultad para escribirse cuando están al inicio de palabra o de sílaba. Ejemplos:

ma**m**á	bro**m**ear	nor**m**a	**n**acer	bar**n**iz	me**n**ear
ma**m**ila	cal**m**a	plu**m**a	**n**atural	cabi**n**a	u**n**o
mejor	chis**m**e	quí**m**ica	**n**e**n**e	do**n**a	pe**n**oso
mes	da**m**a	ra**m**o	**n**ervio	e**n**a**n**o	qui**n**ce**n**a
miel	enig**m**a	se**m**a**n**a	**n**ombre	fa**n**al	ra**n**a

La confusión, que es poca, para escribir **m** o **n** radica:

1. Cuando la **n** se convierte en **m** ante **b** o **p**.
2. En pocos casos en los que existe **m** al final de palabra.
3. Cuando una palabra compuesta adquiere doble **n** (**nn**).
4. Y cuando se escribe **n** antes y después de **m** (**nm, mn**).

• **Siempre se escribe m ante una b o una p (mb, mp).** Esta es una de las reglas invariables de la ortografía, por tanto, nunca puede ir una **nb** o una **np** en una palabra hispana. Debido a esto, cuando una palabra se componga con otra y básicamente con prefijo que termine en **n** y vaya ante una **b** o una **p**, la **n** se convierte en **m**. Ejemplos:

Las palabras: balón y pie, al fundirse en una sola palabra será: balo**m**-pié; cie**n** y pies, haciendo referencia al nombre de un gusano, se escribirá: cie**m**piés. Como se observa, baló**n** en la palabra compuesta pasa a ser balo**m**; de igual manera sucede con cie**n** que se convierte en cie**m**.

El apellido Colón (de Cristóbal Colón), haciéndose referencia al país que lleva su nombre, Colo**mb**ia, la **n** cambia a **m** porque va ante **b**; de forma similar sucede cuando se hace referencia a lo colo**mb**ino o precolo**mb**ino.

Pero donde más sucede este fenómeno es en las palabras compuestas con un prefijo que termina con **n** y la palabra simple empieza con **p**.

El prefijo **co, con** que indica sociedad (**co**inquilino, **co**madre, **con**fiar, **con**junto, **con**vivir), **con** ante **b** y **p**, cambia a **com**.

COMPLEMENTA LOS SIGUIENTES EJEMPLOS:

combatir	______pasión	______placer	______prometer
______padecer	______patriota	______poner	______puerta
______padre	______penetrarse	______portar	______puesto

El prefijo **en** —que indica afirmación de lo que indica la palabra— (**en**cimar, **en**gomar, **en**mudecer) cambia a **em** ante **b** y **p**.

COMPLEMENTA LOS SIGUIENTES EJEMPLOS:

embarcar	______bolsar	______pedrar	______pollar
______beber	______padronar	______peorar	______prender
______bellecer	______parejar	______pequeñecer	______plumar

El prefijo **in** que indica: negación, que no es: (**in**cómodo, **in**humano, **in**apropiado), cuando va ante **b** y **p** cambia a **im**.

COMPLEMENTA LOS SIGUIENTES EJEMPLOS:

imbatible	______pecable	______permutable	______pregnable
______borrable	______penetrable	______piedad	______previsible
______paciencia	______pensable	______platicable	______previsto
______pagable	______perceptible	______ponderable	______prolongable
______palpable	______perdonable	______popular	______pronunciable

En cualquier caso, sólo recuérdese que, siempre se escribe **m** ante **b** o **p** **(mb, mp)** y que no existen palabras hispanas que lleven **nb** o **np**.

Algunos ejemplos más que llevan **mb** o **mp**, son:

acostu**mb**rar	e**mb**arcar	i**mb**écil	o**mb**ligo	ta**mb**ién
bo**mb**ón	fra**mb**uesa	lu**mb**re	pesadu**mb**re	tu**mb**ar
ca**mb**iar	ga**mb**eta	mari**mb**a	ru**mb**o	vislu**mb**rar
dicie**mb**re	ho**mb**ro	no**mb**rar	se**mb**rar	zu**mb**ar
aca**mp**ar	cu**mp**lir	i**mp**ortante	reco**mp**ensa	te**mp**rano
ca**mp**o	dese**mp**eño	i**mp**ropio	relá**mp**ago	tra**mp**a
co**mp**añero	e**mp**ezar	li**mp**iar	sie**mp**re	tro**mp**eta
co**mp**etir	e**mp**lear	olí**mp**ico	si**mp**atía	va**mp**iro

• **La n se escribe ante cualquier consonante, menos ante b y p**. Algunos ejemplos son:

abundar	anterior	canción	fanfarria	lento	péndulo
ahínco	anticipo	donde	honra	ménsula	redondo
ancla	añoranza	duende	intenso	panzón	sentir
ansiar	bronco	enseñar	lanzar	pendiente	vender

EJERCICIOS

Sin copiar los ejemplos vistos, escribe diez palabras que lleven **mb**; diez que lleven **mp**; y diez con **n** más otra consonante.

__________ __________ __________ __________ __________

__________ __________ __________ __________ __________

__________ __________ __________ __________ __________

__________ __________ __________ __________ __________

__________ __________ __________ __________ __________

__________ __________ __________ __________ __________

LAS PALABRAS QUE TERMINAN CON **M** Y **N**

En las palabras que terminan con **m** o **n**, casi es nula una posible confusión para escribir una u otra porque casi todas las que existen son con **n**; en total son alrededor de 39,900 y de ellas, 38,000 están en todos los tiempos y modos de los 4,200 verbos en las personas ustedes/ellos: canta**n**, cantaro**n**, cantará**n**, cantaba**n**, cantaría**n**, cante**n**, cantare**n**, etc.; 1,200 palabras están en las que terminan en -ción: canció**n**, idealizació**n**, adopció**n**, acció**n**; 150 llevan -sión: alusió**n**, compasió**n**, televisió**n**; y 500 palabras son las agudas que principalmente tienen la terminación -on: cartó**n**, plantó**n**, rató**n**, rayó**n**, etc.

Las pocas palabras que terminan con **m**, son: Abraha**m**, álbu**m**, delíriu**m**, fil**m**, íde**m**, Isla**m**, íte**m**, linóleu**m**, médiu**m**, memorándu**m**, quántu**m**, quóru**m**, referéndu**m**, réquie**m**, tedéu**m**, tóte**m** y ultimátu**m**.

LAS PALABRAS QUE LLEVAN **MM** Y **MN**

En la unión de las letras **mm, mn, nn** y **nm**, siempre la primera letra está al final de sílaba y la segunda letra es inicio de la sílaba siguiente.

• Con **mm** sólo existen dos palabras: Emma y gamma.

• Las palabras que llevan **mn** son palabras simples o derivadas, y muchas se forman con la palabra griega **omni** que indica: todo. Todas las palabras que llevan **mn**, sin contar variantes, son:

alu**mn**o	da**mn**ificar	o**mn**ímodo	sole**mn**e
a**mn**esia	gi**mn**asio	o**mn**ipotente	so**mn**ífero
a**mn**íotico	hi**mn**o	o**mn**ipresente	so**mn**olencia
a**mn**istía	inde**mn**izar	o**mn**isapiente	
calu**mn**iar	inso**mn**io	o**mn**iscencia	
colu**mn**a	ó**mn**ibus	o**mn**ívoro	

LAS PALABRAS QUE LLEVAN NN Y NM

• Las palabras que llevan **nn** y **nm** son palabras compuestas con otras a través de enclíticos y con prefijos que terminan con **n** más la palabra simple que empieza con **n** (**nn**) o con **m** (**nm**).

La mayor parte de las palabras que tienen nn se forman a través de miles de enclíticos (en el ustedes) cuya terminación verbal termina en **n** más el pronombre **nos**. Ejemplos: ustedes... de**nn**os, díga**nn**os, abráce**nn**os, obséquie**nn**os, áme**nn**os, motíve**nn**os, mire**nn**os, ilumine**nn**os, etc.

Las pocas palabras que no son enclíticos y que llevan **nn** por la unión de un prefijo que termina en **n** con la palabra que comienza con **n**, son:

circu**nn**avegación	e**nn**egrecer	i**nn**oble	i**nn**ovar
circu**nn**avegar	e**nn**oblecer	i**nn**ocuo	i**nn**umerable
co**nn**atural	i**nn**ato	i**nn**ombrable	si**nn**úmero
co**nn**otación	i**nn**avegable	i**nn**ominado	
co**nn**otar	i**nn**ecesario	i**nn**ovación	
e**nn**eciar	i**nn**egable	i**nn**ovador	

La mayor parte de las palabras que tienen nm se forman a través de miles de enclíticos (en el ustedes) cuya terminación verbal termina con **n** más el pronombre **me**. Ejemplos: ustedes... compre**nm**e, díga**nm**e, abrace**nm**e, comuníque**nm**e, edúque**nm**e, cúbra**nm**e, míre**nm**e, despiérte**nm**e, etc.

En palabras compuestas con otra, sólo son: balo**nm**ano y cie**nm**ilésimo.

Con el prefijo **con-** (sociedad)

conmemorable	**con**migo	**con**mocionar	**con**mutable
conmemorar	**con**minación	**con**movedor	**con**mutador
conmemorativo	**con**minar	**con**mutación	**con**mutar
conmensurable	**con**miseración	**con**mover	**con**mutativo
conmensurar	**con**moción	**con**movible	

Con el prefijo **en-** (afirmación)

enmaderar	**en**marcar	**en**mienda	**en**mugrecer
enmarañar	**en**mascarar	**en**mohecer	
enmarcable	**en**mendar	**en**mudecer	

Con el prefijo **in-** (negación)

inmaculada(o)	**in**mejorable	**in**moralidad	**in**movilizar
inmadurez	**in**memorable	**in**mortal	**in**mundicia
inmadurar	**in**merecido	**in**mortalidad	**in**mune
inmaduro	**in**misericorde	**in**mortalizar	**in**mutable
inmanente	**in**moderado	**in**movible	**in**mutar
inmaterial	**in**moral	**in**móvil	

Otras palabras son: **in**mediato, **in**mersión, **in**merso, **in**migrar, **in**minencia, **in**miscuir, **in**misión, **in**mobiliario, **in**molar, **in**munodeficiencia.

EJERCICIOS

De las miles que existen, escribe veinte palabras que terminen con **n**.

__________ __________ __________ __________ __________

__________ __________ __________ __________ __________

__________ __________ __________ __________ __________

__________ __________ __________ __________ __________

Escribe las 17 palabras que terminen con **m**.

__________ __________ __________ __________ __________

__________ __________ __________ __________ __________

__________ __________ __________ __________ __________

__________ __________

Escribe las dos palabras que llevan **mm**. __________ __________

Escribe 16 palabras que lleven **mn**. ¿Qué indica **omni**? __________

__________ __________ __________ __________

__________ __________ __________ __________

__________ __________ __________ __________

__________ __________ __________ __________

Escribe diez enclíticos que lleven **nn**.

__________ __________ __________ __________ __________

__________ __________ __________ __________ __________

Escribe diez palabras —no enclíticos— que lleven **nn**.

__________ __________ __________ __________ __________

__________ __________ __________ __________ __________

Escribe diez enclíticos que lleven **nm**.

__________ __________ __________ __________ __________

__________ __________ __________ __________ __________

Escribe palabras que lleven **nm**: diez con prefijo **con-**; diez con prefijo **en-**; y diez con prefijo **-in**.

__________ __________ __________ __________ __________

__________ __________ __________ __________ __________

__________ __________ __________ __________ __________

__________ __________ __________ __________ __________

__________ __________ __________ __________ __________

__________ __________ __________ __________ __________

HOMÓFONOS con **M** y **N**

• __________	: Del verbo combinar.	
__________	: Del verbo convenir.	**embestir** **envestir**
• __________	: Verbo: acometer, arremeter contra alguien o algo.	**combino** **convino**
__________	: Verbo: revestir, cubrir.	

LA LETRA R

La letra erre se escribe como **r** simple y como erre doble —**rr**—, y tiene dos sonidos: uno suave y otro fuerte.

LAS DOS NORMAS ORTOGRÁFICAS DE LA R

1. **Siempre se escribe r simple:**

- Al inicio o final de palabra: **rama, Ramón, rigor, rifar, rimar.** La **r** al principio de palabra tiene sonido fuerte y la **r** final tiene sonido suave.
- Antes y después de consonante: **agraciado, lombriz, fortuna, ternura.** Cuando la **r** simple inicia sílaba y le antecede consonante, tiene sonido fuerte: **enramar, honra, alrededor, enroscar,** Israel, **sonreir.**
- Entre vocales, con sonido suave: **amarás, aro, caro, raro, aroma.**

2. **Únicamente se escribe rr entre vocales cuando tiene sonido fuerte: carreta, barro, carriola, birria, arrojo, correr, forrar, guitarrra, arrollo.**

- **Siempre se escribe r simple al inicio o final de palabra.**

Algunas palabras que llevan **r** simple al inicio de palabra, son:

racimo	realizar	riel	robusto	rubia
ración	reata	rifa	roca	rueda
radio	rebozo	rima	Rocío	rugido
ráfaga	recado	rincón	rodeo	rumba
raíz	rector	río	rojo	ruta
ramo	repisa	rizador	roncar	rutina

Con r al final de palabra son alrededor de 8,000 y están en los 4,200 verbos en su infinitivo (amar, cantar, soñar, beber, comer, raer, ir, reír, exhibir) y en las terminaciones o sufijos derivados de los propios verbos, **-or** y **-dor** (cantor, soñador, bebedor, comedor, trabajador, pintor, etc.).

- **Siempre se escribe r simple antes y después de consonante.**

Algunos ejemplos de palabras con **r simple antes de consonante**, que tiene sonido suave, son:

acerca	energía	jardín	oferta	universo
acorde	fervor	jornada	oportuno	urbano
bordado	firme	kermés	parte	vanguardia
bursátil	gallardo	linterna	paternal	verso
carbono	garza	lord	reversible	yerno
carpintero	hermosa	marfil	sardina	yersey
deporte	horno	martes	servilleta	zarpar
despierto	importante	Norma	tarjeta	zurdo
ejercicio	interno	norteño	tersura	

Otras miles de palabras con **r** antes de consonante están en los enclíticos formados con los 4,200 verbos en infinitivo y los pronombres, me, te, se, la(s), le(s), lo(s), nos. Ejemplo: verbo amar: amarme, amarte, amarse, amarla(s), amarle(s), amarlo(s), amarnos; estudiarme, estudiarte, estudiarse, estudiarla(s), estudiarle(s), estudiarlo(s), estudiarnos.

Algunos ejemplos de palabras con **r simple después de consonante**, que tiene sonido suave, son:

administrar	dragón	hombre	ofrenda	teatro
agrado	ecuestre	imprenta	ogro	tigre
avestruz	empresa	jengibre	padre	ubre
brinco	fábrica	letra	palabra	umbral
brillante	fragancia	libra	quebrado	vibrar
cabra	fruta	madre	quejumbre	vidrio
capricho	graduado	maestra	sabroso	yedra
chilindrina	grato	nodriza	sacro	zafra
democracia	hembra	nutrir	semestre	zozobra

En las siguientes palabras, que son casi todas las que existen, **la r simple que inicia sílaba y le antecede consonante, tiene sonido fuerte.**

alrededor	enredadera	enrojecer	honrable	israelita
enrabiar	enredar	enrolar	honradez	malrotar
enraizar	enrejar	enrollar	honrado	posromántico
enramar	enrielar	enronquecer	honrar	sonreir
enramblar	Enrique	enroscar	honroso	subrayar
enranciar	enriquecer	enrudecer	Israel	subreino
enrarecer	enrocar	honra	israelí	subrogar

• **La r simple entre vocales tiene sonido suave, y la rr que sólo puede escribirse entre vocales tiene sonido fuerte.**

La **r** y **rr** que van entre vocales, lo único que puede determinarlas para escribirse una u otra, es el sonido suave que tiene la **r** simple y el sonido fuerte que tiene la **rr**.

Véanse las siguientes palabras para ubicar el sonido suave de **r** y el sonido fuerte de **rr**:

acerar	**aserrar**	**Corea**	**correa**
amara	**amarra**	**coreo**	**correo**
aros	**arroz**	**curo**	**curro**
azorar	**azorrar**	**encerar**	**encerrar**
buró	**burro**	**enterar**	**enterrar**
caro	**carro**	**güera**	**guerra**
careta	**carreta**	**jara**	**jarra**
cerillo	**cerrillo**	**poro**	**porro**
cora	**corra**	**vara**	**barra**
coral	**corral**		

Otras palabras con **r** suave:

acalorar	**entero**	**jarabe**
acaparar	**espera**	**jurar**
barata	**figura**	**lábaro**
bombero	**furia**	**laurel**
caldera	**galería**	**maduro**
cara	**Gloria**	**marea**
charal	**harina**	**nevera**
chícharo	**héroe**	**obrero**
decoro	**ilusorio**	**puchero**
delirio	**interés**	**varilla**

Otras palabras con **rr** doble:

arreglar	**horror**	**sarro**
arriba	**irritar**	**susurro**
biorritmo	**jarro**	**tarro**
borrar	**morral**	**terraza**
cotorra	**narrar**	**turrón**
derroche	**ocurrir**	**urraca**
erróneo	**perro**	**verruga**
farra	**petirrojo**	**virrey**
forrar	**porra**	**zorro**
gorra	**santurrón**	**zurra**

EJERCICIOS

Indica los tres casos en los que se escribe **r simple.**

1. ______________________________

2. ______________________________

3. ______________________________

Escribe diez ejemplos que lleven **r** al inicio de palabra y diez que la lleven al final.

__________ __________ __________ __________ __________

__________ __________ __________ __________ __________

__________ __________ __________ __________ __________

__________ __________ __________ __________ __________

Escribe diez palabras que lleven **r** simple antes de consonante y diez con **r** después de consonante, ambas con sonido suave.

______ ______ ______ ______ ______
______ ______ ______ ______ ______
______ ______ ______ ______ ______
______ ______ ______ ______ ______

Escribe veinte palabras que lleven **r** con sonido fuerte al iniciar sílaba antecediéndole consonante.

______ ______ ______ ______ ______
______ ______ ______ ______ ______
______ ______ ______ ______ ______
______ ______ ______ ______ ______

Escribe quince palabras que lleven **r** entre vocales.

______ ______ ______ ______ ______
______ ______ ______ ______ ______
______ ______ ______ ______ ______

Escribe quince palabras que lleven **rr**.

______ ______ ______ ______ ______
______ ______ ______ ______ ______
______ ______ ______ ______ ______

CAMBIO DE R A RR

Las palabras que inician con **r** tienen sonido fuerte de **rr** (**r**egular, **r**eglamento, **r**uina, **r**opa). Cuando una palabra empieza con **r** y se compone con una palabra o prefijo que termina en vocal, la **r** simple que tiene sonido fuerte se convierte en doble **r** (**rr**) para seguir conservando su sonido fuerte (auto**rr**egular, anti**rr**eglamento, a**rr**uinar, a**rr**opar).

Si la palabra que inicia con **r** se compone con una palabra o prefijo que termina en consonante, seguirá conservando una sola **r** con su sonido fuerte. Ejemplos: **r**eír, son**r**eír; **r**arecer, en**r**arecer; **r**amar, en**r**amar.

Algunas palabras en las que la **r** al inicio de palabra cambia a doble **r (rr)**, son:

arreglar de a y reglar
bancarrota de banca y rota
birreactor de bi y reactor
correcto de co y recto
derramar de de y ramar
guardarropa de guarda y ropa
infrarrojo de infra y rojo

manirroto de mano y roto
pelirrubio de pelo y rubio
radiorreceptor de radio y receptor
semirrecto de semi y recto
telerrenta de tele y renta
ultrarrápido de ultra y rápido
vicerrector de vice y rector

EJERCICIO

Sintetiza en una sola a las palabras siguientes.

anti y reuma	________________	i y racional	________________
auto y regular	________________	i y recuperable	________________
bajo y relieve	________________	i y resistible	________________
bi y reactor	________________	para y rayos	________________
co y roer	________________	porta y retrato	________________
co y romper	________________	pre y requisito	________________
de Costa Rica	________________	semi y roto	________________
de y ramar	________________	vice y rector	________________
de pelo y rojo	________________	ultra y rápido	________________
a y ruinar	________________	a y rítmico	________________

EMPLEO DE LAS LETRAS MAYÚSCULAS

- Se escribe letra mayúscula en: la primera letra con la que se comienza un escrito; después de punto y seguido, y de punto y aparte; frecuentemente, después de los dos puntos; y después de un signo de interrogación o de admiración, si no se interpone una coma. Ejemplos:

  ¿Cuándo? No lo sé. Sin embargo sí le digo: Hoy recibiré la información, ¡claro que sí! Y les haré ver de su falta de comunicación por no indicar cuándo entregaban el paquete.

- Se escribe letra mayúscula en todos los nombres propios y en los nombres que los sustituyen, incluyendo los apodos. Ejemplos: México, Argentina, San Diego, Pancho, José Quirarte, El Rey Arturo, Cuernavaca, La Ciudad de la Eterna Primavera, Cantinflas, El Jícamas.

- Se escriben con mayúscula las palabras que designan divinidades. Ejemplos: Dios, el Creador, la Virgen de Guadalupe, Redentor, Todopoderoso.

- Se escribe con mayúscula la primera palabra del título de un libro, artículo, película u obra teatral. Ejemplos: Cien años de soledad; Lo que el viento se llevó; Seis personajes en busca de autor.

- Se escriben con mayúscula los títulos de dignidad o de autoridad y los nombres que designan entidades. Ejemplos: El jefe de Estado; Su Majestad; Su Excelencia, Escuela Normal; el Gobierno.

- Estado se escribe con mayúscula cuando se refiere a la Nación y con minúscula en los demás casos. Ejemplos: El Estado tiene la obligación de ver por los intereses de los ciudadanos. El estado de Guerrero es famoso por la ciudad de Acapulco.

- Se escriben con mayúscula las siglas y los números romanos. Ejemplos: ONU; OEA; UNAM; SEP; Siglo XX; MCMLXXVIII.

- Cuando se escriba la **ch** o la **ll** y deba ir con mayúscula, sólo la primera podrá llevarla. Ejemplos: Chela, Chile, Lluvia, Llorante.

- Se escribe con mayúscula la primera letra de los nombres de ciencias: Filosofía, Biología, Economía, Matemáticas; pero irán con minúsculas cuando se usan con sentido genérico: Tu filosofía no es tan buena como la mía. Mis matemáticas son mejores que las tuyas.

- Se escriben con mayúsculas los nombres de entidades federativas, ríos, mares, ciudades, continentes y oceános. Ejemplos: Miami, Puebla; Mar de Cortés; Río Atoyac, Océano Pacífico, América del Norte, Europa.

- Se escriben con mayúscula los nombres de animales, objetos o plantas cuando en una obra literaria —en las fábulas por ejemplo— tienen vida propia al caracterizar seres humanos. Ejemplos:

  El León dijo: Yo soy el rey de la selva.

  La Piedra escuchaba muy atenta.

  La Flor miró alrededor y se complació de ser la más hermosa.

- Se escriben con mayúscula los nombres de las fiestas regionales, nacionales o internacionales. Ejemplos: Viernes Santo; Día de la Raza; Día Internacional de la Mujer.

- El Sol y la Luna se escriben con mayúscula cuando se hace referencia a los astros; se escriben con minúscula en los demás casos. Ejemplos:

  El Sol es el astro rey que por millones de años ha iluminado a la Tierra. La Luna es la acompañante de locos y poetas.

  El sol de un hijo es un buen padre. Tus aretes tienen forma de luna.

- De igual forma, Tierra va con mayúscula al referirse al planeta, y Naturaleza cuando se refiere a La Naturaleza como nombre propio:

  La Tierra es vejada constantemente por la ambición del hombre y se observa en la Naturaleza que día a día tiene menos ríos y bosques.

- Se escriben con mayúscula los nombres de tiempos históricos. Ejemplos: Epoca Colonial; Edad Media; El Siglo de Oro.

- Cuando en un texto se usen mayúsculas, éstas se acentuarán de acuerdo a las normas correspondientes. Ejemplos:

  Él se alegró cuando le dí la buena noticia.

  PITÁGORAS FUE UN GENIO DE LAS MATEMÁTICAS.

- No se escriben con mayúsculas porque no se consideran nombres propios: los días de la semana, nombres de meses, épocas del año y gentilicios.

ESCRITURA DE LOS NÚMEROS CARDINALES

1	uno
2	dos
3	tres
4	cuatro
5	cinco
6	seis
7	siete
8	ocho
9	nueve
10	diez
11	once
12	doce
13	trece
14	catorce
15	quince
16	dieciseis
17	diecisiete
18	dieciocho
19	diecinueve
20	veinte
21	veintiuno, veintiún
22	veintidós
23	veintitrés
24	veinticuatro
25	veinticinco
26	veintiseis
27	veintisiete
28	veintiocho
29	veintinueve
30	treinta
40	cuarenta
50	cincuenta
60	sesenta
70	setenta
80	ochenta
90	noventa
100	cien
101	ciento uno
110	ciento diez
115	ciento quince
120	ciento veinte
121	ciento veintiuno
122	ciento veintidós
130	ciento treinta
135	ciento treinta y cinco
140	ciento cuarenta
150	ciento cincuenta
194	ciento noventa y cuatro
200	doscientos
201	doscientos uno
228	doscientos veintiocho
260	doscientos sesenta
283	doscientos ochenta y tres
300	trescientos
341	trescientos cuarenta y uno
400	cuatrocientos
476	cuatrocientos setenta y seis
500	quinientos
600	seiscientos
700	setecientos
800	ochocientos
900	novecientos
1,000	mil
1,010	mil diez
1,995	mil novecientos noventa y cinco
2,000	dos mil
2,018	dos mil dieciocho
3,000	tres mil
4,000	cuatro mil
5,000	cinco mil
10,000	diez mil
10,209	diez mil doscientos nueve
17,302	diecisiete mil trescientos dos
20,000	veinte mil
30,000	treinta mil
40,000	cuarenta mil
90,998	noventa mil novecientos noventa y ocho
100,000	cien mil
200,000	doscientos mil
300,000	trescientos mil
400,000	cuatrocientos mil
999,999	novecientos noventa y nueve mil novecientos noventa y nueve
1,000,000	un millón
3,723,211	tres millones, setecientos veintitrés mil doscientos once
42,017,104	cuarenta y dos millones, diecisiete mil ciento cuatro

ESCRITURA DE LOS NÚMEROS ORDINALES

1o.	primero	21o.	vigésimo primero
2o.	segundo	22o.	vigésimo segundo
3o.	tercero	23o.	vigésimo tercero
4o.	cuarto	24o.	vigésimo cuarto
5o.	quinto	30o.	trigésimo
6o.	sexto	31o.	trigésimo primero
7o.	séptimo	40o.	cuadragésimo
8o.	octavo	41o.	cuadragésimo primero
9o.	noveno	50o.	quincuagésimo
10o.	décimo	51o.	quincuagésimo primero
11o.	undécimo o décimo primero	60o.	sexagésimo
		61o.	sexagésimo primero
12o.	duodécimo o décimo segundo	70o.	septuagésimo
		71o.	septuagésimo primero
13o.	décimo tercero	80o.	octagésimo
14o.	décimo cuarto	90o.	nonagésimo
15o.	décimo quinto	100o.	centésimo
20o.	vigésimo		

ESCRITURA DE LOS NÚMEROS ROMANOS

Indicar una cantidad con números romanos tiene las siguientes reglas:

- La numeración romana se expresa con siete letras mayúsculas que tienen los siguientes valores: I = 1; V = 5; X = 10; L = 50; C = 100; D = 500; M = 1,000.

- Los números V (5), L (50) y D (500) no se pueden repetir porque dos V sería X; dos L sería C, y dos D sería M. Los números I (1), X (10), C (100) y M (1,000) se pueden repetir, solamente, hasta tres veces: III (3), XXX (30), CCC (300), MMM (3,000).

- Un número a la izquierda de otro de mayor valor indica que actúa como resta numérica, y los números a la derecha del de mayor valor indican suma. Ejemplos:

  IV = 4 XIX = 19 XC = 90 CMLIII = 953 XLIX = 49

  Por tanto, la lectura de un número romano **se inicia con el número de mayor valor**, después se resta (si lo hay) el número a su izquierda y se continúa a la derecha del número mayor inicial. Ejemplos:

En el número XLVIII se lee de la siguiente forma: L (50) menos X (10) = 40, más VIII (8) = 48.

En el número CXIX se lee primero C (100) más X (10) más 9 [X (10) menos I (1) = 9] = 119. Otros ejemplos son:

1,325 = MCCCXXV	98 = XCVIII	928 = CMXXVIII
2,023 = MMXXIII	99 = IC	489 = CDLXXXIX

Los usos que tienen los números romanos son los siguientes:

- Para indicar fechas de siglos: Siglo XXI; siglo III d.C. (siglo tercero después de Cristo); siglo IV a.C. (siglo cuarto antes de Cristo).

- Indican la cantidad y orden de tomos que existe en una colección temática de libros o enciclopedias. Ejemplos: Tomos I, IX, XII, XLV.

  También en libros, para indicar capítulos. Ejemplos:

  Capítulo XXV; Capítulos V-IX (del capítulo quinto al noveno); y de una manera mixta: Tomo XXII, Capítulo LXI.

- En algunas ocasiones se usan números romanos para indicar el mes de una fecha abreviada. Ejemplos: 7-IX-1974; 13-VIII-1958; 31-XII-1999.

- También se utiliza esta numeración para indicar, con reyes y papas, el número que tienen en relación a sus antecesores. Ejemplos: Enrique VIII, Carlos V, Juan Pablo II.

ESCRIBE LOS SIGUIENTES NÚMEROS:

95 ____________	70o. ____________
73 ____________	15o. ____________
48 ____________	13o. ____________
177 ____________	43o. ____________
893 ____________	27o. ____________
1,315 ____________	XXV ____________
15,021 ____________	XLIX ____________
20,055 ____________	CDL ____________
101,207 ____________	CMCCCXXI ____________
500,029 ____________	MCMXCIX ____________

ABREVIATURAS Y SIGLAS

Las abreviaturas y las siglas tienen similitud en cuanto a que ambas son abreviaciones, y unas y otras tienen las siguientes características:

Abreviatura es la representación de una palabra por medio de una o varias de sus letras, principalmente las iniciales, que se utiliza para sintetizar palabras de uso cotidiano. Ejemplos:

doctor Dr.	profesor Prof.	Señora Sra.	división div.
María Ma.	arquitecto Arq.	número num.	ciudad cd.

Sigla es la letra inicial —a veces dos y hasta tres— de una palabra. Las siglas se usan para representar el nombre que tienen: empresas, instituciones, organizaciones, países, sociedades y algunas profesiones. Ejemplos:

ONU	Organización de Naciones Unidas
AA	Alcohólicos Anónimos
FIFA	Federación Internacional de Fútbol Asociación
USA	Estados Unidos de América (United States of America)

ABREVIATURAS Y SIGLAS DE USO COMÚN

administración	admon.	centavos	cents.
afectísimo	afmo.	centímetro(s)	cm. cms.
afecto	afto.	cerrada	Cda.
amplitud modulada	A.M.	ciudad	Cd.
antes de Cristo	a.C.	ciudadano	C.
antes meridiano	a.m.	código postal	c.p.
Apartado Postal	A.P.	colonia	Col.
arquitecto	Arq.	compañía	Cia.
artículo	art.	Contador Público	C.P.
Asociación Civil	A.C.	departamento	depto. dep.
atención	at'n.	después de Cristo	d.C.
atento	atto.	después del mediodía	P.M.
auxiliar	aux.	(pasado meridiano)	
avenida	Av.	diciembre	Dic.
Boulevard	Blvr. Blvd.	diputado	Dip.
cada uno	c/u	director	Dir.
calzada	Calz.	división	Div.
callejón	Cjon.	doctor/doctora	Dr./Dra.
capítulo	cap.	dólares	Dls.

edición	ed.	número	Núm./No.
escuela	Esc.	octubre	Oct.
español	Esp.	Oeste	O.
Estado	Edo.	oficina	ofna.
Este (punto cardinal)	E.	Oriente	Ote.
etcétera	etc.	página	pag. p.
extensión	Ext.	páginas	pags. pp.
familiar	fam.	plaza	Pza.
febrero	Feb.	Poniente	Pte.
femenino	fem.	popular	pop.
Fernando	Fdo.	por poder	P.P.
ferrocarril	f.c.	Posdata	P.D.
fraccionamiento	fracc.	Presidente	Pte.
Francisco	Fco.	principal	pral.
frecuencia modulada	F.M.	privada	priv.
general	gral.	profesor/profesora	Prof./Profa.
gramo	gr.	prolongación	Prol.
grupo	gpo.	Puerto	Pto.
Guadalupe	Gpe.	República Mexicana	Rep. Mex.
habitantes	hab. h.	Revolución	Rev.
hacienda	hda.	Santo/Santa	Sto./Sta.
hectárea(s)	ha(s).	Secretaría	Sria.
ingeniero	Ing.	Sector/Sección	Sec.
izquierda	izq.	secundaria	Sec.
kilogramo	kg.	seguro servidor	s.s.
kilómetro	km.	señor/señora	Sr./Sra.
kilowatio	kw.	señorita	Srita.
libras	lbs.	septiembre	Sep.
licenciado	Lic.	siguiente	sgte.
literatura	lit.	siglo	s.
maestro/maestra	Mtro./Mtra.	sin número	s/n
María	Ma.	Sociedad Anónima	S.A.
Martínez	Mtz.	Sur	S.
masculino	masc.	Sureste	S.E.
México	Mex.	Suroeste	S.O.
milímetro	mm.	tecnológico(a)	tec.
Moneda Nacional	M.N.	teléfono/teléfonos	tel./tels.
nacional	Nal.	televisión	T.V.
Noreste	N.E.	usted/ustedes	ud./uds.
Noroeste	N.O.	visto bueno	Vo. Bo.
Norte	N. Nte.	viuda	Vda.
nosotros	nos.	volumen/volúmenes	vol./vols.
noviembre	Nov.	Water-closet (retrete)	W.C.

ABREVIATURAS DE LOS ESTADOS FEDERATIVOS DE MÉXICO

Capital de México: México, Distrito Federal (D.F.)

Estado de:	Abreviatura	Estado de:	Abreviatura
Aguascalientes	Ags.	Nayarit	Nay.
Baja California	B.C.	Nuevo León	N.L.
Baja California Sur	B.C.S.	Oaxaca	Oax.
Campeche	Camp.	Puebla	Pue.
Chiapas	Chis.	Querétaro	Qro.
Chihuahua	Chih.	Quintana Roo	Q. Roo
Coahuila	Coah.	San Luis Potosí	S.L.P.
Colima	Col.	Sinaloa	Sin.
Durango	Dgo.	Sonora	Son.
Guanajuato	Gto.	Tabasco	Tab.
Guerrero	Gro.	Tamaulipas	Tamps.
Hidalgo	Hgo.	Tlaxcala	Tlax.
Jalisco	Jal.	Veracruz	Ver.
México	Edomex.	Yucatán	Yuc.
Michoacán	Mich.	Zacatecas	Zac.
Morelos	Mor.		

ALGUNAS SIGLAS NACIONALES MEXICANAS SON:

AMPRYT	Asociación Mexicana de Periodistas de Radio y Televisión
ANDA	Asociación Nacional de Actores
ANUIES	Asociación Nacional de Universidades e Instituciones de Enseñanza Superior
ASA	Aeropuertos y Servicios Auxiliares
B. de M.	Banco de México
BANAMEX	Banco Nacional de México
BANCOMER	Banco de Comercio
CBETIS	Centro de Bachillerato Tecnológico Industrial y de Servicios
CCH	Colegio de Ciencias y Humanidades
CEBAS	Centro de Educación Básica para Adultos
CELE	Centro de Estudios de Lenguas Extranjeras (UNAM)
CETES	Certificados de la Tesorería
CETIS	Centro de Estudios Tecnológicos Industriales y de Servicios

CFE	Comisión Federal de Electricidad
CNC	Confederación Nacional Campesina
CNP	Consejo Nacional de la Publicidad
CNT	Confederación Nacional del Trabajo
CNTE	Consejo Nacional Técnico de la Educación
CONACULTA	Consejo Nacional para la Cultura y las Artes
CONACURT	Consejo Nacional de Cultura y Recreación para los Trabajadores
CONACYT	Consejo Nacional de Ciencia y Tecnología
CONADE	Comisión Nacional del Deporte
CONCAMIN	Confederación de Cámaras Industriales
CONCANACO	Confederación de Cámaras Nacionales de Comercio
CTM	Confederación de Trabajadores Mexicanos
CU	Ciudad Universitaria
DDF	Departamento del Distrito Federal
DIF	Desarrollo Integral de la Familia
ENS	Escuela Normal Superior
ESCA	Escuela Superior de Comercio y Administración
ESIA	Escuela Superior de Ingeniería y Arquitectura
ESIME	Escuela Superior de Ingeniería Mecánica Eléctrica
FAM	Fuerza Aérea Mexicana
FSTSE	Federación de Sindicatos de los Trabajadores al Servicio del Estado
ICA	Ingenieros Civiles Asociados
IFE	Instituto Federal Electoral
IMECA	Índice Metropolitano de Contaminación Ambiental
IMSS	Instituto Mexicano del Seguro Social
INAH	Instituto Nacional de Antropología e Historia
INBA	Instituto Nacional de Bellas Artes
INEA	Instituto Nacional de Educación para Adultos
INI	Instituto Nacional Indigenista
INSEN	Instituto Nacional de la Senectud
IPN	Instituto Politécnico Nacional
ISR	Impuesto Sobre la Renta
ISSSTE	Instituto de Seguridad y Servicios Sociales para los Trabajadores del Estado
IVA	Impuesto al Valor Agregado
LOCATEL	Localización Telefónica (de personas extraviadas)
PAN	Partido Acción Nacional
PEMEX	Petróleos Mexicanos
PGR	Procuraduría General de la República
PRD	Partido de la Revolución Democrática
PRI	Partido Revolucionario Institucional
PROFECO	Procuraduría Federal del Consumidor

RTC	(Dirección General de) Radio, Televisión y Cinematografía
SCT	Secretaría de Comunicaciones y Transportes
SDN (SEDENA)	Secretaría de la Defensa Nacional
SECOFI	Secretaría de Comercio y Fomento Industrial
SECTUR	Secretaría de Turismo
SEP	Secretaría de Educación Pública
SHCP	Secretaría de Hacienda y Crédito Público
SNTE	Sindicato Nacional de Trabajadores de la Educación
SRE	Secretaría de Relaciones Exteriores
STC	Sistema de Transporte Colectivo
UNAM	Universidad Nacional Autónoma de México

ALGUNAS SIGLAS INTERNACIONALES SON:

BM	Banco Mundial
BID	Banco Interamericano de Desarrollo
CEE	Comunidad Económica Europea
COD	Cobrar o Devolver
COI	Comité Olímpico Internacional
FMI	Fondo Monetario Internacional
IFAL	Instituto Francés de América Latina
MCE	Mercado Común Europeo
NASA	National Air Space Agency (Agencia Nacional del Espacio Aéreo. USA)
OEA	Organización de Estados Americanos
OMS	Organización Mundial de la Salud
OPEP	Organización de Países Exportadores de Petróleo
OTAN	Organización del Tratado del Atlántico Norte
RIP	Descanse en paz (Latín: requiescat in pace)
SIDA	Síndrome de Inmuno Deficiencia Adquirida
SME	Sistema Monetario Europeo
SMI	Sistema Monetario Internacional
SOS	Llamada Internacional de Auxilio (siglas en inglés)
TLC	Tratado de Libre Comercio (México-USA-Canadá)
UNESCO	Organización de las Naciones Unidas para la Educación, Ciencia y Cultura (siglas en inglés)
VIP	Persona muy importante (very important person)

LOS GENTILICIOS USUALES

Los gentilicios son las palabras que indican el origen o lugar de una persona. Recuérdese que los nombres de continentes, zonas geográficas, países, capitales y ciudades, son nombres propios y, por tanto, se escriben con mayúscula en la primera letra; las palabras gentilicias se escriben con minúscula.

Los gentilicios normalmente se les presenta a través de las terminaciones o sufijos que tienen (ense, on, ico, és, etc.), pero es mejor verlos de la siguiente forma para que tengan utilidad de aprendizaje.

CONTINENTALES

América	americanos	África	asiáticos
Europa	europeos	Oceanía	oceánicos
Asia	asiáticos		

AMERICANOS

América del Norte

Canadá	canadiense
Estados Unidos	estadounidense
México	mexicano

Centroamérica

Belice	beliceño
Costarrica	costarricense
Cuba	cubano
El Salvador	salvadoreño
Guatemala	guatemalteco
Haití	haitiano
Honduras	hondureño
Jamaica	jamaiquino
Nicaragua	nicaragüense
Panamá	panameño
Puerto Rico	portorriqueño o puertorriqueño

Sudámerica

Argentina	argentino
Bolivia	boliviano
Brasil	brasileño
Colombia	colombiano
Chile	chileno
Ecuador	ecuatoriano
Perú	peruano
Paraguay	paraguayo
Uruguay	uruguayo
Venezuela	venezolano

EUROPEOS

Albania	albanés	Bélgica	belga
Alemania	alemán	Bulgaria	búlgaro
Austria	austriaco	Dinamarca	danés

España	español o hispano
Finlandia	finlandés o finés
Francia	francés o franco
Inglaterra	inglés o anglosajón
Escocia	escocés
Grecia	griego
Hungría	húngaro
Irlanda	irlandés
Islandia	islandés
Italia	italiano
Malta	maltés
Mónaco	monegasco
Noruega	noruego
Holanda	holandés o neerlandés
Polonia	polaco
Portugal	portugués
Rumania	rumano
Rusia	ruso
Suecia	sueco
Suiza	suizo o helvético
Vaticano	vaticano

Países de la ex-URSS

Armenia	armenio
Azerbayán	azerbayano
Bielorrusia	bielorruso
Georgia	georgiano
Lituania	lituano
Moldavia	moldavo
Turkmenistán	turcomano
Ucrania	ucraniano
Uzbekistán	uzbeko

Ex-Yugoslavia

Croacia	croata
Servia	servio
Bosnia	bosnio

ASIÁTICOS

Afganistán	afgano
Birmania	birmano
Corea	coreano
China	chino
Filipinas	filipino
India	indio o hindú
Indonesia	indonesio
Irak	iraquí
Irán	iraní
Israel	israelí, israelita o hebreo
Japón	japonés o nipón
Jordania	jordano
Kampuchea	kampucheano o camboyano
Kuwait	kuwaití
Líbano	libanés
Mongolia	mongol
Pakistán	pakistaní
Siria	sirio
Tailandia	tailandés
Taiwán	taiwanés
Vietnam	vietnamita
Yemen	yemenita

AFRICANOS

Angola	angolés
Argelia	argelino
Egipto	egipcio
Etiopía	etíope
Ghana	ghanés
Libia	libio
Marruecos	marroquí
Mauritania	mauritano
Nigeria	nigeriano
Ruanda	ruandés
Samoa	samoano
Senegal	senegalés
Somalia	somalí
Sudán	sudanés
Túnez	tunecino
Uganda	ugandés

OCEÁNICOS

Australia	australiano	Polinesia	polinesio
Nueva Zelanda	neozelandés		

Gentilicios mexicanos		**Gentilicios urbanos** (algunos)	
Aguascaliantes	hidrocálido	Acapulco	acapulqueño
Baja California	bajacaliforniano	Atenas	ateniense
Campeche	campechano	Barcelona	barcelonés
Chiapas	chiapaneco	Buenos Aires	bonaerense
Chihuahua	chihuahuense	Caracas	caraqueño
Coahuila	coahuilense	Cataluña	catalán
Colima	colimense	Córdoba	cordobés
Durango	duranguense	Dublín	dublinés
Estado de México	mexiquense	Galicia	gallego
Guerrero	guerrerense	Génova	genovés
Guanajuato	guanajuatense	Guadalajara	tapatío
Hidalgo	hidalguense	Hawai	hawayano
Jalisco	jalisciense	La Mancha	manchego
Michoacán	michoacano	Lima	limeño
Morelos	morelense	Londres	londinense
Nayarit	nayarita	Los Angeles	angelino
Nuevo León	neoleonés	Madrid	madrileño
Oaxaca	oaxaqueño	Monterrey	regiomontano
Puebla	poblano	Morelia	moreliano
Querétaro	queretano	Moscú	moscovita
Quintana Roo	quintanarroense	Nueva York	neoyorquino
San Luis Potosí	potosino	París	parisino
Sinaloa	sinaloense	Pekín	pequinés
Sonora	sonorense	Quebec	quebequense
Tabasco	tabasqueño	Roma	romano
Tamaulipas	tamaulipeco	Sevilla	sevillano
Tlaxcala	tlaxcalteca	Santiago de Chile	santiagueño
Veracruz	veracruzano	Texas	texano
Yucatán	yucateco	Tampico	tampiqueño
Zacatecas	zacatecano	Toluca	toluqueño
		Viena	vienés

BREVE VOCABULARIO LATINO DE USO COMÚN

ad hoc: hecho para un fin determinado.
alma mater: madre nutricia (se decía de la patria; hoy se aplica a la universidad en que uno ha estudiado).
alter ego: un segundo yo; amigo inseparable.
altius, citius, fortius: más alto, más veloz, más fuerte (lema de los Juegos Olímpicos).
a posteriori: indica que ya se conoce el resultado.
a priori: antes de conocer los hechos.
consummatum est: todo se ha acabado o destruido.
curriculum vitae: (pron: ...*vite*), resumen de la carrera o actividades públicas de una persona (como el que se presenta al buscar un empleo).
Dei gratia: por la gracia de Dios.
desideratum: lo más deseado; su plural es **desiderata**.
divide et vinces: divide y vencerás.
errare humanum est: equivocarse es propio del hombre.
ex abrupto: de repente; arrebatada e impensadamente.
ex cathedra: en tono magistral y decisivo.
ex profeso: de propósito, con particular intención.
facta non verba: hechos, no palabras.
gente non sancta: gente de mal vivir.
honoris causa: por razón o causa de honor; se dice de grados honoríficos que confiere una universidad o instituto.
in articulo mortis: próximo a morir, en artículo de muerte.
in memoriam: en recuerdo de...
in saecula saeculorum: (pron: *in sécula seculórum*), por los siglos de los siglos; por tiempo interminable.
ipso facto: en el acto.
mare magnum: muchedumbre confusa de personas o cosas.
mens sana in corpore sano: mente sana en cuerpo sano.
modus operandi: manera de obrar, de trabajar.
non plus ultra: lo más a que se puede llegar, lo más elevado.
per capita: por cabeza.
per se: por sí propio.
persona non grata: persona no grata.
post data: después de la fecha (lo que se escribe después de la firma de una carta); se abrevia *P.D.*
post mortem: después de la muerte.
rara avis: persona o cosa única en su género.
sic: así (se usa para indicar que una palabra o frase es textual).
sine qua non: aplícase a la condición indispensable.
statu quo: estado de cosas en un determinado momento.
sui generis: excepcional, único en su clase; a su manera.
summun: El grado sumo.
veni, vidi, vici: vine, vi, vencí (palabras de Julio César al anunciar al Senado una victoria).
verbi gratia: por ejemplo (se usa en abreviatura: *v.g.*).
versus: contra. Se usa en contiendas con la abreviatura **vs**.
vox populi, vox Dei: la voz del pueblo es la voz de Dios.

PALABRAS INDÍGENAS MEXICANAS, BÁSICAMENTE DE ORIGEN NÁHUATL, INTEGRADAS AL IDIOMA ESPAÑOL

achichincle
achiote
acocil
aguacate
aguamiel
ahuehuete
ajolote
amate
apapachar
apipizca (tener ojos de)
ate
atole
ayate
azteca
barbaján
biznaga
bolo
briago
cacahuate
cacao
cacarizo
cacique
cacle
cacomiscle
calabaza
calmecac
camote
campeche
cantinero
capulín
capulina
catorrazo
cempasúchil
cenote[1]
cenzontle
chachalaca
chacualear
chahuistle
chamaco
chamagoso
champurrado
chapopote
chapulín
charal[2]
charamusca
chaval[2]
chayote
chencha
chía
chicle
chichicastle
chichicuilote
chichimeca
chicozapote
chilacayote
chilango[1]
chilaquil
chile
chilmolero
chilpayate
chimuelo
chinaco
chinampa
chípil
chipote
chipotle
chiquihuite o chiquigüite
chocolate
chongo
chuchuluco
chuza
cigarro
coco
cocol
comal
congal
copal
coyol
coyote
cruda
cuate
cucho
cuico
cuija
ejote
elote
enchilada
epazote
escuincle
esquite
garambullo
guacal o huacal
guacamole
guachinango
guaje
guajolote
Guamúchil o Huamúchil
guarache o huarache[2]
guelaguetza[4]
güila
güipil o huipil
henequén[1]
huazontle
huapango
huipil o güipil
huitlacoche
hule
huracán[1]
itacate
ixtle
jacal
jícama
jícara
jicote
jilote
jiote
jitomate
jocoque
jorongo
maceta
machincuepa
machote
malacate
malinchismo
manteca
mapache
matatena
mayate
mecapal
mecate
memela
menso
merolico
metate
metiche
México
mezcal
mezquital
mezquite
milpa
mitote
mixiote
molcajete
mole
molote
nagual
naco[3]
nahua o náhuatl
naucaya
neutle
nixtamal
nopal

ocelote
ocote
olote
oyamel
pagua
paliacate
panucho
papadzul[1]
papalote
pepenar
petaca
petate
peyote
pibil
pilmama
pinacate
pinole
piocha
pípila
popote
pozole
pulque
quelite
quetzal
quintonil
sarape
socoyote
sotol
taco
talacha
tamal
tambache[2]
tapete
tatemar
tecali
tejamanil
tecolote
tejocote
tejuino
temascal
tenate/tanate
teocali
Teotihuacán
tepache
tepalcate
tepetate
teponaztle
tequesquite
tequila
tezontle
tianguis
tilma
tiza
tlaconete
tlacoyo
tlacuache
tlachique
tlapalería
toloache
tololoche
tomate
tortillería
tompiate
totopo
trácala
trajinera
totol
tule
tuza
yute
zacate
zapote
zopilote

1 Vocablo maya.
2 Vocablo tarasco.
3 Vocablo otomí.
4 Vocablo zapoteco.

LAS PALABRAS DE ACUERDO A SU ESTRUCTURA

Al escribir una palabra es necesario saber su significado; de poco sirve saber escribirla si no se sabe qué quiere decir. Se aprende a escribir y expresar mejor cuando se hila la ortografía de la palabra y la imagen que representa.

Hay que saber cuándo una palabra es simple, compuesta o derivada porque cuando tenemos enfrente una palabra simple, esto indica que de ella parte su raíz o radical* y, por tanto, todas las palabras que se compongan, deriven* o conjuguen, la ortografía de esa raíz o radical será siempre la misma. Ejemplo: **casa, cas**ita, **cas**ucha, **cas**erón, **cas**ota, **cas**erío, **cas**ada, des**cas**ado, **cas**amiento, **cas**orio, **cas**adero, **cas**amentero, **cas**anova, **cas**arse, **cás**ate, **cás**ala, **cas**ándolos, **cas**arte, **cas**ándose, **cas**ándome, **cas**arnos, des**cas**an, etc.

Aparte de saber el significado de las palabras simples, es necesario saber a qué otras se unen (sabiendo también su significado) y, por tanto, cuándo se componen con prefijos o se derivan con los sufijos.

Ejemplo: El sufijo o terminación **-ble** unido a un verbo indica que se puede: bebi-**ble**: *que se puede* beber; rompi-**ble**: *que se puede* romper. (Los 4,200 verbos de uso común tienen la factibilidad de llevar la terminación **ble**: arma**ble**, visi**ble**, conduci**ble**, ilumina**ble**, comi**ble**, soña**ble**).

Otro ejemplo: La palabra **in-astilla-ble** nos indica que: **no** (in) **se puede** (ble) **astillar** (astilla).

En consecuencia, para aprender mejor la ortografía de las palabras, es importante saber las palabras de acuerdo a su estructura.

LAS PALABRAS SIMPLES, COMPUESTAS Y DERIVADAS

De acuerdo a su estructura las palabras son simples, compuestas o derivadas.

LAS PALABRAS SIMPLES llamadas también puras, primitivas o llanas, no tienen prefijos y/o sufijos, ni tampoco están unidas a otra raíz o palabra; son, como su nombre lo indica, palabras simples. Ejemplos:

sol	portar	agudo	casa	figura
luz	afán	apto	claro	fin
agua	ágil	ceja	danza	isla
abrir	agro	cedro	dar	río

---

* Raíz o radical es lo que constituye el núcleo del significado de la palabra. Actualmente también se le llama gramema, y a la desinencia o terminación, lexema.

LAS PALABRAS COMPUESTAS se integran de dos formas:

1. Palabra simple que se une a uno o varios prefijos y con ello la nueva palabra compuesta adquiere un significado más amplio, pero siempre en torno al significado original de la palabra simple (**bi**mensual, **co**invertir, **des**ánimo, **sub**cutáneo, **in**domable).
2. Palabra simple unida a otra palabra simple (**peli**rrubio, **cari**chato); palabra simple unida a una raíz o radical (**casa**nova, **radio**actividad) o la unión de dos raíces o radicales (**telé**fono, **taqui**grafía).

LAS PALABRAS DERIVADAS se integran con una palabra simple o compuesta y uno o varios sufijos, con lo cual aumenta el significado de la palabra, pero siempre en relación al significado original de la palabra simple (region**al**, inmoral**idad**, gentil**eza**, ama**dor**, desama**do**, am**amos**.)

Ejemplos de palabras compuestas y derivadas:

PALABRAS COMPUESTAS: PREFIJO + PALABRA SIMPLE O DERIVADA.

Palabra simple: **Portar.**

Palabras compuestas con prefijo: **im**-portar, **ex**-portable, **re**-portar, **a**-portar, **de**-portación, **so**-portar

Palabra simple: **Tener.**

Palabras compuestas con prefijo: **abs**-tener, **a**-tener, **con**-tener, **de**-tener, **entre**-tener, **man**-tener, **ob**-tener, **re**-tener, **sos**-tener

PALABRAS DERIVADAS: PALABRA SIMPLE O COMPUESTA + SUFIJO.

Palabra simple: **Amar.**

Palabra simple o compuesta, más sufijo(s): ama-**ble**, ama-**bilidad**, amor-**oso**, amor-**cito**, amor-**ío**, amor-os-**ito**, des-amar-te.

Palabra simple con terminación verbal:

Presente del indicativo: am-**o**, am-**as**, am-**a**, am-**amos**, am-**an**.

Pasado del indicativo: am-**é**, am-**aste**, am-**ó**, am-**amos**, am-**aron**.

Palabra simple: **Amplio**.

Palabra simple con sufijo(s): amplia-**ble**, ampli-**fica-ción**, ampli-**ficar**, amplia-**dor**, ampli-**ado**, ampli-**fica-d-ito**.

Palabra simple con terminación verbal:

Presente del indicativo: amplí-**o**, amplí-**as**, amplí-**a**, ampli-**amos**, amplí-**an**

Futuro del indicativo: ampli-**aré**, ampli-**arás**, ampli-**ará**, ampli-**aremos**, ampli-**arán**

PALABRAS COMPUESTAS CON PREFIJO(S) Y SUFIJO(S)

VALOR: **re**-valor-**izar**, **des**-valor-**izar**, **supra-re**-valor-**izar**.
AMOR: **en**-amor-**ar-se**, **des-en**-amor-**ar-me**, **re-en**-amor-**ar-se**.
DUCIR: **con**-duc-**tor**, **contra**-pro-**duc-ente**, **tra**-duzc-**amos**.

PALABRAS COMPUESTAS POR DOS PALABRAS SIMPLES O RAÍCES

peli-rrubio	De Pelo y de rubio. De pelo rubio.
sin-razón	De sin y razón. Falta de razón.
bio-química	De bio y química. Química de la vida.
cardio-vascular	De cardio y vascular. Relativo o perteneciente al corazón y a los vasos sanguíneos.
ped-iatra	De *paidós* (niño) e *iatra* (médico). Médico de niños.
geo-grafía	De *geo* = tierra y *grafía* = descripción.
filo-sofía	De *filos* (amigo, amante) y *sofía* (ciencia, sabiduría). Estudio racional del pensamiento humano a través del conocimiento y la acción. Sistema particular de un filósofo célebre, de una escuela o de una época.

Las palabras compuestas de dos palabras simples son palabras o raíces que, no obstante que se juntan para formar una sola palabra, no cambia el significado que cada una tiene por separado; por ejemplo: la palabra *pediatra* proviene de los vocablos griegos *paidós*, **niño**, y de *iater*, **médico.** De manera más evidente es la palabra **nomeolvides** que designa a una flor y se compone de las palabras **no, me** y **olvides.** La palabra **adios** se forma de: **a** y **Dios**.

Como se podrá notar, cada palabra simple mantiene su significado sin alterar el de su complemento, lo que no sucede cuando a una palabra simple (raíz o radical) se le añade un prefijo, un sufijo, o ambos.

LOS PREFIJOS

Prefijo es la partícula, raíz o palabra, que se une y va antes de una palabra simple o derivada; con ello se le da un nuevo significado a la palabra, pero siempre en relación al de la palabra simple. (La totalidad de palabras con prefijos y sufijos están en el libro de consulta, páginas 375-402.)

LOS PREFIJOS LATINOS

Palabra latina **a-** «aproximación, unión»:

abajo	agalla	amamantar	arrinconado
abrazar	agraciar	amueblar	asegurar
acortar	ahondar	anoche	atender
además	aislante	apalabrar	aventurar
afamar	aliar	aproximar	avivar

Palabra latina **ad-** «aproximación, unión», casi todas son: **ad**judicar, **ad**junto, **ad**mirador, **ad**mirar, **ad**monición, **ad**scribir, **ad**venedizo, **ad**verbio, **ad**vertido, **ad**vertir, **ad**yacente.

Palabra latina **ante-** «antes de»:

antebrazo	**ante**dicho	**ante**ojera	**ante**proyecto
antecedencia	**ante**firma	**ante**ojos	**ante**rioridad
anteceder	**ante**mano	**ante**pasado	**ante**sala
antecocina	**ante**noche	**ante**poner	

Palabra latina **co-** «asociación, unión, compañía»:

coaccionar	**co**eficiencia	**co**madre	**co**producción
coactividad	**co**habitar	**co**marca	**co**rrea
coadministrador	**co**incidencia	**co**misión	**co**rrecto
coalición	**co**laborar	**co**operar	**co**rrelación
coautor	**co**legio	**co**participar	**co**rresponder
coeducación	**co**liseo	**co**posesión	**co**terráneo

Palabra latina **con- (m)** «unión, asociación, compañía»:

compactar	**con**dolencia	**con**mutar	**con**tender
compañero	**con**finar	**con**secuencia	**con**tratar
compensar	**con**gelar	**con**sumar	**con**vivir
conciencia	**con**geniar	**con**table	**con**yugal

Palabra latina **contra-** «oposición»:

contraatacar	**contra**decir	**contra**producente	**contra**rrevolución
contrabajo	**contra**espionaje	**contra**punto	**contra**seña
contrabando	**contra**ofensiva	**contra**rio	**contra**tiempo
contracorriente	**contra**peso	**contra**rreloj	**contra**venir

Palabra latina **de-** «afirmación»:

deambular	**de**fraudar	**de**marcar	**de**notar	**de**rrocar
debatir	**de**gustar	**de**moler	**de**pender	**de**sangrar
declamar	**de**letrear	**de**mostrar	**de**porte	**de**terminar
decorar	**de**limitar	**de**nigrar	**de**rrama	**de**vorar

Palabra latina **des-** «negación, contraposición»:

desacelerar	**des**atino	**des**empeñar	**des**obedecer
desactivación	**des**carado	**des**enlace	**des**pedir
desairado	**des**congelar	**des**garbo	**des**precio
desamortizar	**des**control	**des**hielo	**des**tiempo
desaseado	**des**empacar	**des**nivel	**des**vivirse

Palabra latina **di-, dis-** «negación, contraposición»: **di**famación, **di**misión, **dis**capacidad, **dis**continuo, **dis**cordancia, **dis**culpa, **dis**función, **dis**gusto, **dis**imilitud, **dis**lexia, **dis**par.

Palabra latina **entre-, inter-** «situación intermedia, entre»:

entreabierto	**entre**tejer	**inter**estelar	**inter**puesto
entrecano	**entre**sacar	**inter**línea	**inter**rogar
entrecortado	**inter**cambio	**inter**medio	**inter**valo
entrelínea	**inter**comunicación	**inter**oceánico	**inter**venir

Palabra latina **i-, in(m)-** «negación, que no es o que no está»:

ilegal	**im**personal	**in**advertido	**in**vidente
ilícito	**im**practicable	**in**alcanzable	**i**rracional
imborrable	**im**previsible	**in**temporal	**i**rrecuperable
imparable	**im**productivo	**in**traducible	**i**rrelevante
impensable	**im**prudencia	**in**trascendente	**i**rreprochable
imperfecto	**in**abarcable	**in**variable	**i**rresponsable

Palabra latina **infra-** «inferioridad; por abajo de»: **infra**estructura, **infra**humano, **infra**rrojo, **infra**sonido.

Palabra latina **intra-, intro-** «dentro de»: **intra**muros, **intra**muscular, **intra**venosa, **intro**ducción, **intro**misión, **intro**spectivo, **intro**vertido, **intro**vertir.

Palabra latina **menos-**, **minus-** «disminución»: **menos**cabo, **menos**precio, **minús**cula, **minus**valía, **minus**válido.

Palabra latina **multi-** «numeroso, muchos»: **multi**celular, **multi**color, **multi**forme, **multi**lateral, **multi**millonario, **multi**nacional, **multi**visión.

Palabra latina **pen-** «casi»: **pen**ínsula, **pen**último, **pen**umbra.

Palabra latina **per-** «más allá de»: **per**dón, **per**donar, **per**durar **per**fecto, **per**mutar, **per**óxido, **per**seguir, **per**tenencia, **per**turbado, **per**turbar.

Palabra latina **por-** «inherente a»: **por**centaje, **por**diosero, **por**fiado, **por**menor, **por**venir.

Palabra latina **pos/post-** «después, posteridad»: **pos**data, **pos**fechado, **pos**graduado, **pos**guerra, **pos**operatorio, **pos**poner, **pos**romántico, **pos**terior, **pós**tumo.

Palabra latina **pre-** «con anterioridad a, antes de»:

preámbulo	**pre**dicción	**pre**maturo	**pre**sagio
precocinado	**pre**escolar	**pre**natal	**pre**sentar
preconcebir	**pre**figurar	**pre**operatorio	**pre**supuesto
predecir	**pre**juicio	**pre**potente	**pre**visión

Palabra **pro-** «por o en vez de; impulso hacia adelante; a favor de»:

proceder	**pró**fugo	**pro**motor	**pro**pulsión
procesar	**pro**hibir	**pro**nóstico	**pro**specto
procrear	**pro**medio	**pro**nuncio	**pro**testar
profesión	**pro**misión	**pro**posición	**pro**videncia

Palabra latina **radi(o)-** «rayo»: ir**radi**ar, **radi**ación, **radio**activo, **radi**al, **radi**ante, **radio**difusión, **radio**logía, **radio**fónico, **radio**grafía, **radio**técnico.

Palabra latina **re-** «repetición, intensidad»:

reacción	**re**corte	**re**medar	**re**sucitar
realce	**re**doblar	**re**parar	**re**torno
recaída	**re**flujo	**re**presentar	**re**valuación
recogedor	**re**fuerzo	**re**pugnar	**re**volcar
reconstrucción	**re**ingreso	**re**seña	

Palabra latina **retro-** «hacia atrás»: **retro**activo, **retro**carga, **retro**ceder, **retro**ceso, **retró**grado, **retro**guardia, **retro**spección.

Palabra latina **sobre-** «por encima de, exceso»:

sobrecarga
sobredosis
sobregiro
sobrehumano
sobrenatural
sobrenombre
sobrepasarse
sobrepeso
sobreproteger
sobrepuesto
sobresaliente
sobresalto
sobresueldo
sobrevalorar
sobrevaluar
sobrevivir

Palabra latina **super-** «superioridad, exceso»:

superabundancia
superación
superávit
superdotado
superestructura
superhombre
superintendente
superior
supermercado
superproducción
supersónico
supervaloración
supervisión
supervisor
supervivencia
superyó

Palabra latina **trans-/tras** «pasar; cambiar; mover; algo más allá de»:

transbordar
transcribir
transfusión
transición
transitar
tránsito
transmigrar
transpirar
transportar
trasandino
trasatlántico
trascender
trasfondo
trasladar
traslúcido
trasmisión
trasnacional
trasparencia
traspatio
trasplantar
trasponer
transporte
trastocar
trastornar
trastrocar

Palabra latina **ultra-** «representa una tendencia extrema; que algo está más allá de»: **ultra**derecha, **ultra**izquierda, **ultra**moderno, **ultra**corrección, **ultra**mar, **ultra**rrápido, **ultra**violeta, **ultra**sensible, **ultra**sónico, **ultra**tumba, **ultra**virus.

PREFIJOS GRIEGOS

Prefijo griego **a-**, **an-** «negación»:

acéfalo
acromático
afónico
áfono
amoral
amorfo
analfabetismo
anarquía
anormal
apatía
apátrida
ápodo
apolítico
arritmia
asexual
asimétrico
asocial
asonancia
ateo
atípico
átono
atóxico
atrofia
ayuno

Palabra griega **anti-** «opuesto a, en contra de»:

antiacadémico
antiaéreo
anticientífico
anticlímax
anticongelante
anticorrosivo
antidoto
antiestético
antigripal
antihéroe
antinatural
antipatía
antipedagógico
antirrábico
antirrobo
antitetánico

En(m)- «interioridad, adquisición de una cualidad»:

embarcar	**en**cabezado	**en**cuadernado	**en**mudecer
empastar	**en**caprichado	**en**deudarse	**en**sañar
empequeñecer	**en**carnado	**en**frente	**en**tarimado
empollar	**en**cerrado	**en**grapado	**en**vasado
enamorado	**en**cogido	**en**lazado	**en**yesado

Palabra griega **epi-** «sobre»: **epi**centro, **epi**demia, **epi**dermis, **epi**glotis, **epí**grafe, **epí**logo, **epi**tafio.

Palabra griega **met(a)-** «más allá de; junto a; entre»: **meta**bolismo, **meta**carpo, **meta**física, **metá**fora, **meta**síquica, **meta**tarso.

Palabra griega **peri-** «alrededor»: **peri**feria, **peri**férico, **perí**metro.

Sin- (m) «simultaneidad, con unión»: **sim**biosis, **sim**patía, **sin**cronía, **sin**fonía, **sin**ónimo, **sin**tagma, **sin**taxis, **sín**tesis, **sin**tonía.

Palabra griega **aero-** «aire»:

aerodeslizador	**aero**línea	**aero**naval	**aero**plano
aerodinámico	**aero**lito	**aero**motor	**aero**puerto
aeródromo	**aeró**metro	**aero**moza	**aero**sol
aerofobia	**aero**modelismo	**aero**nave	**aero**vía

Palabra griega **agro-** «campo»: **agro**logía, **agro**nomía, **agró**nomo, **agro**pecuario, **agro**química.

Palabra griega **antropo-** «hombre»: **antropó**fago, **antropo**ide, **antropo**logía, **antropo**lógico, **antropó**logo, **antropo**morfo, **antropo**nimia, **antropo**piteco.

Palabra griega **aristo-** «lo mejor; noble»: **aristo**cracia, **aristó**crata, **aristo**crático, **aristo**cratizar.

Palabra griega **arqueo-** «antiguo»: **arqueo**lítico, **arqueo**logía, **arqueo**lógico, **arqueó**logo, **arqueo**zoología.

Palabra griega **aster(o)-** «estrella»: **aster**isco, **aster**ismo, **astero**ide.

Palabra griega **atmo-** «vapor»: **atmó**sfera, **atmo**sférico.

Palabra griega **auto-** «uno mismo»: **auto**biografía, **auto**censura, **auto**didáctica, **auto**disciplina, **autó**grafo, **autó**mata, **auto**móvil, **autor**, **autor**idad, **autor**ización, **auto**suficiente, **auto**sugestión.

Palabra griega **bronco-** «tráquea»: **bronco**neumonía, **bronquio**, **bron**quitis.

Palabra griega **caco-** «malo»: **caco**fonía, **cacó**fónico, **caco**grafía.

Palabra griega **cali-** «hermosa, bella»: **cali**doscopio, **cali**grafía, **calí**grafo, **cali**grama, **cali**stenia.

Palabra griega **cardi(o)-** «corazón»: **cardí**aco, **cardio**cirujano, **cardio**grafía, **cardio**grama, **cardio**injerto, **cardio**logía, **cardió**pata, **cardio**patía, **car**diovascular, **cardi**tis.

Palabra griega **cinemat(o)-** «movimiento»: **cinemat**eca, **cinemato**grafía, **cinemato**gráfico, **cinemató**grafo.

Palabra griega **clepto-** «robar»: **clepto**manía, **clepto**maníaco, **cleptó**mano.

Palabra griega **cript(o)-** «escondido»: **cript**a, **críp**tico, **cripto**análisis, **crip**tografía, **cripto**grama.

Palabra griega **crom(o)-** «color»: **crom**ático, **crom**atismo, **cromo**.

Palabra griega **cron(o)-** «tiempo»: **cró**nica, **cró**nico, **cron**ista, **cronolo**gía, **crono**lógico, **crono**metraje, **cronó**metro.

Palabra griega **dactil(o)-** «dedo»: **dactil**ar, **dactí**lico, **dactil**iforme, **dac**tilografía, **dactiló**grafo, **dactilo**grama, **dactilo**scopia.

Palabra griega **demo-** «pueblo»: **demo**cracia, **demó**crata, **demo**crático, **demo**cratizar, **demo**grafía.

Palabra griega **derma-** «piel»: **derma**logía, **derma**titis, **derma**tología, **dér**mico.

Palabra griega **dinam(o)-** «fuerza»: **diná**mica, **diná**mico, **dinam**ismo, **di**namita, **dínamo**.

Palabra griega **eco-** «casa, entorno, medio ambiente»: **eco**logía, **ecoló**gico, **eco**logista, **eco**nomía, **eco**nometría, **econó**mico, **eco**sistema.

Palabra griega **erot-** «amor»: **erótico**, **erotismo**.

Palabra griega **esfer(o)-** «globo»: **esfera**, **esferal**, **esférico**.

Palabra griega **etimo-** «origen, significado verdadero»: **etimología**, **etimológico**, **etimólogo**.

Palabra griega **etn(o)-** «pueblo, raza»: **étnico**, **etnografía**, **etnográfico**, **etnógrafo**, **etnolingüística**, **etnología**, **etnológico**, **etnólogo**.

Palabra griega **farmac(o)-** «medicamento»: **farmacéutico**, **farmacia**, **fármaco**, **farmaco**dependencia, **farmacología**, **farmacopea**, **farmaco**sicología, **farmaco**siquiatría, **farmaco**terapia.

Palabra griega **filo(a)-** «amante; amigo de»: **fil**antropía, **filántropo**, **filología**, **filólogo**, **filosofar**, **filosofía**, **filosófico**, **filósofo**.

Palabra griega **fon(o)-** «voz; sonido»: **fonema**, **fonética**, **fónico**, **fonógrafo**, **fonograma**, **fonología**, **fonológico**, **fonoteca**.

Palabra griega **foto-** «luz»: **foto**alergia, **foto**composición, **foto**copia, **foto**eléctrico, **foto**grafía, **foto**mecánico, **foto**metría, **foto**montaje, **foto**novela, **foto**química, **foto**sensible, **foto**sfera, **foto**síntesis, **foto**terapia.

Palabra griega **geo-** «tierra»: **geo**física, **geo**grafía, **geo**gráfico, **geo**logía, **geo**lógico, **geó**logo.

Palabra griega **geronto-** «viejo»: **geronto**cracia, **geronto**logía, **gerontó**logo.

Palabra griega **gineco-** «mujer»: **gineco**logía, **gineco**lógico, **ginecó**logo.

Palabra griega **graf-** «escribir, escritura»: **graf**ema, **graf**ía, **gráf**icamente, **gráf**ico(a), **graf**ista, **graf**ología.

Palabra griega **idio-** «propio»: **idio**ma, **idio**mático, **idio**sincrasia.

Palabra griega **lexico-** «lenguaje, vocabulario»: **léxico**, **lexico**grafía, **lexico**logía.

Palabra griega **macro-** «grande»: **macro**biótico, **macro**céfalo, **macro**cosmos, **macro**economía.

Palabra griega **melo-** «canto, música»: **melo**día, **meló**dico, **melo**dioso, **melo**drama, **melo**dramático, **meló**mano.

Palabra griega **metr(o)-** «medida»: **metr**aje, **métr**ica, **métr**ico, **metro**, **metro**logía, **metró**nomo.

Palabra griega **micr(o)-** «pequeño»: **micr**a, **micro**bio, **micro**bús, **micro**céfalo, **micro**circuito, **micro**cirugía, **micro**cosmos, **micro**economía, **micró**fono, **micro**onda, **micro**scopio.

Palabra griega **mit(o)-** «fábula, ficción»: **mít**ico, **mito**, **mito**logía, **mito**lógico, **mitó**logo, **mito**manía, **mitó**mano.

Palabra griega **morfo-** «forma»: **morfo**logía, **morfo**lógico(a), **morf**ema.

Palabra griega **narco-** «letargo, entumecimiento»: **narco**terapia, **narcó**tico(a), **narco**tizar, **narco**tráfico.

Palabra griega **nau-** «nave»: **nau**fragar, **nau**fragio, **náu**frago, **náu**tico.

Palabra griega **necro-** «muerto»: **necró**filo, **necro**logía, **necró**polis, **ne**cropsia, **necro**sis.

Palabra griega **neo-** «reciente; nuevo»: **neo**clásico, **neo**colonialismo, **neó**fito, **neo**latino, **neo**lítico, **neo**logismo, **neó**logo, **neo**platónico.

Palabra griega **neumo-** «pulmón»: **neumo**logía, **neumó**logo, **neumo**nía.

Palabra griega **neur(o)-** «nervio»: **neur**algia, **neur**álgico, **neur**itis, **neuro**biología, **neuro**ciencia, **neuro**cirugía, **neuró**logo, **neuro**na, **neuro**nal, **neuro**sis, **neuró**tico.

Palabra griega **odont(o)-** «diente»: **odont**algia, **odonto**logía, **odonto**lógico, **odontó**logo.

Palabra griega **oftalm(o)-** «ojo»: **oftalm**ia, **oftál**mico, **oftalmo**logía, **oftalmo**lógico, **oftalmó**logo, **oftalmo**scopio.

Palabra griega **oro-** «montaña»: **oro**grafía, **oro**gráfico.

Palabra griega **orto-** «recto, correcto»: **orto**doxo, **orto**fonía, **orto**gonal, **orto**grafía, **orto**gráfico, **orto**pedia, **orto**pédico.

Palabra griega **pato-** «enfermedad»: **patógeno, patología, patológico, patólogo, patogénico.**

Palabra griega **ped-** «niño»: **pedagogía, pedagógico, pedagogo, pediatra, pediatría.**

Palabra griega **pir(o)-** «fuego»: **piró**geno, **piro**grabado, **piró**grafo, **piro**manía, **piró**mano, **piro**tecnia, **piro**técnico.

Palabra griega **plast-** «formar, modelar»: **plasta, plastecer, plastía, plástica, plasticidad, plástico, plast**ificar.

Palabra griega **pleur-** «costado»: **pleura, pleural, pleuritis.**

Palabra griega **poli-** «pluralidad; muchos»: **poli**clínica, **poli**cromado, **poli**edro, **poli**facético, **polí**glota, **polí**gono, **poli**técnico, **poli**teísmo, **poli**valencia.

Palabra griega **prot(o)-** «primero; superioridad»: **prot**agónico, **prot**agonista, **proto**colo, **proto**plasma, **proto**tipo.

Palabra griega **psic(o)/sic(o), psiqui/siqui-** «alma; actividad mental»: **sico**análisis, **sico**drama, **sico**logía, **sicó**pata, **sico**pedagogía, **psico**sis, **sico**somático, **sico**terapeuta, **sico**terapia, **siqui**atría, **síqui**co.

Palabra griega **semi-** «casi, medio»: **semi**breve, **semi**cilíndrico, **semi**circular, **semi**cocido, **semi**conductor, **semi**culto, **semi**desnudo, **semi**dios, **semi**esférico, **semi**final, **semi**oculto, **semi**plano, **semi**rrecta, **semi**tono, **semi**transparente.

Palabra griega **seudo-** «falso»: **seudo**amistad, **seudo**ley, **seudo**matrimonio, **seudo**médico, **seudó**nimo, **seudo**placer, **seudó**podo, **seudo**profesional.

Palabra griega **taqui-** «rápido»: **taqui**cardia, **taqui**grafía, **taquí**grafo, **taqui**mecanografía.

Palabra griega **tele-** «a distancia»: **tele**control, **tele**difusión, **tele**dirigido, **tele**fax, **tele**férico, **telé**fono, **telé**grafo, **tele**grama, **tele**kinesia, **tele**metría, **tele**novela, **tele**patía, **tele**scopio, **tele**tipo, **tele**visión, **télex**.

Palabra griega **teo-** «Dios»: **teo**cracia, **teo**gonía, **teo**logía, **teo**lógico, **teó**logo, **teo**sofía.

Palabra griega **terapeut-** «que cura»: **terapeut**a, **terapéut**ica, **terapéut**ico.

Palabra griega **termo-** «calor»: **termal**, **térmico**, **termo**dinámica, **termoe**léctrico, **termo**estable, **termología**, **termo**metría, **termó**metro, **termo**nuclear, **termo**stato, **termo**tecnia.

Palabra griega **zoo-** «animal»: **zoo**filia, **zoo**geografía, **zoo**geográfico, **zoo**logía, **zoó**logo, **zoo**morfo, **zoo**plancton, **zoo**tecnia, **zoo**técnico.

PREFIJOS NUMERALES (GRIEGOS Y LATINOS)

Mono-/uni- «uno»

mononarquía	**úni**co	**uni**forme	**uni**r
monógamo	**uni**cornio	**uni**lateral	**uni**sex
monolito	**uni**dad	**uni**ón	**uní**sono
monólogo	**uni**ficar	**uni**personal	**uni**versal
monoteísmo	**uni**formar	**uni**polar	**uni**versidad

Bi- «dos»: **bi**color, **bi**lingüe, **bi**mestre, **bi**motor, **bi**focal, **bi**anual.

Tri- «tres»: **tri**logía, **tri**ángulo, **tri**dimensional, **tri**ada, **tri**edro, **tri**nidad, **tri**sílabo, **tri**lingüe.

Tetra-/cuatri-/cuadru- «cuatro»: **tetra**logía, **tetra**edro, **tetrá**gono, **cuatri**mestre, **cuatri**enal, **cuadrú**pedo, **cuádru**ple, **cuádru**plo.

Penta- «cinco»: **pentá**gono, **penta**edro, **pentá**metro.

Exa- (o hexa) «seis»: **exa**edro, **exá**podo, **hexá**gono, **hexá**podo, **hexá**metro, **hexa**sílabo.

Hepta- «siete»: **hepta**edro, **heptá**gono.

Nona- «nueve»: **nona**gésimo.

Deca-/deci- «diez»: **deca**litro, **deca**gramo, **decá**metro, **deci**mal, **decí**metro.

Endeca- «once»: **endeca**sílabo.

Dodeca- «doce»: **dodeca**edro.

Centi- «cien»: **centí**metro, **centí**gramo, **centi**litro, **centí**grado.

Kilo: **kilo**gramo, **kiló**metro, **kilo**vatio, **kilo**watt, **kilo**litro, **kilo**caloría.

LOS SUFIJOS

Sufijo es la partícula derivativa o lexema que se añade a una palabra simple —o ya compuesta con prefijo— y se escribe al final, dando un nuevo significado a la palabra, pero siempre en relación al de la palabra simple.

LOS SUFIJOS -DAD, -TAD Y -TUD

Con estos sufijos se forman palabras que indican: calidad de. Ejemplos: activi**dad**, calidad de activo; agili**dad**, calidad de ágil; generosi**dad**, calidad de generoso; magnitud, calidad de magno; inquietud, calidad de inquieto.

Algunos con el sufijo -dad*, son:

agili**dad**	divini**dad**	mentali**dad**	seguri**dad**
banali**dad**	facili**dad**	musicali**dad**	socie**dad**
casti**dad**	frondosi**dad**	necesi**dad**	toxici**dad**
continui**dad**	ingenui**dad**	potenciali**dad**	ver**dad**
deformi**dad**	intensi**dad**	reali**dad**	voraci**dad**

Con el sufijo -tad* son las siguientes palabras: amis**tad**, dificul**tad**, enemis**tad**, facul**tad**, liber**tad**, majes**tad**, potes**tad**, puber**tad**, tempes**tad**, volun**tad**.

Con el sufijo -tud* son:

acti**tud**	grati**tud**	longi**tud**	sa**lud**
alti**tud**	inepti**tud**	magni**tud**	senec**tud**
ampli**tud**	ingrati**tud**	multi**tud**	simili**tud**
beati**tud**	juven**tud**	pronti**tud**	vicisi**tud**
esclavi**tud**	lasi**tud**	pulcri**tud**	vir**tud**

LOS SUFIJOS AUMENTATIVOS

Estos sufijos indican aumento de tamaño en el ser, objeto o en la acción de que habla la palabra.

Los sufijos **-on(a)**: agarr**ón**, apag**ón**, cachet**ón**, arc**ón**, sant**ón**, manch**ón**, cuchar**ón**, jarr**ón**, revent**ón**, cabez**ón**, caser**ón**, etc.

---

* Cabe señalar que casi todas las palabras que terminan en **d** —500— son palabras abstractas. Las pocas que se exceptúan, por ser concretas, son: alud, ataúd, laúd, vid y áspid.

El sufijo -ote(a): angel**ote**, boc**ota**, cabez**ota**, camionz**ote**, camis**ota**, cucara**chota**, cuchar**ota**, cuern**ote**, dad**ote**, ded**ote**, dient**ote**, dulz**ote**, herman**ote**, hermos**ota**, garr**ote**, grand**ote**, nariz**ota**, orej**ota**, oj**ote**, pestañ**ota**.

LOS SUFIJOS DESPECTIVOS

El sufijo despectivo es el que da una imagen de menosprecio. Los que verdaderamente dan esta impresión son muy pocos, y casi todos están en la siguiente lista:

—**aco(a):** cham**aco**, libr**aco**, pajarr**aco**.

—**ajo(a)-ejo:** andr**ajo**, asunt**ejo**, colg**ajo**, collar**ejo**, colmill**ejo**, espant**ajo**, mig**aja**.

—**acho(a):** borr**acho**, dichar**acho**, hil**acha**, popul**acho**, ric**acho**.

—**astro(a):** cam**astro**, madr**astra**, padr**astro**.

—**ucho(a):** aguil**ucho**, bab**ucha**, cas**ucha**, delgad**ucha**, flac**ucho**, **medicucho**, palid**ucha**, papel**ucho**.

—**uza:** gent**uza**, pel**uza**.

SUFIJOS DE PROFESIÓN U OFICIO

El sufijo -ante: almir**ante**, ayud**ante**, cant**ante**, comerci**ante**, dibuj**ante**, comedi**ante**, fabric**ante**, naveg**ante**, negoci**ante**, practic**ante**, vigil**ante**.

El sufijo -ario(a): actu**ario**, agr**ario**, anticu**ario**, bibliotec**ario**, botic**ario**, comis**ario**, cavern**ario**, mandat**ario**, prontu**ario**, secret**aria**, sect**ario**.

El sufijo -dor(a). Con este sufijo existen alrededor de 3,500 palabras y se derivan principalmente de los verbos; -dor, -dora, indican que realizan una acción; su contraparte, el participio de los verbos: **-ado, -ada**, indican que reciben la acción. Ejemplos: **amador(a)**, **amado(a)**; **entrenador(a)**, **entrenado(a)**.

Algunos ejemplos son:

liberta**dor**	orienta**dor**	repara**dor**	sembra**dor**	trova**dor**
limpia**dor**	paga**dor**	reparti**dor**	talla**dor**	vacuna**dor**
nada**dor**	patina**dor**	reseña**dor**	teje**dor**	vocea**dor**
narra**dor**	peina**dor**	revende**dor**	tornea**dor**	zurci**dor**
organiza**dor**	pesca**dor**	selecciona**dor**	traza**dor**	

Algunos con el sufijo -ero(a), son:

abarrotero	cafetalero	chinampero	pajarero
aduanero	camillero	dicharachero	pastelero
alforjero	canastero	duraznero	placera
arriero	cangrejero	financiero	pollero
aventurero	cañero	granjero	tabernero
banquero	carpintero	hotelero	vaquero
barrendero	cartero	limonero	vinatero
bombero	cocotero	mesera	yesero
bracero	confitero	misionero	zapotero

EL SUFIJO -AL

Con el sufijo -al existen alrededor de 500 palabras. La terminación -al indica: inherente a; lo que pertenece a. Ejemplos: labi**al**, inherente al labio; nacion**al**, inherente a la nación; region**al**, inherente a la región; anim**al**, inherente al ánima.

Algunas palabras con el sufijo **-al**, son:

abdominal	costal	forestal	natural	sensual
ambiental	dedal	frutal	normal	social
arenal	dominical	gradual	ocasional	superficial
atonal	especial	incidental	oficial	sustancial
branquial	estomacal	laboral	palatal	teatral
bucal	estructural	literal	personal	temporal
cerebral	existencial	lodazal	provenzal	terrenal
ciclonal	experimental	manual	racional	textual
colegial	facial	manzanal	residencial	usual
coloquial	federal	maquinal	ritual	virginal
comunal	feudal	matrimonial	semanal	zarzal
conyugal	filosofal	natal	sensacional	

Esta obra se terminó de imprimir en el mes de
agosto de 1998, en los talleres de Compañía
Editorial Electro-Comp, S.A. de C.V.
Calzada de Tlalpan 1702,
Colonia Country Club,
México, D.F.